고통과 악은 인류에게 답 없는 질문을 끊임없이 던지는 만큼 고대부터 지금까지 수많은 사상가와 신학자가 이에 관한 이론도 만들고 글도 남겼다. 하지만 이 주제에 관한 좋은 신간이 기독교 출판계에서 더는 나오기 힘들 것이라는 회의적 생각과 함께 지난 몇 년을 보냈다. 고전적 위상을 얻을 법한 책이 몇몇 출간되기도 했지만, 솔직히 부정의와 고통과 죽음이 가시지 않는 뻔뻔한 세상에 실망해서였던 것 같다. 그러던 차에 만난 비노스 라마찬드라의 『오직 고통당하는 하나님만이』는 신음과 눈물의 골짜기에 드리운 어둠에 익숙해질 뻔한 마음에 희망의 빛을 은은히 비춰 줬다. 저자는 악의 현상을 정형화하거나 단순화하지 않고서 그 복잡성을 응시하는 지적 능력이 있으면서도, 자신의 고통에 애탄하고 타인의 고통에 연대하고 공감할 줄 아는 정직함과 용기를 보여 준다. 성경과 신학뿐 아니라 동서고금의 여러 문헌을 활용해 비극에 물든 세상 가운데서 갈팡질팡하거나 낙담하지 않을 수 있는 지혜도 제시한다. 개인적으로는 4장에서 논하는 '자연적 악'이라는 신학적 개념을 남용하며, 악과 고통이 인류에게 던지는 예리하고 절절한 질문을 교묘히 회피해 왔음을 깊이 반성하게 되었다. 한 장 한 장 읽을 때마다 책을 선물하고픈 사람이 하나하나 떠오르는 신기하면서도 유익한 경험을 하게 해 준 귀한 작품을 만났음이 기쁘고도 감사하다.

김진혁 | 횃불트리니티신학대학원대학교 조직신학 부교수, 『순전한 그리스도인』 저자

이 책은 고통 속에 영혼이 완전히 파산하여 더 이상 드릴 기도가 없는 이들에게 건네진 선물이다. 그러나 쉽고 빠른 위로가 아니다. 고통 중에 터져 나오는 원망과 한탄, 분노와 배교의 충동을 가만히 끌어안고 갈망과 소망 안에 함께 연대하는 이의 초대다. 나는 이 책이 한국교회의 목회자들이 설교를 준비할 때 가장 많이 손에 잡아 드는 책이 되기를 바란다. 번역서라고 느낄 수 없도록 우리말로 잘 번역되었다. 그래도 누군가는 어렵다고 투덜댈 수 있다. 그렇다면 우리의 삶이 너무 가벼웠던 것이 아닌지 겸허히 돌아보자. 또 누군가는 우리가 흔히 읽던 서구 신학자의 글이 아니라고 하찮게 볼 수 있다. 그렇다면 우리의 삶이 너무 세상의 중심만을 향하고 있었던 것은 아닌지 겸허히 회개하자. 감당할 수 없는 고통 속에 있는 자들이 우리의 설교와 기도에서 빗겨 있을 때 교회는 더 이상 교회답지 않다. 비노스 라마찬드라의 말처럼 그리스도인의 삶에는 "고난과 영광이 서로 엮여" 있기 때문이다.

김혜령 | 이화여자대학교 호크마교양대학 교수, 『죽을 때까지 유쾌하게』 저자

비노스 라마찬드라는 마음이 약하거나 깊이 생각하지 않는 이들을 위해 이 책을 쓰지 않았다. 이 책이 큰 선물인 이유를 바로 이 점이 보여 준다. 라마찬드라 본인도 피해 갈 수 없던 삶의 가장 깊은 고통과 상실에 직면할 때 우리는 존재론적·신학적·영적 차원에서 회피하지 않는 정직하고 당당하면서 철저한 안내자가 필요하다. 라마찬드라는 바로 이러한 안내자가 되어 주며, 희망을 재정립할 강한 힘을 제공한다.

마크 래버튼 | 미국 캘리포니아주 패서디나 풀러 신학교 총장, 『제일 소명』 저자

아시아 최고의 기독교 사상가 중 한 명인 저자는 이 책에서 인간의 고통과 고난이라는 오랜 질문에 설득력 있는 명확하고 진솔한 답을 제공한다. 그의 글은 피상적인 신정론이나 겉보기에 그럴듯한 대답을 넘어서, 이성과 삶 양쪽에 모두 충실한 성경적 사실주의로 나아가도록 이끈다. 라마찬드라는 창의적인 신학적 재능으로 관련 성경 본문을 대담하게 해석하고, 풍부한 연구 자료를 제공하며, 깊이 있는 분석과 도발적인 통찰을 최대치로 끌어낸다. 무엇보다 거의 모든 페이지에 담긴 그의 깊이 있는 정서와 실존적 열정이야말로 이 책의 독특한 특징이다. 그가 주장하는 모든 세부 사항에 동의하지 않는다 해도, "애통함과 기쁨, 믿음과 의심, 명확성과 모호함이 그리스도인의 삶 속에 섞여 있다"는 그의 핵심 논지에는 다들 공감할 것이다. 『오직 고통당하는 하나님만이』는 지적 확신과 영적 자양분을 공급해 주며 우리가 사는 시대에 시급히 필요한 책이다. 이는 참 신앙인들이 반드시 읽어야 할 책이다.

이반 사티아브라타 | 인도 콜카타 하나님의성회 교회 및 선교회 수석 목사 겸 회장

비노스 라마찬드라의 모든 글에는 열정, 신학적 통찰력, 삶의 현실에 대한 감수성이 흘러넘친다. 이 풍부하고도 냉철한 연구에는 그가 직접 겪은 사회와 국내 정치의 피비린내 나는 갈등과 불의는 물론이고 개인적 삶의 고통과 슬픔의 경험이 이러한 특징들과 통합되어 나타난다. 모든 문장에 동의하지 않더라도 이 책에서 무언가 배우기를 열망하는 독자는 기독교 신앙에 대한 더욱 현실적인 깨달음을 통해 더욱 견고해진 기독교적 삶과 사고하는 힘을 얻을 것이다.

스티븐 윌리엄스 | 영국 벨파스트 퀸스 대학교 명예 신학 교수

이 책은 안락한 제자도의 틀 안에서 교육받고 언제나 밝고 유쾌하게 하나님과 더불어 살아온 그리스도인들에게 필요한 예언적 사실주의를 선사한다. 인간의 고통과 고난을 설득력 있게 해부하며, 우리가 하나님의 임재 안에서 이러한 것들을 인정하고 받아들이도록 초대한다. 저자는 예배에서 애통이 사라진 것을 탄식하며, 고난받는 백성과 함께 고난당하시는 하나님에 대해 신학적 이해를 주장한다. 이 책에서 제시된 하나님은 멀리 떨어져 계신 무감각한 신이 아니라, 인간의 고통과 고난에 적극적으로 반응하시는 분이다. 이 책은 미래에 찾아올 하나님의 구원을 신실하게 기다리라는 부르심이다. 그 구원의 확실한 도래를 믿기에 우리는 세상에서 부당한 고통과 불필요한 죽음의 근본 원인에 맞서 행동하게 된다. 독자들은 이 책을 통해 사고의 지평이 넓어지고, 마음이 따뜻해지며, 신앙의 헌신을 자극받을 것이다.

마크 L. Y. 챈 | 싱가포르 트리니티 신학대학 조직신학 어니스트 로 석좌 교수

내 남편이 살해당했을 때 선물로 받은 책 중 내가 읽을 수 있는 책은 단 한 권밖에 없었다. 니콜라스 월터스토프의 『나는 사랑하는 사람을 잃었습니다』는 말로 표현할 수 없는 나의 슬픔에 목소리를 주었고 나의 동반자가 되었다. 라마찬드라의 『오직 고통당하는 하나님만이』 또한 신앙을 붙잡으면서도 개인적·사회적 고통에 정직하게 맞서고자 하는 이들에게 소중한 동반자가 되어 주리라 확신한다. 비노스는 사실적이고 생생한 묘사와 신학적 깊이를 통해 인간과 피조물의 상실과 갈망, 애통과 기쁨, 빛과 어둠 속에서 인간이 품는 질문과 희망의 복잡다단한 현실을 가감 없이 그려 낸다. 이 책은 우리가 고통을 피하지 않고 그 한가운데를 걸어가며 회복하시는 하나님의 역사를 받아들이도록 도와준다.

루스 파디야 데보르스트 │ 레저네이트 글로벌 미션 및 국제변혁선교공동체

『오직 고통당하는 하나님만이』는 풍성하면서 도전적인 신학적 잔치를 제공한다. 이 책은 우리에게 자양분을 공급하고, 가르치며, 격려해 줄 뿐 아니라 매우 인간적이고 '현실'적이며, 대중적 경건주의가 쉽게 간과하는 성경의 내용에 신실하게 초점을 맞춘다. 우리는 지금 그 성경 말씀들이 그 어느 때보다 필요하다.

크리스토퍼 라이트 │ 랭엄 파트너십 국제 사역 디렉터, 『하나님의 선교』 저자

오직 고통당하는 하나님만이

IVP(InterVarsity Press)는
캠퍼스와 세상 속의 하나님 나라 운동을 지향하는
IVF(InterVarsity Christian Fellowship)의 출판부로
생각하는 그리스도인을 위한 문서 운동을 실천합니다.

ⓒ 2020 by Vinoth Ramachandra
Originally published in English under the title *Sarah's Laughter*.
Published 2020 by Langham Global Library
An imprint of Langham Publishing
www.langhampublishing.org

Langham Publishing and its imprints are a ministry of Langham Partnership

Langham Partnership
PO Box 296, Carlisle, Cumbria, CA3 9WZ, UK
www.langham.org
All rights reserved.

Used and translated by the permission of Langham Publishing
through rMaeng2, Seoul, Republic of Korea.

This Korean edition ⓒ 2025 by Korea InterVarsity Press
156-10 Donggyo-ro, Mapo-gu, Seoul 04031,
Republic of Korea.

이 한국어판의 저작권은 알맹2를 통하여
Langham Publishing과 독점 계약한 IVP에 있습니다.
신 저작권법에 의하여 한국 내에서 보호받는 저작물이므로
무단 전재와 무단 복제를 금합니다.

오직 고통당하는
하나님만이

의심, 눈물, 기독교의 소망

비노스 라마찬드라
김종호 옮김

Ivp

전 세계 많은 사람에게
용기와 자기희생적 삶으로 영감을 준
커린을 사랑스럽게 추억하며

차례

옮긴이 서문 • 13

1장
오 주여, 왜 당신의 얼굴을 숨기시나이까? • 17

탄식, 침묵 그리고 선택적 기억 상실 • 19 / 슬픔에 관한 질문 • 26 /
현대의 탄식 • 41 / 탄식 없는 교회 • 49

2장
욥과 신학의 혼란 • 55

욥의 고통 • 62 / 욥의 정당성 옹호 • 70 /
겸손한 공감 • 84

3장
하나님의 눈물 • 87

예언자들과 하나님의 고난 • 92 / 예수와 하나님의 고난 • 107 /
고난과 함께 살아가기 • 124

4장
하나님과 자연적 악 • 135

동물의 포식 • 139 / 선택, 낭비, 멸종 • 149 /
진화와 종말론 • 159 / 자연재해 • 169 / 에필로그 • 179

5장
미래 시제 • 183

투쟁의 소망 • 190 / 소망과 약한 자들의 실천 • 201 /
예언적 삶의 방식, 소망 • 211 / 기다림의 소망 • 221 / 어둠 속의 소망 • 227

6장
후기 • 235

참고문헌 • 243

일러두기
이 책의 성경 인용은 개역개정을 사용했고, 다른 역본을 사용한 경우 별도로 표시했습니다.
단, 성경을 문단 단위로 인용할 때는 새번역을 사용했습니다.

옮긴이 서문

비노스 라마찬드라는 평생을 학생 사역자로 살면서 같은 단체에 속한 내게 큰 영감과 도전을 준 인생의 선배다. 스리랑카 출신인 그는 영국에서 원자력 공학으로 박사 학위를 받았다. 그러나 비노스는 부유한 사람들의 부를 늘려 주는 일에는 관심이 없었다. 그래서 본인이 받은 은혜를 값없이 나누고자 스리랑카로 귀국해 캠퍼스 선교 단체 간사로 사역하며 사람들을 키우고, 강연하고, 글을 써 왔다.

비노스는 우리가 당연시하는 것들의 이면에 숨은 본질적 문제를 드러내는 일에 탁월하다. 그를 보면서, '성경 속 선지자가 오늘날 살아 있다면 이런 모습이겠다'라는 생각을 자주 했다. 그래서 그는 미움도, 오해도 많이 받았고, 논란의 중심에 수차례 놓이기도 했다. 하지만 비노스의 따뜻함과 깊이를 아는 사람들은 그의 목소리에 귀를 기울였고, 그의 통찰은 그들이 인생을 살아가는 데 큰 힘과 도움을 주었다. 이 책을 접한 나는 한국에 꼭 소개되어야 할 책이라고 생각해 IVP에 추천했고, 번역까지 맡게 되었다.

『오직 고통당하는 하나님만이』는 저자의 통찰력과 방대한 지식, 독서량이 종합된 역작이다. 이 책에서 우리는 인생 공부를 제대로 하게 된다. 고통과 죽음이라는 주제를 빼고는 인생을 제대로 이해할 수 없다. 이 책은 바로 그 주제를 신학, 과학, 역사, 철학 등 다양한 각도에서 깊이 살펴본다. 이런 면에서 이 책은 인생 공부를 진지하게 하기 위한 필독서라 할 수 있다.

1장에서 저자는 인간의 탄식이 하나님과의 관계 안에서 정직하게 표현될 수 있으며, 성경은 탄식을 신앙의 한 형태로 인정한다는 점을 밝힌다. 2장에서는 욥기를 분석하며 고난받는 이들이 겪을 수밖에 없는 신학적 혼란을 다루고, 진정한 신앙적 태도는 고난 속에서도 하나님과의 관계를 포기하지 않고, 불평을 통해서라도 하나님께 나아가는 것임을 보여 준다. 3장은 하나님이 인간의 고통에 무관심하지 않으시며, 예수 그리스도를 통해 직접 고난을 경험하셨음을 역설한다. 이를 통해 우리의 고통에 함께하시는 하나님을 발견하며, 비록 고통의 의미를 다 깨닫지 못하더라도 고통을 견딜 힘을 얻을 수 있음을 알게 된다. 4장에서는 자연재해 같은 '자연적 악'을 이해하기 위해 신앙과 과학의 관점을 다양하게 살핀다. 저자의 해박한 지식과 놀라운 독서량을 집대성하여 하나님의 섭리를 성찰하는 장이다. 5장은 기독교의 소망이 단순한 낙관이 아니라 현실을 직시하면서도 하나님 나라를 기다리며 이를 실천하는 것임을 밝힌다. 마지막으로 6장은 책 전체를 마무리하며, 고난을 대하는 신앙적 태도와 하나님 안에서 우리가 갖는 희망을 다시금 되새긴다.

비노스는 아내 커린(Karin)이 암 투병 끝에 세상을 떠난 사연을 책에 간단히 언급한다. 자세히 다루지는 않았지만, 그는 안타깝고 슬픈 이별의 과정을 거쳐 아내를 떠나보냈다. 아프지 않은 사별이 있겠느냐마는 그의 사별은 특히 더 아팠다. 두 사람은 늦은 나이에 만나 결혼했고, 너무나 특별한 사랑을 나눴고, 사역을 함께 한 소중한 동역자이기도 했기 때문이다. 그의 사별 과정을 멀리서 지켜보던 나도 그의 아픔에 공감하며 함께 안타까워했다.

번역할 때까지만 해도 상상하지 못했던 상황이 내게도 일어났다. 이 책을 출간하는 이 시점에 나도 아내와 사별한 사람이 된 것이다. 번역을 마치고 원고를 마지막으로 교정할 때, 나는 아내가 입원한 병실에서 보호자로 지내고 있었다. 그래서 책에서 다루는 내용들이 더욱 생생히 와닿았다. 그러나 그때까지만 해도 아내가 겪는 질병은 괴롭고 힘든 질병이었지, 목숨을 위협하는 치명적인 질병은 아니었다. 그런데 2025년 1월 말, 건강에 심각한 위기가 갑자기 닥쳤고, 아내는 결국 세상을 떠나고 말았다. 고통스럽고 황망한 일을 겪어야 했던 이 과정은 내 인생의 실존적·신앙적 위기가 되었다. 돌아보니 『오직 고통당하는 하나님만이』에서 얻은 통찰이 그 고통스러운 시기를 견디는 데 큰 힘이 되었다. 이 책을 읽고 번역하는 과정에서 나는 고통과 죽음을 바라보는 새로운 관점을 얻을 수 있었고, 그로 인해 아내를 떠나보내는 깊은 슬픔 속에서도 하나님을 붙들 수 있었다. 내가 모르는 사이에 이 책은 아내와의 사별을 준비하는 데 큰 역할을 했다.

극심한 고통을 겪으며 나는 타인의 고통에 눈을 떴다. 그리고 고통에는 연대하게 하는 힘이 있다는 것을 깨달았다. 내 고통의 이야기를 접한 많은 이가 자신의 고통의 이야기를 내게 나눠 주었다. 그분들의 진솔하고 세밀한 이야기를 접하며, 함께 겪는 고통은 혼자 겪는 고통에 비해 훨씬 견딜 만한 것임을 배우기도 했다. 모든 인생에는 고통이 불가피하게 따른다. 그 고통을 어떻게 바라보고, 그 속에서 무엇을 얻고 배워야 할지에 대한 통찰과 힘을, 이 놀라운 책을 통해 많은 독자가 얻기를 바란다. 힘겨워하는 주위 사람들에게도 이 책은 좋은 선물이 될 것이다.

 이 책의 원제목은 "사라의 웃음"(Sarah's Laughter)이다. 비노스는 이 책의 주제를 짐작할 수 없도록 제목을 일부러 모호하게 지었다고 내게 이야기했다. 사라의 웃음이 어떤 의미를 갖는지는 마지막 장까지 읽어야 알 수 있다. 우리는 고통 중에 의심하고 낙심하고 좌절하고 분노하며, 하나님께 따지고 대들기도 하며, 간절히 매달리기도 한다. 그 혼란 중에 찾아오시는 하나님을 만나며 그분의 뜻을 깨달을 때 우리는 우리의 웃음을 되찾을 것이다. 이 책은 단순한 신학적 논의가 아니라, 고통 속에서 하나님을 찾고자 하는 이들에게 실제적인 위로와 방향을 제시해 준다. 독자는 이 책을 통해 자신의 고통을 다시 성찰해 보고, 하나님의 임재 속에서 새로운 희망을 발견하게 될 것이다.

김종호

1장

오 주여, 왜 당신의 얼굴을 숨기시나이까?

하나님을 믿는다고 믿지만, 마음에 열정이 없거나,
생각에 번민이 없거나, 불확실한 게 없거나,
의심이 없거나, 심지어 때로 낙심이 없다면,
그들이 믿는 것은 하나님 그분 자신이 아니라
하나님에 대한 관념일 뿐이다.[1]

탄식, 침묵 그리고 선택적 기억 상실

살려 달라고 부르짖어도
  듣지 않으시고,
"폭력이다!" 하고 외쳐도 구해 주지 않으시니,
  주님, 언제까지 그러실 겁니까?
어찌하여 나로 불의를 보게 하십니까?
  어찌하여 악을 그대로 보기만 하십니까?
약탈과 폭력이 제 앞에서 벌어지고,
  다툼과 시비가 그칠 사이가 없습니다.
율법이 해이하고,
  공의가 아주 시행되지 못합니다.
악인이 의인을 협박하니,
  공의가 왜곡되고 말았습니다.…
  그런데 어찌하여 배신자들을 보고만 계십니까?
  악한 민족이 착한 백성을 삼키어도, 조용히만 계십니까?
(합 1:2-4, 13)

---

1 Miguel de Unamuno (1864-1936년), "The Tragic Sense of Life," in *Men and Nations*, trans. A. Kerrigan (London: Routledge and Kegan Paul, 1972), 211.

1980년대 초반 스리랑카에서 시작되어 2009년이 되어서야 끝난 잔혹한 내전의 시기에 나는 하박국의 이 말씀을 늘 입에 달고 살았다. 처음에는 1950년대 북부의 소수 민족인 타밀족의 정당한 민권 운동으로 시작되었지만, 점차 타밀의 분리 독립을 위한 무력 투쟁으로 발전했고, 빠르게 "이에는 이"로 갚는 복수의 악순환으로 전락했다. 10만 명 이상 목숨을 잃었고, 셀 수 없이 많은 이가 고향을 떠나 타국을 전전하는 난민이 되었다.[2]

이런 무력 충돌에서 흔히 보듯, 타밀 분리주의 게릴라와 군대 양측이 모두 끔찍하고 잔혹한 대규모 인권 유린 행위를 저질렀다. 전쟁을 촉발시킨 근원적 불만들은 해소되지 않았고, 전쟁 범죄를 저지르거나 인권을 유린한 사람 중 그 누구도 법의 심판대에 서지 않았다. 뛰어난 자연 경관, 자랑스러운 문화유산과 종교유산을 지녔음에도, 부패하고 무능한 정치가들과 권력욕에 굶주린 종교적 민족주의자들 때문에 황폐화된 나라들이 종종 있는데, 그중 하나가 스리랑카다. 전 세계에서 늘 일어나는 현상이지만 국제 뉴스 채널뿐 아니라 소셜 미디어에서도 거의 보도되지 않는 '잊힌 전쟁'이 많다.

갈등이 빈번한 나라들은 엄청나게 풍부한 자원을 소유한 경우가 흔하다. 그래서 경제 발전을 연구하는 학자들은 이런 나라들이 "자원의 저주" 때문에 고통을 겪는다고 말한다. 생산과 수출을 통제하는 권력자들에게 빠른 수익을 약속하는 취약한 통치 체제와 막대한 천

---

[2] 스리랑카의 전쟁에 대해 더 살펴보기 원하면, *Subverting Global Myths: Theology and the Public Issues Shaping Our World* (London: SPCK; Downers Grove, IL: IVP Academic, 2008), 69-72를 보라.

연자원이 결합하면 무력 충돌이 일어나기 쉽다. 앙골라와 시에라리온의 다이아몬드, 라이베리아의 목재와 다이아몬드, 아프가니스탄의 보석, 콩고 민주 공화국의 구리, 금, 코발트, 목재는 모두 내전의 핵심 원인이었다. 세계 최대의 금광이자 두 번째로 큰 구리 광산인 서파푸아의 그래스버그 광산(The Grasberg mine)은 프리포트 맥모란(Freeport McMoran)과 리오 틴토(Rio Tinto) 기업의 소유인데, 인도네시아에서도 가장 가난한 지역에 위치한다. 이곳은 현재 분리주의 게릴라 분쟁이 일어나는 지역이기도 하다. 앙골라는 아프리카에서 두 번째로 높은 원유 매장량과 세계 4위의 다이아몬드 매장량을 자랑한다. 이런 엄청난 천연자원의 부는 1975년부터 2002년 사이에 100만 명의 사상자를 만들어 냈고 그 외에도 자국에서 무려 400만 명의 난민을 발생시킨 내전을 부추기는 연료가 되었다. 내전이 끝나고 3년 후, 유엔의 인간개발지수에서 앙골라는 177개국 중 160위를 차지했고, 국민들의 기대 수명은 마흔 살에 불과했다.[3]

 이러한 분쟁의 전체 비용은 통계만으로는 파악할 수 없다(게다가 폭력적 분쟁을 겪고 있는 국가의 데이터는 신뢰도가 매우 낮은 경우가 많다). 직접적인 인적 손실도 물론 막대하지만, 국가가 분쟁으로 치르는 대가 중에서는 극히 일부에 불과하다. 분쟁이 장기화되면 모든 세대의 어린이와 청소년이 전쟁의 영향으로 혹독한 피해를 입는다. 가정과 지역사회는 강간, 약탈, 폭력적 죽음의 트라우마를 후손에게 대물림한다.

---

[3] *United Nations Human Development Report 2005* (New York: UNDP, 2005), 167. 인간개발지수(HDI)는 무병장수, 지식에 대한 접근성, 양호한 생활 수준이라는 인간 개발의 세 가지 기본 차원의 장기간 발전을 평가하는 약식 지표다.

자연 서식지는 황폐해지고 식량 생산과 지역 시장은 붕괴되어, 영양 실조가 만연하고 보건 및 교육 분야의 성과가 약화된다.

폭력적 분쟁은 평범한 사람들의 고통을 심화시키는 연쇄 반응을 일으킨다. 학교 교사와 의료진이 분쟁 지역을 떠나면서 남겨진 사람들의 상황은 더욱 악화되기 마련이다. 그들은 막막한 생계 때문에 반군에 가담하거나 군대에 자원하는 것 말고는 선택의 여지가 없다. 경기 둔화와 불확실한 안보 환경은 국내외 투자를 가로막는 강력한 장애물이 되고, 지역 엘리트들에게는 자본을 빼돌릴 강력한 동인으로 작용한다.

여성과 어린이는 특히 취약하다. 여성은 분쟁 중은 물론이고 분쟁 후에도 잔혹한 강간과 학대의 고통을 겪는다. 최근 몇 년 동안 보스니아 헤르체고비나, 캄보디아, 라이베리아, 페루, 소말리아, 우간다에서는 전쟁 중에 대규모 강간 사례가 보고되었다. 이런 범죄의 피해를 입은 여성 중 상당수는 심각한 장기적 트라우마에 시달리고 있으며, 가족과 지역 사회의 배척으로 상황은 더욱 악화되고 있다. 이제 여성에 대한 폭력은 많은 분쟁 상황에서 정부군을 포함한 무장 세력이 채택한 제도화된 전략으로 인식된다.

부유한 국가의 사람들은 분쟁으로 삶이 황폐화되는 가난한 국가의 지역 사회와 직접 연결되어 있다. 국제 마약 밀매와 불법 무기 거래는 폭력적인 분쟁의 연료인 자금과 무기를 제공한다. 미국과 영국 및 일부 서유럽 국가는 세계에서 가장 큰 무기 거래 국가로, 민주주의와 인권 존중의 기록이 열악한 국가에 값비싼 군사 기술을 판매하는 경우가 많다. 부자들의 앞마당에 난민과 망명 신청자가 밀려오면 부유한 나라들에서는 인종 차별과 이방인 혐오가 만연해지고 공동체 관계가 무너진다. 전쟁과 국내 분쟁을 통해 막대한 이익을 얻은 이들이 축적한 불법적인 자산은 세계의 부유한 국가들이 소유하고 통제하는 국제 금융 시스템이나 미국과 영국의 보호령인 조세 피난처에 보관되는 경우가 많다.

우리가 어디에 살든지 상관없이, 역사에 대한 망각 문제는 대중 매체에서든 교육 체계에서든 똑같이 발견되는 우리의 당면 과제다. 미국의 많은 그리스도인은 미국 정치 제도의 우월성과 반제국주의적 '본질'에 대한 신화를 듣고 자랐다. 따라서 미국인의 교회 생활과 신학교 교육의 많은 영역에서는 정치적 순진함이 흔히 발견된다. 많은 사람은 자신들이 과두 정치(oligarchy, 소수가 권력을 독점하는 정치 형태—옮긴이)의 통치를 받는다는 사실을 믿지 못한다. 그래서 행정 권력의 자의적 집행을 견제하는 헌법적 보호 장치가 무너지는 동안 불법 침략을 지지하거나 방관하고 있다. 예를 들어 미국이 중동에 개입한 것과 19세기 산업혁명 당시 석유에 비견될 만한 가치를 갖는 면화를 독점하기 위해 1840년대에 텍사스와 멕시코의 상당 부분을 합병한 것 사이에 연관성이 있다는 사실을 이해하지 못한다.

국가든 조직이든 역사는 잊힐 뿐 아니라 때로는 공식적으로 지워지기도 한다. 학생들은 자신들에게 패배한 적의 전쟁 범죄만 배우지, 승자가 저지른 범죄는 배우지 못한다. 제2차 세계대전 당시 일본의 잔혹 행위에 대한 일본 교과서의 '미화'에 중국과 한국에서 분출된 분노는 영국과 미국 매체에서 광범위하게 다루어졌다. 그러나 영국과 미국 공군이 같은 전쟁에서 독일과 일본 민간인을 상대로 저지른 엄청난 규모의 전쟁 범죄에 대해서는 대체로 침묵을 지켜 왔다. 이제는 연합군이 의도적으로 인구 밀도가 높은 도시를 '집중 폭격'의 표적으로 삼았다는 사실이 명백히 드러나고 있다.

로버트 맥나마라(Robert McNamara)는 늦은 감이 있지만 2004년 다큐멘터리 영화 〈전쟁의 안개〉(The Fog of War)를 통해 전쟁에서 어떤 일이 있었는지를 솔직하게 폭로한다. 그는 자신과 다른 국방 기획자들이 최소한의 비용으로 일본 민간인 사상자를 최대로 발생시키기 위해 어떤 노력을 기울였는지 자세히 설명한다. 방공망이 거의 없었던 일본 도시는 미군 폭격기에 손쉬운 표적이 되었다. 1945년 8월 히로시마와 나가사키가 원자폭탄으로 파괴되기 4개월 전, 도쿄의 대부분은 미국의 지속적인 폭격으로 지옥 같은 불길에 휩싸였다. 이 폭격으로 10만 명 이상의 사망자가 발생했다. 도쿄는 인구 밀도가 높고 대부분의 건축물이 목재로 지어진 도시였기 때문에 폭격의 대상으로 선정되었다.

맥나마라는 일본 도시를 폭격했던 당시 함께 복무한 커티스 르메이(Curtis LeMay) 장군의 말을 인용한다. "만약 우리가 전쟁에서 졌다면 우리는 모두 전범으로 기소되었을 것이다." 맥나마라 자신도 그 사실을 인정했다. "그의 말이 옳다고 생각한다.…하지만 패배하면 비도덕적인 게 되고 승리하면 비도덕적이지 않은 이유는 무엇일까?" 군사 시설이 있지도 않은 인구 밀도가 높은 도심을 폭격한 행위는 뉘른베르크와 도쿄의 전범 재판 전쟁 범죄 항목에서 제외되었다. 연합국이 동맹국(독일, 이탈리아, 일본을 지칭한다-옮긴이)보다 훨씬 더 많은 피해를 입혔다는 단순한 이유 때문이었다.[4] 맥나마라는 베트남 전쟁이 최악으로 치닫던 시기에 국방부 장관으로 재직하며 베트남과 주변 국가의 많은 지역을 파괴하는 일을 지휘했다. 미국의 군산 복합체에 대한 그의 충성스러운 봉사는 그의 마지막 주요 이력인 세계은행 이사 임명이라는 보상으로 돌아왔다.

'가짜 뉴스'라는 용어는 2016년 도널드 트럼프가 미국 대통령에 당선된 이후 널리 퍼져 나갔다. 그러나 잘못된 정보와 고의적인 허위 정보는 민주주의의 모범을 표방하는 정부를 비롯한 모든 정부에서 오랫동안 퍼뜨려 왔다. 윈스턴 처칠은 새로운 천 년이 시작될 무렵 실시된 인기 설문 조사에서 '20세기 가장 위대한 영국인'으로 뽑혔다. 처칠은 노골적인 인종 차별주의자이자 제국주의자였다. 1914년 1월 내각 동료들에게 제출한 그의 개인적인 문서에는 다음과 같이 기록되어 있다. "우리는 **아무 전과 기록도 없고** 유산도 거의 없는 젊은이가 아니다. 세계의 부와 교역량에서 **완전히 불균형적인** 몫을 차지한 우리는…우리 자신에게만 집중해 왔다. 우리 영토에서 원하는 모든 것을 차지했으며, **주로 폭력으로 획득하고 다분히 무력으로 유지되는** 광대하고 화려한 소유물을 누구에게도 방해받지 않고 사용할 수 있다고 주장하지만, 다른 사람들에게는 그런 주장이 종종 불합리하게 여겨질 터이다." 그러나 처칠은 1920년대에 이 논문을 책으로 발표하면서, 그의 저서 『세계 위기』(The World Crisis)에서 강조된 문구를 의도적으로 삭제해 독자들의 분노를 피해 갔다.[5]

---

4   Noam Chomsky, *Imperial Ambitions: Conversations on the Post-9/11 World* (New York: Metropolitan Books, 2005), 65-68. 『촘스키, 우리의 미래를 말하다』(황금나침반).
5   Clive Ponting, *Churchill* (London: Sinclair-Stevenson, 1994), 132.

유럽의 인종주의를 다루는 언론의 논의에서도 동일한 선택적 기억 상실이 드러난다. 오늘날 백인 우월주의자들의 인종 차별을 나치즘과 동일시하고, 나치즘이 마치 '유럽의 가치'에 반하는 유럽 역사의 일탈인 듯 언급한다. 하지만 이는 스페인과 포르투갈에서 이루어진 오랜 정복의 역사, 19세기 독일의 이방인 혐오와 동부 아프리카 및 남서부 아프리카에서 벌어진 식민지 잔혹 행위, 벨기에인들의 콩고인 강간, 많은 계몽주의 사상가들과 프랑스, 네덜란드, 영국의 북아프리카에서 태평양 섬에 이르는 식민지 관리들의 백인 우월주의 사상을 간과하는 행위다.

슬픔에 관한 질문

우리는 인간의 끔찍한 잔인함과 기만행위뿐 아니라 무자비한 동물 학살과 서식지 파괴에도 분노한다. 지구의 '허파'이자 가장 풍부한 생물 다양성의 원천인 아마존 열대 우림에서는 해마다 수천 건의 화재가 발생한다. 이 화재는 대두 수출업자를 위해 일하는 무지한 농민 경작자들과 극우 정권과 결탁해 벌목 및 광업으로 이득을 얻은 다국적 대기업에서 일으킨다. 기후 변화는 북미, 서유럽, 호주에서 발생하는 기록적인 고온과 강력한 폭풍, 인도와 동남아시아에서 뜬금없는 계절에 발생하는 심각한 홍수에 이르기까지 전 세계에 파괴의 흔적을 남겼다. 브라질에서 사하라 이남 아프리카, 인도네시아에 이르기까지 산림이 사라지고 사막화가 진행되며 생물 다양성이 급격하게 손실되는 현상은 말할 것도 없다. 인류의 기술력은 놀라운 속도로 향상

되고 있지만, 동시에 인류가 얼마나 연약하고 취약한지도 점점 더 확인된다.

2018년 10월, 나는 전 세계 인구의 거의 3분의 1에 영향을 미친 1918-1919년 독감 팬데믹 100주년을 기념하는 런던의 전시회를 방문했다. 독감 바이러스의 기원은 여전히 논란거리로 남아 있지만, 제1차 세계대전 당시 화학 공격과 기타 전투의 사상자 수천 명을 치료한 프랑스의 과밀한 군대 막사와 병원이 주요 전파 경로라는 점은 분명하다. 전투와 영양실조로 쇠약해져 감염에 취약한 상태로 이루어진 대규모 병력 이동은 팬데믹을 더욱 가속화했다. 영국과 프랑스 군대가 전 세계에 있는 식민지 전초 기지로 복귀하면서, 바이러스는 더욱 확산되고 변이도 증가했다. 팬데믹으로 전 세계에서 5천만 명에서 1억 명이 사망한 것으로 추정된다. 이는 두 차례 세계대전의 사망자 수를 합친 것보다 훨씬 많은 수치로 인류 역사상 최악의 '의료 홀로코스트'로 기록된다. 사망자 중에는 인도인 1,800만 명, 아프리카인 400만 명이 있는데, 이들은 전쟁과 아무런 관련이 없는 사람들이었다.[6]

통계는 충격적이다. 한편 아픈 가족을 돌보느라 고군분투하는 사람들의 당혹감과 공포를 기록해 놓은 오디오 기록도 가슴을 저민다. 백신, 항바이러스제, 항생제가 발견되기 전의 일이며, 사람들은 알코올이 감염을 없앨 수 있으리라 믿고 환자를 알코올로 목욕시켰다. 가장 심각한 영향을 받은 환자들은 폐에 물이 차면서 생긴 질식 증상으

---

[6] 미국질병통제예방센터, "1918년 팬데믹(H1N1 바이러스)," https://www.cdc.gov/flu/pandemic-resources/1918-pandemic-h1n1.html을 보라.

로 고통당했고 입술, 뺨, 귀가 보랏빛 도는 푸른색으로 변하는 청색증에 시달렸다. 나는 끝없이 떠오르는 이 질문과 씨름했다. 다른 생명을 구하기 위해 자신을 희생한 간호사와 의사들의 영웅적인 행동을 제외하고 이 모든 무고한 이가 고통당할 때 하나님은 어디에 계셨을까? 또한 백신과 항생제는 왜 인류 역사에서 그렇게 늦게 나타났을까? '하나님의 주권'이나 '하나님의 섭리'와 같은 전통적 기독교 교리는 이런 상황에 어떤 의미가 있는가?

이 글을 쓰는 지금 이 순간에도, 장기적으로 끔찍한 결과를 초래하는 (코로나19로 알려진 질병을 유발하는) 신종 코로나바이러스 SARS-CoV-2가 전 세계로 확산 중이다. 노인과 기저 질환자들이 특히 위험하다. 모든 나라에서 가난하고 취약한 지역 사회는 바이러스와 각국 정부의 방역 조치로 가장 큰 타격을 입었다. 하루 벌어 하루 사는 사람들이 도리어 경제적 구제 금융 지원을 받지 못한다. 많은 빈곤국은 경제 둔화를 겪는 과정에서 이미 취약했던 보건 시스템이 붕괴되었다. 그 결과, 코로나19뿐 아니라 기아 및 기타 질병으로 더 많은 사망자가 발생하고 있다. 팬데믹은 우리 모두가 의존하는 노동력, 즉 착취당하고 인정받지 못하는 하층민의 존재를 드러냈다. 풍요로운 사회가 일상적으로 무시하는 사람들이 코로나19를 관리하는 최전선에 서 있다는 점은 비극적 모순이다. 농장에서 일하는 이주 노동자, 사회 복지사 및 환경미화원, 병원의 간호사와 잡역부, 슈퍼마켓 점원 등이 바로 그 사람들이다. 늘 미디어의 주목을 받는 유명인, 정치인, 은행가, 기업가와 같은 사람들이 자가 격리가 가능한 호화 별장으로 전용기를 타고 도피하는 동안 이런 사람들이 팬데믹 관리의 최전선에 서 있었다.

감염병 전문가들은 이러한 위기가 임박했다고 오랫동안 세계 각국 정부에 경고해 왔다. 세계보건기구는 코로나19가 확산하기 훨씬 이전부터 각국이 팬데믹 대비를 위한 최소한의 기준을 맞추도록 권장했다. 2018년에는 여덟 개의 '주요 질병' 가운데 여섯 개 질병이 발병했음을 처음으로 감지했다. 최근 수십 년 동안 대중 영합적 민족주의가 부상하면서 각국 정부는 유엔과 세계보건기구에 힘을 실어 주기보다 전 세계의 공익을 보호하는 데 필요한 재원과 권한을 이들 기관에서 점차 줄이고 있다. 물론 팬데믹은 전 세계가 서로 연결되어 있기 때문에 발생했지만, 전 세계 각국의 협조 부족으로 더욱 악화되었다.[7]

개인적 이야기를 하자면, 아내 커린은 내가 런던에서 개최된 1918-1919 독감 팬데믹 전시회를 방문하기 6개월 전에 세상을 떠났다. 2017년 크리스마스 직전에, 우리 교회에서 아내는 마지막 설교를 진행했다. 그녀는 "마리아 찬가"(마그니피캇)를 이야기하면서 자신의 암 투병과 임박한 죽음에 대해 언급했다. 언젠가 구세주께서 세상을 바로 세우시겠지만, 그동안 우리는 답을 알 수 없는 질문을 안고 살아가야 한다. 마리아는 미혼모라는 사회적 낙인뿐 아니라 아들을 일찍 잃을지도 모른다는 가능성도 받아들였다. 우리 대부분은 불행이 갑자기 닥쳤을 때 "왜 나에게 이런 일이 생겼을까?"라고 묻는다. 그러나 도리어 커린이 지적한 것처럼 "내가 **아니어야** 할 이유가 뭐지?"라고 물어야 한다. 결국

---

[7] *The Conversation*, "The World before This Coronavirus and after Cannot Be the Same," https://theconversation.com/the-world-before-this-coronavirus-and-after-cannot-be-the-same-134905를 보라.

우리는 사고, 폭력, 질병, 기근, 자연재해로 매 순간 남성, 여성, 어린이 들이 죽는 엉망진창의 세상을 살아간다. 그리스도께서는 우리에게 이런 비극이 생기지 않을 것이라고 약속하신 적이 없다. 우리 그리스도인들 또한 여전히 구원을 기다리는 고통받는 인류의 일부다.

그러나 비탄에 대한 질문은 고통스러울 수 있으며, 종종 무력감마저 느끼게 한다. 사랑하는 사람이 죽었을 때뿐 아니라 건강, 직업, 명성을 잃었을 때, 난임이나 장애를 겪을 때, 더 나아가 불의와 사악함이 자주 방치된다는 사실을 고통스럽게 깨달을 때 우리는 비탄을 경험한다. 베드로후서에서는 고대 도시 소돔과 고모라에 살던 아브라함의 조카 롯의 이야기가 나온다. "무법한 자들의 음란한 행실로 말미암아 고통당하는 의로운 롯을 건지셨으니 (이는 이 의인이 그들 중에 거하여 날마다 저 불법한 행실을 보고 들음으로 그 의로운 심령이 상함이라)"(벧후 2:7-8).

성경에 꾸준히 등장하는 탄식의 전통은 길고 풍부하지만 종종 무시되는 경우가 많다. 이 전통은 창세기 초반 몇 장에서 하나님이 하신 놀라운 말씀으로 시작된다. "여호와께서 사람의 죄악이 세상에 가득함과 그의 마음으로 생각하는 모든 계획이 항상 악할 뿐임을 보시고 땅 위에 사람 지으셨음을 한탄하사 마음에 근심하시고"(창 6:5-6). 이는 사도 요한의 환상에 등장하는 하나님의 보좌를 둘러싼 순교자들의 외침에서 절정에 이른다. "거룩하고 참되신 대주재여, 땅에 거하는 자들을 심판하여 우리 피를 갚아 주지 아니하시기를 어느 때까지 하시려 하나이까?"(계 6:10)

탄식의 전통에서 가장 중요한 두 가지 질문은 "주여, 무엇 때문입니까?"와 "주여, 얼마나 오래 견뎌야 합니까?"이다. 그러나 "왜?"라는 질문은 고통과 악에 대한 이론적 설명을 요구하지 않는다. 이 질문은 위협, 재난 또는 나아지지 않는 고통에 직면했을 때 침묵하시고 가만히 계시는 하나님에 대한 실존적 고뇌의 표현이다. "주님, 왜 주님은 숨어 계시거나 무관심하거나 부재하십니까?"라는 질문이다. 하나님을 믿는 사람이 무고한 고통을 겪을 때 상처받는 이유는 고통 자체나 불의 때문이 아니라 하나님으로부터 버림받았다는 느낌 때문이다. 이것이야말로 견딜 수 없는 점이다. 하나님에 대한 신뢰가 약해진다. 하나님의 권능은 자기 존재를 입증하시던 과거의 행동들에만 국한된 것인가, 아니면 오늘날에도 세상을 변화시키는 여전히 신뢰할 만한 권능인가?

고대 이스라엘과 초대 교회의 찬송가였던 시편의 3분의 1 이상이 탄식의 시편으로 분류된다. 시편은 개인의 고통이나 공동체의 굴욕과 억압으로 경험하는 혼란, 괴로움, 고통, 분개, 두려움, 분노, 항의를 표현한다. 예언서에서는 인간의 죄가 탄식의 근본 원인으로 나온다. 반면, 시편에서는 고통과 죄 사이에 확실한 연관성이 없는 경우가 많다. 시편 44:20-26이 대표적이다.

> 우리가 우리 하나님의 이름을 잊었거나,
>   우리의 두 손을 다른 신을 향하여 펴 들고서 기도를 드렸다면,
> 마음의 비밀을 다 아시는 하나님께서
>   어찌 이런 일을 찾아내지 못하셨겠습니까?
> 우리가 날마다 죽임을 당하며,

잡아먹힐 양과 같은 처지가 된 것은, 주님 때문입니다.
주님, 깨어나십시오. 어찌하여 주무시고 계십니까?
깨어나셔서, 영원히 나를 버리지 말아 주십시오.
어찌하여 얼굴을 돌리십니까?
우리가 고난과 억압을 당하고 있음을, 어찌하여 잊으십니까?
아, 우리는 흙 속에 파묻혀 있고,
우리의 몸은 내동댕이쳐졌습니다.
일어나십시오. 우리를 어서 도와주십시오.
주님의 한결같은 사랑으로, 우리를 구하여 주십시오.

또는 시편 10:1-4, 12의 사회 정치적 비판을 생각해 보라.

주님, 어찌하여 주님께서는 그리도 멀리 계십니까?
어찌하여 우리가 고난을 받을 때에 숨어 계십니까?
악인이 으스대며 약한 자를 괴롭힙니다.
악인은 스스로 쳐 놓은 올가미에 스스로 걸려들게 해 주십시오.
악한 자는 자기 야심을 자랑하고,
탐욕을 부리는 자는 주님을 모독하고 멸시합니다.
악인은 그 얼굴도 뻔뻔스럽게 "벌주는 이가 어디에 있느냐?
하나님이 어디에 있느냐?"고 말합니다. 그들의 생각이란 늘 이러합
니다.…
주님, 일어나십시오. 하나님, 손을 들어 악인을 벌하여 주십시오.
고난받는 사람을 잊지 말아 주십시오.

그리고 개인적으로 겪는 고통을 표현한 시편 88편의 부르짖음은 모든 시편 중에서 가장 절망적으로 들린다.

> 무덤에서 주님의 사랑을, 죽은 자의 세계에서
>   주님의 성실하심을 이야기할 수 있겠습니까?
> 흑암 속에서 주님의 기적을, 망각의 땅에서
>   주님의 정의를 경험할 수 있겠습니까?
> 주님, 내가 주님께 부르짖고,
>   첫새벽에 주님께 기도드립니다.
> 주님, 어찌하여 주님은 나를 버리시고,
>   주님의 얼굴을 감추십니까?
> 나는 어려서부터 고통을 겪었고,
>   지금까지 죽음의 문턱에서 살아온 몸이기에,
> 주님께로부터 오는 그 형벌이 무서워서,
>   내 기력이 다 쇠잔해지고 말았습니다.
> 주님의 진노가 나를 삼켰으며,
>   주님의 무서운 공격이 나를 파멸시켰습니다.
> 무서움이 날마다 홍수처럼 나를 에워쌌으며,
>   사방에서 나를 둘러쌌습니다.
> 주님께서 내 사랑하는 사람들과 이웃을 내게서 떼어 놓으셨으니,
>   오직 어둠만이 나의 친구입니다.
>
> (11-18절)

탄식은 날것 그대로의 고통을 말로 표현하는 것, 고통을 언어화하는 것이다. 시편 기자와 그의 공동체가 약속받은 평화와 축복의 땅이 아니라 무의미와 억압의 황무지를 경험할 때, 하나님과 대화를 계속 이어 가게 해 주는 것은 불신이 아니라 정직하고 신실한 언어다. "절망한 사람, 의지할 곳이 없는 사람의 쓰라린 불평이다. 그는 하나님께 대들면서도 하나님께 매달린다.…하나님에 대한 의심이 일어나고, 심지어 더 이상 하나님을 이해할 수 없는 절망의 시기에도 탄식하는 가운데 하나님을 고발하면서 하나님과 자신을 결속시키는 언어를 받아들인다."[8]

월터 브루그만(Walter Brueggemann)은 이 시편에 대해 이렇게 썼다.

이러한 "어둠의 시편"을 사용하는 것이 세상에서는 **불신앙과 실패**의 행위처럼 보일 수 있지만, 신앙 공동체에는 비록 변형된 믿음일지라도 **담대한 믿음의 행위**다. 이것이 담대한 믿음의 행위인 이유가 있다. 첫째, 세상을 가식적인 방식이 아니라 있는 그대로 경험해야 한다고 주장하기 때문이다. 또 다른 이유는 그러한 모든 무질서의 경험이 하나님과의 대화에 적합한 주제라고 주장하기 때문이다.[9]

그렇기 때문에 어떤 질문도 "금지"되지 않았으며, 하나님께 하기

---

[8] Claus Westermann, "The Role of the Lament in the Theology of the Old Testament," *Interpretation* 28 (1974년 1월호): 34.
[9] Walter Brueggemann, *The Message of the Psalms* (Minneapolis, MN: Augsburg Press, 1984), 52.『브루그만의 시편사색』(솔로몬).

에 너무 "경우 없다"거나 "무례하다"고 여겨지는 기도도 없다. 시편 기자가 믿는 하나님은 자신의 의심과 항의, 심지어 분노까지도 감당할 만큼 크신 분이다.

또 다른 구약 학자인 스콧 엘링턴(Scott Ellington)도 탄식의 시는 신뢰와 친밀감의 관계가 전제라고 말한다. "성경 기자들은 탄식의 시를 쓸 때, 개인과 신앙 공동체의 구성원을 연결하고, 그 공동체와 하나님을 하나로 묶는 근본적 관계의 맥락에서 쓴다."[10] 탄식하는 사람은 참으로 선하고 공의로우며 자비로운 하나님이 언약적 사랑으로 그분 자신과 자기 백성을 묶으신다는 사실을 믿는다. 그래서 자신이 경험하는 불의와 공포뿐 아니라 그와 동시에 경험하는 하나님의 침묵 때문에 당혹감과 진심 어린 고뇌를 겪는다. 그러한 하나님을 믿지 않는 사람들에게, 무고한 고통에 대해 쏟아 내는 무력한 분노의 표현은 바람에 흩어지는 울부짖음에 불과하며, 비인격적이고 무심한 허공에 대고 독을 쏟아붓는 행위처럼 보일 뿐이다.

그러나 무신론자라고 자처하는 많은 작가가 실제로 불의에 직면해 이런 분노를 어떤 방식으로 경험하고 표현하는지를 보면 흥미롭다. 실존주의 소설가인 존 파울즈(John Fowles)는 아내 엘리자베스가 사망한 후 이렇게 썼다. "무신론자로서 나는 존재하지 않는 누군가(그, 그녀 또는 그것)에게 매우 화가 났다."[11] 여기서 스스로 고백한 아이러니는 죽음에 대한 분노와 우리 삶의 이야기에 어떤 궁극적 의미가

---

10 Scott A. Ellington, *Risking Truth: Reshaping the World through Prayers of Lament* (Eugene, OR: Pickwick, 2008), 7.
11 2005년 11월 18-24일 *Guardian Weekly* 부고 기사에서 인용됨.

있는지 알고 싶은 열망이 근본적으로 종교적 추구라는 사실이다. 만약 사람들이 자신을 우연히 생겨난 우주의 부유물에 불과하다고 믿거나, 하나님이 선하지도, 사랑스럽지도, 강력하지도 않다고 믿는다면 도덕적·영적 고통을 겪을 필요도 없다. 그들의 고통은 그저 세상의 냉혹한 현실일 뿐, 그 이상도 이하도 아니다. 그러나 소위 세속적인 사람들은 무고한 고통 앞에서 당황할 뿐 아니라 도덕적 분노를 계속 경험한다. 그들은 의식적인 사고보다 더 깊은 수준에서 우주가 근본적으로 **진정** 질서 있고 의미 있고 선하다고 믿기 때문에 분노하는 듯하다. 하나님이 피조물인 인간과 인격적 관계를 맺는 살아 계신 분이며, 비도덕적이고 이해할 수 없는 분이 아니라고 믿는 사람들에게 하나님의 침묵은 가장 견디기 힘든 일이다.

이스라엘의 구원 이야기는 이스라엘 사람들이 자신과 세상을 이해하는 해석 틀을 형성했다. 그것은 그들의 근본적인 내러티브였다. 그들은 탄식하는 상황에서 하나님이 언약의 약속을 상기하시도록 그 이야기를 다시 꺼내 들었다. 그것은 하나님께 개입해 달라고 호소하는 근거가 되었다. 따라서 시편 22편에 기록된 버림받은 상황에 대한 이 부르짖음은 나중에 예수님이 십자가에 매달리셨을 때도 인용된다. "나의 하나님, 나의 하나님, 어찌하여 나를 버리십니까? 어찌하여 그리 멀리 계셔서, 살려 달라고 울부짖는 나의 간구를 듣지 아니하십니까?" 그 뒤에는 하나님이 과거에 하신 행위에 대한 기억이 이어진다.

우리 조상이 주님을 믿었습니다.
그들은 믿었고, 주님께서는 그들을 구해 주셨습니다.

주님께 부르짖었으므로, 그들은 구원을 받았습니다.

주님을 믿었으므로, 그들은 수치를 당하지 않았습니다.

(시 22:4-5)

이 시편을 포함한 많은 탄식 시편은, 찬양과 감사의 표현이 돌연히 등장하며 마무리되는데, 이를 통해 시편 기자는 자신과 자신이 속한 공동체에 하나님의 선하심과 신실하심을 확인시킨다(22:23-28; 또한 10:16-17도 보라). 이런 모순으로 일부 주석가들은 이 시편들이 응답 없는 절망적 부르짖음에 고통당하던 편집자들이 나중에 덧붙였거나 일관성 없이 조각조각 이어 붙인 것이라고 추측한다. 그러나 사별을 경험한 사람이라면 누구나 이러한 감정의 기복이 애도 과정의 일부임을 안다. 감정 기복은 대부분의 사람이 타 본 롤러코스터와 같다. 더욱이 탄식의 언어는 슬퍼하는 사람이 자기 경험의 모순을 분명히 표현할 수 있게 도와준다. 부재하시는 하나님은 동시에 구원하실 수 있는 유일한 하나님이기도 하다.

오늘날 우리의 개인과 공동체 기도에 탄식의 시편을 적용하면 우리는 더 정직해질 수 있다. 정직은 기도의 가장 기본적 요소다. 또한 탄식의 시편은 우리 안에 변화를 일으킨다. 에스더 드 발(Esther de Waal)은 이렇게 말한다.

우리가 기도하거나 노래하거나 외칠 때, 시편은 좋은 척하지 않는 거친 언어를 사용한다. 그 덕에 우리는 신음하고, 쓴 마음으로 불평하고, 하나님의 행동이 얼마나 불공평한지 아뢰고, 쓰라린 슬픔에 빠지고, 우리의 모든 정신적 상처와 절망을 드러낼 수 있다. 우리를 덮쳐 오는 모든 슬픔, 분노와 원망의 온갖 감정, 모든 폭력적인 감정, 특히 이런 것들이 추하고 쓰라린 감정이 될 때마저 떳떳하고 변명이나 가식 없는 탄식으로 표현된다. 이러한 증오스러운 감정을 큰 소리로 말하는 행위조차도 그것을 인정하고 하나님께 맡기는 방법이다. 이 하나님이 우리의 말을 들으신다는 사실을 안다면, 우리는 적어도 하나님의 치유가 시작되는 자리에 서 있는 셈이다.[12]

그러나 이러한 변화가 시작되려면 자신의 고통에 대해 소리 낼 뿐 아니라 그 소리를 자기 것으로 삼고, 자기 이야기와 정체성의 일부로 만들어야 한다. 니콜라스 월터스토프(Nicholas Wolterstorff)는 이렇게 말한다.

누군가 "당신이 누구인지 말씀해 보시죠"라고 요청한다면 즉시는 대답을 못 할지라도 결국은 이렇게 말할 것이다. "나는 고통스러운 이혼을 겪은 사람입니다", "아이를 잃은 고통을 겪는 사람입니다", "20년간 성실하게 일하다가 해고당한 사람입니다." 자신의 고통을 부인하는 행위는 자신의 이야기에서 고통을 지우려거나 그 일부가 되는 것을 막으려는 시도다. 즉 잊어버리고, 뒤로 미루어 두고, 하던 일에 계속 매달리려 한다. 탄식은 자신의 고통에 대해 소리 내기를 요구한다. 따라서 고통에 이름

---

[12] Esther de Waal, *Lost in Wonder: Rediscovering the Spiritual Art of Attentiveness* (Toronto: Novalis, 2003), 110.

을 붙일 뿐 아니라 고통을 자기 것으로 삼기를 요구한다.¹³

우리 시대의 대표적인 기독교 철학자이며 신학자 중 한 명인 월터스토프는 등반 사고로 아들을 잃은 뒤 『나는 사랑하는 사람을 잃었습니다』(Lament for a Son, 좋은씨앗)라는 책에 그 슬픔에 대한 감동적인 성찰을 담아냈다. 아들을 잃은 상실을 도저히 이해할 수 없다는 그의 솔직한 심정이 책의 모든 페이지에서 빛을 발한다. 여기에 그의 고백을 실었다.

설명할 길이 없다. 너무나도 깊고 고통스러운 이 신비 앞에서 그저 견디는 것 외에는 할 수 있는 일이 없다. 나는 천지를 지으신 전능한 하나님 아버지와 예수 그리스도의 부활을 믿는다. 하지만 내 아들이 인생의 황금기에 너무나 일찍 생명을 잃었다는 사실도 믿는다. 나는 이 조각들을 서로 조화시킬 수가 없다. 나는 길을 잃었다. 나는 인간에게 하나님의 방식을 설득하기 위해 쓰인 신정론 책들도 읽었다. 그러나 그 책들은 설득력이 없다. 지금까지 했던 질문 중 가장 고뇌에 찬 질문을 던졌으나, 나는 답을 모른다. 우리 애가 추락하는 것을 하나님이 왜 그저 지켜만 보셨는지 모르겠다. 하나님이 왜 상처 입은 나를 그저 지켜보고만 계신지 모르겠다. 짐작조차 할 수 없다.…화가 나지는 않지만, 당황스럽고 고통스럽

---

13 Nicholas Wolterstorff, "If God Is Good and Sovereign, Why Lament?," in Nicholas Wolterstorff, *Hearing the Call: Liturgy, Justice, Church and World*, ed. Mark R. Gornik and Gregory Thompson (Grand Rapids, MI: Eerdmans, 2011), 81.

다. 내 상처는 답이 없는 질문이다. 모든 인류의 상처에는 답이 없다.[14]

케냐의 신학자 제시 무감비(Jesse Mugambi)는 자신의 대륙이 처한 상황을 한탄하며 이런 묵직한 질문을 던진다. "현대 아프리카는 아마도 세계에서 가장 종교적인 대륙이다. 그런데 아프리카인들은 역사상 가장 학대받는 사람들이라는 이 명백한 모순을 어떻게 설명할 수 있을까? 어떻게 하나님을 가장 경외하며 부르짖는 사람들을 하나님은 가장 심하게 무시하는 것처럼 보일까? 무교가 성공의 열쇠이고 종교는 후진성의 열쇠라는 말인가?"[15] 비슷한 관점에서 남아프리카공화국이 아파르트헤이트를 시행하던 시절에 글을 쓴 데즈먼드 투투(Desmond Tutu) 대주교는 흔히 간과되지만, 교회가 정치 범죄에 동조했던 냉엄한 문제를 제기한다. "우리가 해결해야 할 난감한 질문은 바로 이것이다. 왜 고통은 그토록 눈에 띄게 흑인들에게만 골라 닥치는가? 왜 불신자나 다른 종교인들의 손이 아니라 같은 주님을 믿고 따른다는 동료 그리스도인들의 손을 통해 고통이 오는가?"[16]

---

14 Nicholas Wolterstorff, *Lament for a Son* (Grand Rapids, MI: Eerdmans, 1987), 67-68. 『나는 사랑하는 사람을 잃었습니다』(좋은씨앗).
15 Jesse Mugambi, *From Liberation to Reconstruction: African Christian Theology after the Cold War* (Nairobi: East African Educational Publishers, 1995), 33.
16 Desmond Tutu, *The Voice of One Crying in the Wilderness* (London, 1982), 35; John Parratt, *Reinventing Christianity: African Theology Today* (Grand Rapids, MI: Eerdmans; Trenton, NJ: Africa World Press, 1995), 155에서 인용됨.

현대의 탄식

음악, 미술, 시는 오랜 기간 성경의 애가 전통의 영향을 받았다. 서양의 클래식 음악에서 영감을 받은 사람들은 요한 세바스찬 바흐의 작품, 특히 "마태 수난곡"을 떠올릴 수 있다. 20세기 러시아의 작곡가 드미트리 쇼스타코비치의 후기 교향곡과 현악 4중주곡은 수십 년 동안 끔찍한 스탈린주의 치하의 공포 속에서 삶의 의미를 찾기 위해 고군분투하며 개인적 슬픔으로 혼란스러워하는 사람들에게 큰 위안이 되었다.[17] 물론 재즈의 원조인 미국 남부 면화 농장에서 일하던 아프리카계 미국인 노예들의 흑인 영가도 결코 잊을 수 없다.[18]

탄식의 시편은 여러 현대 기독교 시인들이 현대의 시편에서 자신의 고뇌를 표현하는 데 영감을 주었다. 다음은 몇 가지 사례다. 첫 번째는 니카라과의 가톨릭 사제이자 시인인 에르네스토 카르데날(Ernesto Cardenal)의 시다.

나의 하나님, 나의 하나님, 오 어찌하여 나를 버리셨나이까?

---

17 David Smith와의 개인적인 대화, 그리고 그의 책 *Stumbling towards Zion* (Carlisle: Langham Global Library, 2019)의 마지막 문단. Smith는 쇼스타코비치가 그리스도인은 아니지만 성경의 시편과 유대 민요에 깊은 영향을 받았다고 언급한다. 쇼스타코비치의 제7번 교향곡("레닌그라드")은 뼈가 시릴 정도로 추운 러시아의 겨울, 독일군이 끔찍한 포위 공격을 감행했을 때 작곡되어 레닌그라드에서 초연되었다. 쇼스타코비치의 제8번 교향곡은 제2차 세계대전의 희생자들을 기리는 곡으로, 전쟁을 경험하지 않은 사람들의 마음도 정화시킨다.
18 Nancy Lee는 자신의 책에 다양한 문화와 종교에서 나온 여러 탄식 시들을 모았다. Nancy C. Lee, *Lyrics of Lament: From Tragedy to Transformation* (Minneapolis, MN: Fortress, 2010). 여기서는 성경 본문에서 직접 영감을 받은 탄식 시로 한정한다.

나는 한낱 조롱거리에 불과하며

사람들에게 멸시받고

모든 일간지에서 모멸과 비웃음거리로 전락했습니다.

그들의 장갑차가 나를 감싸고,

저들의 기관총 사수들이 나를 주목합니다,

철조망이 나를 둘러쌌습니다.

아침부터 저녁까지

나는 내 이름에 응답해야 합니다;

그들은 내게 수인 번호를 문신으로 새겼습니다.

전기 철조망으로 둘러싸인

내 모습을 사진으로 찍었어요.

내 모든 뼈를 엑스레이로 볼 수 있겠죠.

그들은 내 정체성을 앗아 갔습니다.

그들은 알몸이 된 나를 가스실로 끌고 갔죠;

그리고 그들은 내 옷을 나눠 가졌고

심지어 내 신발까지 챙겼지요.

모르핀을 요청했지만 아무도 들어주지 않습니다;

구속복을 입은 나는 외칩니다,

정신병원에서 밤새 외칩니다—

말기 환자 병동에서,

격리 병동에서,

양로원에서.

땀에 흠뻑 젖은 나는 고통스러워합니다

정신과에서 고뇌하고,

산소 텐트에서 울고

경찰서에서,

교도소 마당에서,

고문실이나,

보육원에서 웁니다;

나는 방사능에 오염되었고

방사능에 그들도 오염될까 봐 모든 사람이 나를 피합니다.[19]

미국의 시인 앤 윔스(Ann Weems)는 아들이 폭력 행위로 사망한 후 50편의 개인 시를 썼다. 그중 두 편을 발췌했다.

어디에서 당신을 찾아야 할지 모르겠어요, 오 하나님!

부르고 또 불렀습니다.

찾아보고 또 찾아봤습니다.

내 방으로 돌아갑니다.

그리고 어둠 속에 앉아

당신을 기다립니다.

당신이 들으셨다는

신호 좀 주시겠어요?

---

19 Ernesto Cardenal, *Marilyn Monroe and Other Poems*, trans. Robert Pring-Mill(London: Search Press, 1975), 79-80.

내 감정 좀 마비시켜 주세요.
그래야 안 아플 테니까요.[20]

오 하나님, 언제까지 지켜만 보실 건가요?
당신의 백성들이 죽음의 공포에 사로잡혀 살고 있잖아요.
온 세상이
눈물을 흘리며 괴로워하고 있습니다.
매일 어둠 속을 걷는 유족들의 행렬이 이어집니다.
저도 그 행렬에 동참합니다.
우리는 바다에 빠져 죽습니다.
우리는 전장에서 피를 흘립니다.
우리는 병상에서 앓아누워 있습니다.
우리는 법정에서 심판을 받습니다.
우리는 범죄의 피해자입니다.
우리는 집이 없고 굶주립니다.
이 정도면 충분하지 않나요?…

우리는 사랑하는 사람들이 고통을 견디는 모습을 지켜봅니다.
우리는 억울한 누명을 씁니다.
우리는 편견과 증오에 직면합니다.

---

20 Ann Weems, *Psalms of Lament* (Louisville, KY: Westminster John Knox Press, 1995), 43. 허락을 받아 인용.『슬픔의 노래』(바람이불어오는곳).

우리는 모욕과 학대를 받습니다.

우리는 견딜 수 없는 스트레스와 불안에 시달립니다.

우리는 무덤 옆에서 눈물을 흘립니다…

우리를 좀 보세요.

마음을 움직여 보세요,

가족을 잃은 사람들의 결박을 끊어 주세요.

이 희망에 우리의 기쁨이 있습니다.

그날에 우리는 뛸 것입니다.

생명의 행렬에 동참하기 위해

우리는 찬양의 노래를 부를 것입니다.

영원히

영원히

또 영원히![21]

한창 전쟁 중일 때 성공회 성직자인 셀반 신부가 요한계시록 6:10을 토대로 쓴 스리랑카 북부 자프나의 살육 현장에서 온 편지를 마지막으로 소개한다.

주권자이신 주님, 언제까지 기다릴까요?

우리를 죽이고 파괴한 자들이

---

21 Weems, *Psalms of Lament*, 65-67. 허락을 받아 인용.

회개할 때까지

언제까지 기다려야 할까요?

얼마나 기다려야 하나요?

우리는 농사를 지으며 살았고,

많은 가난한 사람이 살아가도록 도왔습니다.

미사일은 왜 폭발했을까요?—왜 우릴

끝장냈을까요?—얼마나 오래 기다릴까요…

우리는 고기를 잡으며 살았고

많은 사람에게 먹을 걸 제공했습니다.

우리는 체포되었습니다.

그리고 땅에 떨어져 사라졌습니다—얼마나 오래 기다릴까요…

가르치던 우리가

배움의 도구가 되었습니다

지뢰가 터지며

순식간에 시신이 되었습니다—얼마나 오래 기다릴까요…[22]

    성경에 나오는 탄식 시편의 약 4분의 1은 1인칭 복수형의 집단 형태로 쓰였다. 그런데 심지어 개인적인 탄식 시편을 쓴 '나'도 대표성

---

[22] 저자는 흔쾌히 인용을 허락해 주었다. 타밀어를 번역하는 과정에서 운율은 손실되었다.

을 띤다. '나'는 공동체를 위해 슬픔을 표현하고 의심을 해소하는 방법을 보여 준다. 공동체의 시편에 붙여진 원래의 음악은 알 수 없지만, 시편이 원래 노래를 위해 쓰였다는 사실은 교훈적이다. 음악은 마음을 움직일 뿐 아니라 표현력도 뛰어나 우리의 감정과 깊이 연결된다. 음악은 슬픔을 솔직하게 표현할 수 있게 해 줄 뿐 아니라 희망을 일깨우는 데도 도움이 된다. 음악이 치매나 사별을 경험한 사람들을 말로 표현할 수 없는 방식으로 치유할 수 있다는 증언은 전 세계 여러 문화권에서 많이 나오고 있다. 또한 함께 탄식하는 행위는 일반적으로 다 같이 노래하는 행위와 마찬가지로 사람들을 서로 결속시킨다(불의와 억압에 맞서는 모든 시위행진에 노래가 포함되는 것은 우연이 아니다). 교회의 가장 위대한 찬송가들이 바로 이런 일을 하는데, 공동체적 믿음과 용기를 불러일으킨다.

음악가이자 신학 교수인 제러미 벡비(Jeremy Begbie)가 이에 대해 자세히 설명한다.

> 슬퍼하는 사람들이 종종 밝은 음악을 원하지 않는 것도 바로 이런 이유 때문이다. 또한, 그들은 슬픔의 혼란을 그대로 재현하는 것도, 단순히 슬픔에 집중시키는 것도 원하지 않는다(물론 이것도 중요하지만). 대신 그들은 슬픔에 공감하고 새로운 형태의 슬픔을 찾도록 도와주는 음악, 즉 슬픔을 더 크고 더 희망적인 정서의 맥락으로 설정하는 데 도움이 되는 음악을 원한다. 이것이 바로 최고의 장례식 음악이 할 일 아닐까?[23]

---

23 Jeremy Begbie, *Resounding Truth: Christian Wisdom in the World of Music* (London:

우간다 출신의 신학자 이매뉴얼 카통골레(Emmanuel Katongole)는 인간의 고통이 극심한 아프리카 지역에서 시적·음악적 애가를 수집했다. 그는 『애가에서 태어나다』(*Born from Lament*)라는 책에서 사람들이 고통을 말로 표현하는 것이 정치적 행위임을 보여 준다. 이런 행위가 희망과 저항의 의지를 되살리기 때문이다.

> 탄식은 행동의 수단이다. 기독교 활동가들이 서 있는 이 땅은 엄청난 아픔과 고난의 땅이며, 콩고와 우간다 북부의 수많은 시와 노래, 기타 문화적 표현은 그 현실을 포착해 왔다. 이 활동가들은 고난의 소용돌이 속에 휘말려 있다. 그들의 활동은 애초에 탄식의 절규다.…탄식은 고통을 수동적으로 묵인하는 행위가 아니라 고통의 세계에 적극적으로 개입하는 행동이다. 탄식을 실천할 때, 우리는 실제 참여에서 멀어지지 않고, 오히려 더 적극적으로 고통의 세계에 깊이 참여하게 된다. 탄식은 우리를 더 깊이 정치적 참여로 초대하는 동시에 정치의 본질과 의미를 재해석하고 재구성한다.[24]

스리랑카 내전이 북부 타밀 분리주의 게릴라들의 충격적 패배로 끝난 후, 정부는 이를 "테러와의 전쟁"에서 이룬 승리라고 선언했다. 스리랑카는 "테러를 물리친" 최초의 국가라고 주장했다.[25] 이 동일한

SPCK, 2007), 302.

24 Emmanuel Katongole, *Born from Lament: The Theology and Politics of Hope in Africa* (Grand Rapids, MI: Eerdmans, 2017), 261.

25 물론 타밀 타이거(Tamil Tiger)는 군대는 물론 대다수 국민에게도 '테러'를 가했다(자살폭탄 테러, 비무장한 민간인을 방패로 이용, 반체제 타밀인에 대한 고문과 암살 등). 그러나 정

정치적 수사는 자칭 '전쟁 영웅'이라는 호칭과 함께 사법부와 대중매체를 통제하고 모든 정치적 반대 의견을 억압하는 데도 사용되었다. 매년 2월 4일에 시행되는 독립기념일 행사에서는 기나긴 군사 행진과 늘 똑같은 승리주의 선전이 반복되었다. 전쟁을 유발한 원인들은 무시되었고 민족 화해를 위한 또 다른 기회는 허망하게 날아갔다. 2013년 초, 나는 성공회 주교 회의에 그해 독립기념일 기념식을 통상적인 국가를 위한 기도 예배가 아닌 '탄식의 예배'로 드리자고 제안했다. 그들이 군인이든, 타밀족 '테러리스트'든, 양측의 민간인이든 전쟁으로 희생된 모든 이를 추모하고, 폭정에 저항하는 취지였다. 그런데 놀랍게도 이 제안은 만장일치로 받아들여졌다. 그렇게 군사 행진뿐 아니라 애국의 열기에 맞서기 위해 콜롬보의 대성당에서 탄식 예배가 열렸다. 그 예배에는 다른 교회에 출석하는 교인들뿐 아니라 불교의 스님과 정권에 환멸을 느낀 비그리스도인들도 많이 참석했다. 대통령은 격분해 협박성 발언을 했지만 주교들은 이를 무시했다. 2년이 채 지나지 않아 대통령은 전혀 예상치 못했던 평화로운 선거를 통해 권좌에서 물러났다.

탄식 없는 교회

서양 교회는 일찍부터 시편을 찬송가로 사용해 왔다. 아우구스티누

부군도 무차별 공중 폭격과 마을에 대한 포격, 치외 법권적 살해 등 '테러'와 다름없는 수단을 사용했다.

스, 루터, 칼뱅은 탄식의 시편을 포함해 시편에 대한 광범위한 주석을 썼다. 아우구스티누스의 가장 큰 단일 저작물은 시편에 대한 설교 모음집인 『시편 강해』(Enarrationes in Psalmos)인데, 그는 이 책에서 시편 기자들의 탄식 시를 자신의 말씀으로 삼으라고 신앙 공동체에 촉구했다. "시편이 기도하면 당신도 기도하고, 시편이 탄식하면 당신도 탄식하라."[26] 루터의 『참회 시편』(Penitential Psalms, 1517)은 루터가 처음으로 출판한 독창적인 작품이었다. 미국 식민지에서 출판된 최초의 책은 1640년에 출판된 『베이 시편서』(Bay Psalm Book)였다. 독일의 목사이자 순교자인 디트리히 본회퍼(Dietrich Bonhoeffer)는 혼자일 때나 공동체에 있을 때나 시편을 주요 기도문으로 소중히 여겼다. 그는 감옥에서 부모님께 보낸 편지에서 이렇게 썼다. "수년 동안 해 온 것처럼 매일 시편을 읽습니다. 저는 다른 어떤 책보다 시편을 잘 알고 사랑합니다."[27]

부유한 서구 교회의 예배 형식을 무비판적으로 모방하는 아시아 교회의 강단, 기도, 전례(liturgy)에서 탄식이 사실상 사라진 것은 심각한 문제다. 특히 하나님과의 관계와 우리 서로의 관계에서 정직해지지 못하게 가로막는다는 점에서 더욱 그렇다. 자녀를 잃은 어머니에게 "하나님이 주관하시니 슬퍼하지 말라"거나 "하나님이 고난을 통

---

26 Augustine, *Enarrationes in Psalmos* 30.2.3, Rachel Ciano, "Lament Psalms in the Church," in *Finding Lost Words: The Church's Right to Lament*, ed. G. Geoffrey Harper and Kit Barker (Eugene, OR: Wipf & Stock, 2017), 11에서 인용됨. 18세기 이후 서구 교회 예배에서 탄식 시가 사라진 이유로 Ciano는 하나님의 주권에 대한 믿음의 쇠퇴, 고통에 대한 과학적 설명, "남자다움"에 대한 문화적 고정 관념을 제시한다.

27 Dietrich Bonhoeffer, *Letters and Papers from Prison*, English trans. (London: SCM, 1953), 1943년 5월 15일 편지, 18. 『옥중서신—저항과 복종』(복있는사람).

해 자녀를 가르치신다"고 말하는 것은 목회적으로 해로울 뿐 아니라 신학적으로도 얄팍한 주장이다. 우리가 살아가는 세상은 인종적·종교적 경쟁으로 분열되었으며, 심각한 기후 변화, 심화되는 경제적 양극화, 부패한 정치 현실을 겪는다. 그뿐 아니라 우리 교인 중에는 이러한 사회 현실과 가정 폭력에 짓눌려 성경에 나오는 하나님의 약속이 믿을 만한 것인지 의심하고, 자신이 살아가는 세상의 문화에 복음이 과연 적실성이 있는지 의구심을 품으며, 너무나 깊은 트라우마 속에서 응답받지 못하는 기도와 하나님의 침묵에 힘들어하는 사람들이 많다. 이런 사람들에게는 자신의 고통을 표현할 적합한 어휘가 없다. 교회에서 탄식의 성경적 전통이 무시되어 왔기 때문이다. 싱가포르의 목회자이자 신학자인 고든 웡(Gordon Wong)이 관찰한 바에 따르면, "우리 교회들은 하나님께 드리는 기도와 찬양을 강조한다. 그러나 우리는 거의 항상 하나님이 받으실 만한 유일한 기도는 찬양과 감사의 말뿐이라고 생각한다."[28] 그래서 예민하고 사려 깊은 많은 젊은이는 자신의 솔직한 의심과 갈등이 해결되지 않자 교회와 "절연하는" 선택을 했다. 이런 현상은 놀라운 일이 아니다.

낸시 리는 전쟁으로 트라우마를 경험한 어느 그리스도인 청년의 이야기를 들려준다. 이런 일은 우리가 사는 곳 어디에서나 너무나 흔하게 일어난다.

---

28 Gordon Wong, *God, Why?: Habakkuk's Struggle with Faith in a World out of Control* (Singapore: Armour, 2007), 7.

1996년 크로아티아에 살던 나는 전쟁이 끝난 직후 풀브라이트 기금을 받아 보스니아 전역을 방문하고 있었다. 사람들은 전쟁의 참화가 유발한 트라우마로 고통을 겪는 중이었다. 나는 말로 표현할 수 없는 고난과 공포 속에서도 놀라운 믿음과 용기를 보여 준 많은 사례를 접했다. 한 교회에서 음악 사역을 하던 청년 한 명이 어느 날 나에게 징집을 당했을 때 전쟁 중인 조국을 지키기 위해 군 복무를 했다고 털어놓았다. 그는 전쟁의 참혹한 경험에 큰 충격을 받았고 매우 괴로워했다. 참전 용사들이 트라우마와 슬픔을 해결하지 못해 알코올 중독에 빠지는 문제는 흔하게 발생했다. 전통적인 동유럽 문화에서 심리 치료는 여전히 금기시되었다. 이 청년은 음악 사역이나 하다못해 노래를 통해서라도 자신을 치유할 위안을 발견하고 다른 사람들도 도울 방법을 찾을 수 있는지 교회와 목회자에게 문의했다. 그가 목사님에게 슬픔을 담은 노래를 몇 곡 제안했는데, 곧바로 묵살당했다. 그리고 그는 교회가 긍정적인 음악과 하나님을 찬양하는 것을 강조해야 한다는 말을 들었다. 이미 내면에 해결되지 않는 트라우마로 고통당하던 청년은 이 질책으로 해결되지 않은 절망감까지 느꼈다. 또한 교회의 음악이 자신처럼 심리적으로 상처를 입은 사람들을 돕는 데는 거의 무용지물이라는 고통스러운 사실을 깨달았다.[29]

함께 살아가는 사람들의 고통을 직면하기를 거부하거나 자신이 취약한 사람이라는 사실에 수치심을 느끼는 사람들에게는 탄식의 울부짖음이 매우 '비(非)영적'이고 당혹스럽고 심지어 혐오스러워 보인다. 그리고 설교와 전례에서 성경의 탄식 전통을 금지하는 교회는 착취와 억압의 사회 관계를 보존하는 데 크게 기여하고, 이로써 현상을 유지하는 데 일조한다.

우리의 설교와 예배에서 탄식을 소홀히 하는 비극적 현상은 단지 무지의 문제가 아니다. 도리어 성경의 하나님에 대한 믿음이 부족하기 때문에 발생한다. 자신이 부모에게서 무조건적인 사랑을 받고 있다는 사실을 아는 자녀는 부모에게 감사와 사랑뿐 아니라 실망과 분노도 표현할 자유를 누린다. 구약의 이스라엘 백성은 만물의 창조주 하나님이 자신들과 결혼 관계와 비슷한 언약을 맺었다고 믿었다. 바로 이러한 믿음 때문에 이스라엘의 예언자와 찬송가 작사가들은 모든 공동체와 개인적 삶의 경험을 그 관계로 가져올 수 있었다. 그 어떤 것도 배제되지 않았다. 고통스럽고 혼란스러운 시기에도 우리 자신이 하나님의 무조건적인 사랑을 받는다는 사실을 안다면, 우리는 자유롭게 하나님께 질문하고 도전하며 심지어 분노를 표출할 수도 있다. 사랑받는다는 안정감이 탄식할 수 있게 하고, 탄식할 용기를 준다.

호주의 맬컴 길(Malcolm Gill) 목사는 동료 목사들에게 이런 조언을 한다. "교회에서 탄식 시편을 낭독하는 것은, 다른 말을 덧붙이지 않더라도, 슬픔의 무게에 짓눌려 말없이 가라앉아 있는 사람들에게 목소리를 부여하는 행위다. 슬픔의 기도를 함께 드리는 것은 슬픔의 짐을 지고 있는 이들에게 그들이 혼자가 아니라는 용기를 준다. 별로 없긴 하지만 찬송가나 현대 복음 성가의 음악적 탄식도 일반적인 말로 담아낼 수 없던 고통의 깊이를 말로 표현할 수 있다."[30]

---

29   Lee, *Lyrics of Lament*, 14.
30   Malcolm J. Gill, "Praying Lament," in Harper and Barker, *Finding Lost Words*, 232-233를 보라.

마지막으로, 오락 문화의 유혹에 빠져 있거나 세상의 깊은 고통에 노출될지도 모르는 위험성을 두려워하는 복음주의 교회 지도자들에게 프란치스코 교황의 회칙 『복음의 기쁨』(Evangelii Gaudium, 한국천주교중앙협의회)에 담긴 권면을 나누고 싶다.

저는 안전에 대한 집착에 갇혀 건강하지 못한 교회보다는 거리에 나와 있느라 멍들고 아프고 더러워진 교회를 더 선호합니다.…정당한 이유로 우리의 양심을 불편하게 하고 괴롭히는 무엇이 있다면, 그것은 많은 형제자매가 예수 그리스도와의 우정에서 나오는 힘과 빛과 위로 없이, 그들을 지지해 줄 신앙 공동체도 없이, 삶의 의미와 목표도 없이 살아가고 있기 때문입니다. 길을 잃는 것보다 더 큰 두려움이 있습니다. 우리에게 잘못된 안정감을 주는 구조, 우리를 가혹한 심판자로 만드는 규칙, 우리를 안전하다고 느끼게 하는 습관 안에 갇혀 있는 것입니다. 그러는 동안 우리 문 앞에는 굶주린 사람들이 있습니다. 예수님은 우리에게 거듭 이렇게 말씀하십니다. "그들에게 먹을 것을 주어라"(막 6:37, 새번역).[31]

---

31 Pope Fancis, *Evangelii Gaudium* (London: Catholic Truth Society, 2013), 29-30. 『복음의 기쁨』(한국천주교중앙협의회).

2장

욥과 신학의 혼란

종교적 진리에 대해 말한다면 기쁘게 듣겠습니다.
종교적 의무에 대해 말한다면 순종하며 듣겠습니다.
하지만 제게 종교적 위로에 대해 말할 생각은 마십시오.
당신이 이해하지 못한다고 의심할 수밖에 없습니다.[1]

유대인 철학자 조지 스타이너(George Steiner)는 성찰적 자서전에서 우리가 이 책을 시작하며 다룬 주제에 주목한다. 모든 역사적 시대에 반복된 특징인 공포를 상기시킨다. 법을 앞세워 고문하고, 피정복자를 노예로 삼고, 도시 빈민가의 판잣집에서, 악덕 지주가 소유한 땅에서 어린이와 여성를 대상으로 한 잔인한 행위는 끊임없이 이어졌다. "기아는 수백만 명에게 일상이 되어 버렸고, 동물도 살 수 없는 곳에서 사람들이 거주한다. 문맹 상태, 질병, 영아 사망, 모멸감, 조기 사망과 같은 일들을 어느 정도 체념하며 받아들이는 삶이 반복되고 있다. 하나의 살육 현장에 또 다른 살육 현장이 더해진다. 그 어떤 시대가 겪은 비인간성이든 그걸 새롭거나 최악이라고 말할 수 없다." 그는 이렇게 회상했다. 20세기에 "스탈린주의는 콜리마(Kolyma) 광산의 맹추위와 굶주림 속에서 강제 노역으로 수백만 명(700만, 1천만, 1,500만?)의 사람들을 서서히 생매장했다. 피의 축제인 대숙청 기간에 독재자는 **하루에** 최대 2천 건의 사형 영장에 서명했다. 이는 온 가족을 몰살하고 어린아이들을 국립 보육원에 가두고, 소수 민족 문화를 말살하는 형을 집행했다는 의미다."[2]

앞 장에서 우리는 하나님에 **관한** 불평과 하나님**께 하는** 불평의 차

---

1   C. S. Lewis, *A Grief Observed* (London: Faber & Faber, 1961), 23. 『헤아려 본 슬픔』(홍성사).
2   George Steiner, *Errata: An Examined Life* (London: Weidenfeld & Nicolson, 1997), 103-106를 보라. 20세기가 가장 야만적인 시대였다는 견해에 관한 찬반 논쟁은 103-109를 보라.

이가 얼마나 큰지 살펴보았다. 성경적 탄식의 특징은 하나님에 대해 불평하거나 마음에 그분에 관한 원망을 품는 대신에, 아무리 고통스럽고 분노에 차고 절망적일지라도 기도를 통해 하나님께 직접 나아간다는 점이다. 이는 하나님이 세상을 **직접** 돌보시고 자기 백성의 간절한 기도에 **직접** 응답하신다는 믿음에 근거를 둔다. 만일 야훼가 고대 지중해 세계나 인도와 부속 대륙의 신들처럼 변덕스러운 신이었다면, 탄식은 무의미한 행위였을 터이다.

이러한 탄식은 우리의 신념과 경험이 충돌할 때마다 나온다. 탄식은 기대와 불확실성, 신뢰와 의문, 하나님의 임재에 대한 믿음과 그분의 부재에 대한 경험을 동시에 받아들인다. 마가복음 9:24에서 귀신 들린 아들의 아버지가 예수님께 "내가 믿나이다. 나의 믿음 없는 것을 도와주소서!"라고 외친 것은 이 전통과 일맥상통한다. 개인의 경험에서 우러나온 진리를 주장하면서 우리는 하나님에 대한 신앙과 그분과의 관계를 점검하며 더욱 정교하게 만든다. 한편 우리의 믿음은 또한 경험을 형성하고 해석하며 경험에 휘둘리지 않도록 돕는다. 스콧 엘링턴은 이를 간결하게 표현한다. "믿음을 갖고자 하면 경험을 부정하거나 신념을 포기해서는 안 된다. 오히려 하나님 앞에서 두 가지 진리를 창조적인 긴장 가운데 다루어 갈 때 믿음을 발견한다. 그러므로 탄식의 기도는 믿음의 행위다. 탄식한다는 것은 새로운 가능성으로 나아가는 모험을 감수하는 행위다. 그것은 하나님에 대한 우리의 믿음과 그분 덕분에 가장 분명히 형성된 우리의 경험을 재구성하는 확실한 움직임이다."[3]

엘링턴이 언급한 창조적 긴장은 구약의 욥기 전체를 관통한다. 욥기는 신학적 드라마이며, 모든 위대한 극적인 문학처럼 우리의 상상력을 넓혀 주면서 기존의 기대와 전제들을 해체한다. 그 속에서 전달되는 진리는 흑백 논리나 명확하게 정의된 명제들로 요약되는 일관된 교리 진술이나 깔끔한 신학 체계가 아니다. 하나님은 신비 그 자체이며, 그분이 우리나 세상과 맺는 관계는 궁극적으로 우리의 개념적 이해를 초월한다. 우리는 하나님이 자신을 계시하신 한도 내에서 진실하게 그분에 대해 말할 수 있지만, 그분은 자기 계시 중에도 여전히 숨겨져 있으며 우리의 이해를 초월한다.

불교, 힌두교, 이슬람 문화에서 살아가는 사람들에게는 욥기의 배경이 된 종교적 세계관이 친숙하다. 우리는 뿌린 대로 거둔다. 악한 행위는 악인의 삶에도 부정적이고 해로운 결과를 초래하며, 의인은 하나님의 보호를 받는다. 즉 나쁜 일은 나쁜 사람에게 일어나고, 좋은 일은 좋은 사람에게 일어난다. 이런 신학적 관점은 오늘날 우리 교회에서도 흔히 발견된다. 또한 지성적인 무신론자들이 종교와 신앙에 대해 논평할 때 흔히 취하는 관점이기도 하다.

욥기의 문체는 산문적 서사(1-2장; 42:7-17)가 시적 본문(3장-42:6)을 감싸는 형식으로 구성된다. 서사와 시적 본문 사이에 당황스러운 불협화음이 드러나는데, 이는 문체가 아닌 신학적 차이 때문이다. 서두의 서사는 여러 난감한 질문들을 던진다. 독자는 무대 뒤로 인도되어 곧 욥에게 닥칠 고난이 개인적 죄의 결과 때문이 아님을 미리 전달받는다. 이는 하나님의 종으로서 그분의 허락을 받고 욥에게 고통을 가하

---

3   Scott A. Ellington, *Risking Truth*, 15.

는 **사탄**(대적자)의 행위로, 사탄은 하나님을 부추겨 여러 무고한 남녀와 어린아이의 죽음을 초래하는 내기를 하게 만든다. 이 장면을 준비한 후 이 **사탄**은 더 이상 등장하지 않는다. 도대체 하나님은 어떤 분이기에 하등한 존재와의 내기를 위해 무고한 생명을 희생시키시는가?

많은 성서 학자는 산문의 틀과 시적 본문 사이의 대비를 보며, 고대 전통을 따라 서술자가 본문의 핵심 주제와 대조하기 위해 산문을 배치했다고 추측한다. 도입부의 서사에서 욥은 비극적인 상황 속에서도 "모태에서 알몸으로 나왔사온즉 또한 알몸이 그리로 돌아가올지라. 주신 이도 여호와시오니 여호와의 이름이 찬송을 받으실지니이다"(욥 1:21)라는 말로 하나님께 겸손하게 복종하는 인물로 묘사된다. 그러나 클라우스 베스터만(Claus Westermann)이 관찰한 것처럼, 개인적으로 경험하는 삶의 모순을 모두 품는 탄식의 전통은 본문 내의 이런 긴장을 이해하는 더 나은 방법을 제시한다. 욥기의 혼돈은 현실에서 마주하는 삶의 혼돈을 반영한다.

욥기 본문에는 또한 겸손하고 평온하게 신뢰를 표현하는 구절(16:19-21; 19:25-27)도 포함되어 있는데, 여기에서 욥은 자신의 고난이 경건한 신학적 개념으로 축소되는 것을 거부한다. "이것이 욥의 양면성에 대한 해결책이다. 하나님께 순종하는 겸손하고 경건한 사람과 하나님께 저항하는 절망에 빠진 사람이 동일한 인물이며, 두 가능성을 모두 붙드는 사람이다."[4] 데이비드 펜찬스키(David Penchansky)는 이

---

4 Claus Westermann, "The Two Faces of Job," in *Job and the Silence of God*, ed. Christian Duquoc and Casiano Floristan, Concilium 169 (New York: Seabury, 1983), 15-22 (21-22).

책의 핵심 주제가 경건이 아니라 **온전함**이라고 주장한다. "기본 구조는 욥이 피고의 자리에 있으며, 그가 온전함을 지키려면 하나님을 저주해서는 안 된다. 하지만 욥기의 핵심에서는 하나님이 피고가 되며, 욥은 자신의 온전함을 지키기 위해서라도 자신의 무고함과 하나님의 부당함을 주장해야 한다."[5]

스코틀랜드 신학자 데이비드 퍼거슨(David Furgusson)은 하나님의 섭리에 대한 어려운 교리를 심오하게 묵상하면서, 이 주제에 세밀하고 복합적으로 접근해야 한다고 주장한다. 섭리에는 하나님이 지으신 피조물의 유익을 위한 그분의 모든 행동이 포함된다. 여기에는 창조, 베풂, 축복, 인도, 통치, 용서, 화해, 영감, 권면, 치유, 성화, 약속 등이 포함된다. "하나님의 행위는 다양하고 차별화한 모양으로 나타나며, 창조 세계에 개입하시는 어떤 방식도 다른 것을 희생시키는 특권을 가질 수 없다." 성경적 가르침의 특정한 양상을 드러내려면 각기 다른 신학적 모델이 필요하다. 다양한 모델을 사용하는 경우, "일관성은 다소 부족할 수 있다. 그러나 교회의 전례적 삶에 반영되어 나타나는 성경 내용의 다양성을 포괄하는 데는 더 적절할 수 있다." 퍼거슨은 또한 "섭리는 하나님이 피조물과 관계 맺는 방식의 다양한 묘사들로 **서술되어야지**, 어떤 본질주의적 방식으로 **정의되어서는** 안 될 신학 용어다"라고 제안한다.[6]

---

[5] David Penchansky, *The Betrayal of God: Ideological Conflict in Job* (Louisville, KY: Westminster John Knox Press, 1990), 47.
[6] David Fergusson, *The Providence of God: A Polyphonic Approach* (Cambridge: Cambridge University Press, 2018), 11, 298.

욥의 고통[7]

의롭고 하나님을 경외하는 사람인 욥은 존경받고 행복하며 부유한 삶을 살던 중 갑자기 질병, 빈곤, 극도의 비참함에 빠진다. 욥의 친구들이 그를 만날 때 그는 도시 밖 쓰레기 더미에 앉아 있었다. 그는 이 시대 수많은 사람처럼 아내, 친구, 과거 동료들의 눈에 인간 이하의 존재로 전락하고 만다. 그의 아내는 그에게 "하나님을 욕하고 죽으라!"고 절규한다(2:9). 욥이 하나님을 거부하게 될까? 그의 신앙과 의로움은 물질적 번영 때문이었을까? 만약 그렇지 않다면, 이제 그가 쓰레기 더미에서 하나님에 관해 어떻게 말할까? 이 책에서는 바로 이런 심오한 질문들이 펼쳐진다. 이 질문은 아무런 대가를 바라지 않는 순수한 신앙이 존재할 수 있는지, 아니면 결국 모든 종교적 행위가 이기적인 동기로 발생하는지에 관해 질문한다.

야고보서 기자는 욥을 인내심 있는 사람으로 묘사했지만(약 5:11), 욥기 2장 이후에 등장하는 욥에게 인내심은 안 보인다. 욥기는 우리에게 인내를 요구하지 않는다. 욥은 반항적 신앙인이다. 그는 자신의 정직과 무고함을 하늘에 외친다. 그의 의로운 분노는 자신의 고통뿐 아니라 모든 무고한 희생자의 고통에 무관심한 듯한 하나님을 향해 쏟아진다. 그는 하나님이 인간을 대하는 방식이 제멋대로라고 비난한다.

> 온갖 불평도 잊어버리고,
>   슬픈 얼굴빛을 고쳐서 애써 명랑하게 보이려고 해도,
> 내가 겪는 이 모든 고통이 다만 두렵기만 합니다.

그러나 주님께서 나를 죄 없다고 여기지 않으실 것임을 압니다.

주님께서 나를 정죄하신다면,

    내가 무엇 때문에 이렇게 애써서 헛된 수고를 해야 합니까?

비록 내가 비누로 몸을 씻고,

    잿물로 손을 깨끗이 닦아도,

주님께서 나를 다시 시궁창에 처넣으시니,

    내 옷인들 나를 좋아하겠습니까?

(9:27-31)

따라서 그는 자신을 대신해 하나님을 대면하고 책임을 물을 존재인 중재자를 갈망한다.

하나님이 나와 같은 사람이기만 하여도 내가 그분께 말을 할 수 있으련만,

    함께 법정에 서서 이 논쟁을 끝낼 수 있으련만,

우리 둘 사이를 중재할 사람이 없고,

    하나님과 나 사이를 판결해 줄 이가 없구나!

내게 소원이 있다면, 내가 더 두려워 떨지 않도록,

    하나님이 채찍을 거두시는 것.

그렇게 되면 나는 두려움 없이 말하겠다.

    그러나 나 스스로는, 그럴 수가 없는 줄을 알고 있다.

(9:32-35)

---

7 상당 분량의 내용은 내 책 *Gods That Fail: Modern Idolatry and Christian Mission*, 2nd ed.

이러한 언어는 당시의 통념적 지혜를 충실히 따르던 친구들에게 충격적으로 들렸다. 그들이 가진 정교한 신학 체계는 욥의 비참한 상황을 완벽하게 설명할 수 있다. 이 신학의 핵심적 이해에 따르면 하나님의 일시적 징벌이라는 게 있다. 하나님은 항상 악을 벌하시고, 고난이 벌의 내용이기 때문에, 욥의 고난은 하나님이 내리신 벌일 수밖에 없다. 이 말은 욥이 악을 저질렀다는 뜻이다. 결국 욥의 고난은 받아 마땅한 벌이다. 그의 도덕적 무결성에 대한 모든 주장은 단순한 자기기만에 불과하며, 더 나아가 하나님에 대한 극도의 신성 모독이다. 욥이 자신의 죄를 인정하고 겸손히 복종하기만 한다면, 하나님은 아마 그분의 손을 거두고 심판 가운데 긍휼을 베푸실 것이다. 그래서 그들은 신학적 정합성을 내세워 욥에게 그의 상황을 받아들이라고 요청한다.

욥도 이런 논리가 익숙하다. 그는 자신이 모든 인간과 마찬가지로 죄인임을 부정하지 않지만, 그의 삶에서 이토록 극심한 고통을 받을 만한 죄는 찾지 못했다. 그의 친구들이 제시하는 논리는 편협한 정의 개념에 기초했으며, 그래서 욥은 오히려 자신의 무고함을 더욱 강하게 의식한다. 욥의 경험은 당시의 얄팍한 신학에 의문을 제기했다. 혼란과 고통을 겪는 중에 도움을 기대했던 사람들에게서 오히려 신성 모독이라는 비난까지 받아 가며, "하나님의 손"에 핍박받는 느낌을 경험하면서, 욥은 두 가지 확신을 붙들기 위해 몸부림친다. 하나님

(Eugene, OR: Wipf & Stock, 2016)의 "Job and the Silence of God"이라는 장에서 약간 확장되어 실렸다. Wipf & Stock Publishers의 허락을 받고 게재함. www.wipfandstock.com.

은 공의로우시며, 고난을 받고 있지만 자신은 무죄하다는 확신이다. 그가 살던 사회의 세계관이 자기모순으로 여기던 이 두 가지 명제를 욥은 자신의 경험에 비추어 진리로 받아들인다. 그러나 자신의 고난을 바라보는 관점에서 그는 하나님에 대해 어떻게 말할 수 있을까?

책이 전개되면서, 욥의 친구들의 논증은 점점 더 반복적이고 단조로워지는 반면, 욥의 관점은 확장되어 간다. 첫 번째 확장은 부당하게 고통당하는 모든 사람과의 연대를 통해 일어난다. 자신이 고통을 겪으며 욥은 가난한 자들의 처지에 민감해진다. 구약 예언서들을 연상시키는 감동적인 구절에서, 욥은 가난한 자들의 구체적인 고통을 묘사한다. 이들의 고통은 운명이나 설명할 수 없는 원인에 따른 고통이 아니라 분명히 인간의 악에서 비롯되었다.

> 경계선까지 옮기고
>   남의 가축을 빼앗아 제 우리에 집어 넣는 사람도 있고,
> 고아의 나귀를 강제로 끌어가는 사람이 있는가 하면,
>   과부가 빚을 갚을 때까지, 과부의 소를 끌어가는 사람도 있구나.
> 가난한 사람들이 권리를 빼앗기는가 하면,
>   흙에 묻혀 사는 가련한 사람들이 학대를 견디다 못해 도망가서 숨기
>   도 한다.
> 가난한 사람들은 들나귀처럼 메마른 곳으로 가서
>   일거리를 찾고 먹거리를 얻으려고 하지만,
>   어린아이들에게 먹일 것을 찾을 곳은 빈 들뿐이다.···
> 성읍 안에서 상처받은 사람들과

> 죽어 가는 사람들이 소리를 질러도,
> 하나님은 그들의 간구를 못 들은 체하신다.
>
> (24:2-5, 12)

욥은 친구들의 '허탈한 논리'에 대해 강력한 공격을 가했다. 그는 그들을 "재난을 주는 위로자"이자 "쓸모없는 의원"이라고 부른다(16:2; 13:4). 그들 스스로 확신한 신학은 인간의 고통, 희망, 두려움이 얽혀 있는 현실 세계와는 맞지 않는다. 그들은 조상들로부터 전해 받은 "지혜로운 자들이 전하여 준 것이니 그들의 조상에게서 숨기지 아니[한 지혜]"를 단순히 전달하면서 자신들이 하나님께 신실하다고 생각한다(15:18). 즉 악인은 고통 속에 살고 정직한 자는 행복과 번영의 보상을 얻는다는 주장이다. 그러나 추상적으로 신학화하는 이러한 경박한 방식이야말로 진정한 신성 모독이다. 이런 신학은 하나님의 얼굴을 가리고 왜곡한다. 하나님을 정당화하려다 오히려 무고한 사람들을 정죄할 뿐이다. 욥은 그들에게 날카롭게 반문한다. "너희가 거짓말로 하나님의 편을 들겠느냐? 속임수로 그분을 변호하겠느냐?"(13:7, 저자 사역).

욥의 반항심은 주로 자신의 고통 그 자체가 아니라, 이를 정당화하려는 종교적 세계관을 향해 있다. 그가 고통 속에서 더듬어 찾고 있는 하나님은 인간의 목소리를 듣고 응답하시는 분이다. 욥은 담대하게 자신에게 가하는 고통의 이유를 직접 밝히라고 하나님께 요구한다. 이 요구는 결국 하나님의 공의에 대한 확신에서 비롯되었다. 욥은 하나님이 자신의 무죄를 아시며, 그 사실을 친구들에게 밝히실 것이라고 확신한다. 우리는 이 책의 독자로서 욥이 무죄이며 하나님도 그 사실을 인정하신다는 것을 안다. 책의 서두에서 서술자가 우리에게 이 사실을 밝히기 때문이다. 하지만 하나님만이 상황의 진실을 아신 다는 욥의 확신은 살아 있는 신앙에서 비롯되었다. 그는 고통당하는 인류를 대표해 하나님을 상대로 소송을 제기하는 자세로 하나님을 직면한다. 그러나 동시에 그는 눈물을 흘리는 가운데 하나님의 보좌 앞에 자신의 사건을 맡아 줄 변호인의 존재를 희미하게나마 본다. 자신에게서 멀어지는 자신의 생명을 거둘 땅을 향해 그는 이런 말로 간절한 소망을 표현한다.

> 땅아, 내게 닥쳐온 이 잘못된 일을 숨기지 말아라!
> 　애타게 정의를 찾는 내 부르짖음이 허공에 흩어지게 하지 말아라!
> 하늘에 내 증인이 계시고,
> 　높은 곳에 내 변호인이 계신다!
> 내 중재자는 내 친구다.
> 　나는 하나님께 눈물로 호소한다.
> 사람이 친구를 위하여 변호하듯이,
> 　그가 하나님께 내 사정을 아뢴다.
> (16:18-21)

이 신비한 중재자는 하나님의 두려운 얼굴 앞에 설 수 있으면서 가까이 갈 수도 있는 친구로 욥의 영적 순례의 절정을 이루는 대목에 다시 등장한다.

그러나 나는 확신한다. 내 구원자가 살아 계신다.
  나를 돌보시는 그가 땅 위에 우뚝 서실 날이 반드시 오고야 말 것이다.
내 살갗이 다 썩은 다음에라도, 내 육체가 다 썩은 다음에라도,
  나는 하나님을 뵈올 것이다.

(19:25-26)

여기서 욥이 언급한 구원자는 '고엘'(goël)로, 보호자이자 복수자를 의미한다. 이 단어는 이스라엘 백성의 가족 간 연대에서 나왔는데, 구원과 의무의 개념을 결합했다. 누군가가 빚을 지거나 불행한 일을 겪을 때 가장 가까운 친척이 나서야 할 의무가 있었다. 이스라엘의 법은 '고엘', 즉 가장 가까운 친척이 문제 해결 능력이 없는 사람의 재산, 자유, 생명을 되찾아 줄 권리를 인정했다(레 25:47-49; 민 35:18-19). 이 용어는 전체 이스라엘 백성과의 관계에서 야훼를 지칭하는 데까지 발전했다. 언약의 결과로 하나님은 가장 가까운 친척이 되어 그분의 백성을 위한 책임을 스스로 지며 그들을 구원하고 원수를 갚는 분이 되신 것이다(사 43:14; 44:24; 잠 23:10-11).

욥은 누구에게 호소하는가? 이 질문에 답하기 위해 수많은 학자의 연구가 쏟아졌다. 나는 욥이 하나님께 호소하고 있으며 하나님이 아닌 다른 중재자에게 호소하는 게 아니라고 주저 없이 확신한다. 앞서 그는 이미 하나님의 진노에서 자신을 지켜 주시기를 하나님께 호소했다(14:13). 그리고 이제 그는 심오한 통찰을 발견하기 시작한다. 하나님은 그에게 대적자로 느껴지는 동시에 가장 진정한 친구이시기도 하다. 하나님은 욥의 심판자인 동시에 심판의 날에 그를 변호하실

분이다. 욥에게 상처를 내는 분이 곧 그의 치유자시다. 하나님은 그를 "반드시" 파멸시키지 않으실 것이며, 나아가 욥은 "내가 그를 보리니"라고 고백한다(욥 19:27). 그는 하나님을 낯선 자나 적이 아니라, 지금 자신이 경험하고 있는 피상적인 친구들보다 훨씬 가까운 친구로 만날 것이다. 이 희망으로 그는 시련을 겪는 중에도 마음속에 벅찬 감격을 느낀다.

하나님에 대한 이러한 변증법적 접근은 욥기의 가장 심오한 특징 중 하나다. 그리스도인 독자들은 여기서 특히 십자가의 구속 사역과 같은 신약 신앙의 위대한 주제들과 하나님이라는 존재에 대한 '사회적' 개념을 향해 비통해하면서도 용감하게 더듬어 가며 '답을 구하는' 모습을 감지할 수 있다. 이는 탄식의 과정이 신학적 '당위'에 대해 질문하는 동시에 하나님과의 관계에서 새로운 통찰로 이어질 수 있음을 보여 준다. 이는 자신의 고통에 대해 침묵하기를 거부할 때 가능해진다. 욥의 놀라운 점은 하나님과의 모든 소통이 일방적으로 느껴졌을 텐데도 그분과 대화하기를 멈추지 않았다는 것이다!

욥의 친구들이 제시한 논증의 핵심 주제는 하나님의 정의였다. 그들은 하나님의 정의와 보복적 징벌을 같은 것으로 여겼다. 하나님은 각 개인에게 그가 받을 만한 대로 갚아 주신다는 생각이다. 그들의 생각에 하나님의 통치는 투명하고 명료하다. 이 관점에 따르면 욥이 당한 고난은 자기 죄의 결과였다. 반면에 욥은 신학적 원리보다는 자신의 경험에서 출발한다. 그는 자신의 무죄와 온전함을 선언한다.

그러나 욥의 친구들은 욥의 질문이 지적인 탐구가 아니라는 사실을 이해하지 못했다(현대의 독자들 역시 이 점을 인지하지 못한다). 욥이 직면한 질문은 실존적이고 관계적 위기에 관한 것이지, 신학적 문제('악의 문제')에 관한 것이 아니다. 그가 당연하게 여겨 온 창조 세계 내의 도덕적 질서가 무너진 것이다. 평생의 보호자였던 하나님이 왜 이제 그의 적이 되셨는가? 욥이 볼 때 그가 의지할 수 있는 하나님의 신뢰성은 지금 위태로운 상황에 놓였다. 그리고 친구들에게는 완전히 신성 모독으로 여겨지는 이런 질문에 괴로워하면서, 욥은 하나님께 개인적인 응답을 요구한다.

> 그러나 나는 전능하신 분께 말씀드리고 싶고,
> 하나님께 내 마음을 다 털어놓고 싶다.
> 너희는 무식을 거짓말로 때우는 사람들이다.
> 너희는 모두가 돌팔이 의사나 다름없다!
>
> (13:3-4)

욥의 정당성 옹호

욥의 요청이 받아들여진다. 하나님이 "폭풍우 가운데서" 응답하신다(38:1). 이것은 성경에서 하나님의 물리적 임재를 의미하는 **하나님의 현현**['테오파니'(*theophany*)] 장면에 등장하는 전형적 이미지다. 이 폭풍우는 두렵고 장엄하신 하나님을 나타내기도 하고 감추기도 한다. 그리고 욥기의 서두 이후 처음으로 저자는 하나님을 언약의 이름인 야훼로 부른다. 하나님은 이제 더 이상 멀리 동떨어져 계신 존재가 아니며, 은혜롭고 신실한 언약의 주님이시다. 하나님은 항상 함께 계셨지만, 이제 욥이 그분의 임재를 확인한 것이다.

언뜻 보면 하나님의 말씀에 다소 불만족스럽고 당황스러운 면이 보인다. 야훼는 욥의 죄를 꾸짖지 않음으로써 그가 무죄임을 확인해 주시지만, 욥이 하늘을 향해 삿대질하며 던진 고뇌에 찬 질문들에 대한 답을 주지도 않으신다. 하나님은 욥이 하나님을 상대로 소송을 제기하듯 취했던 대립적인 자세를 그대로 취하며, 마치 욥을 향해 압도적인 힘으로 위협하는 듯한 태도를 보이신다. "이제 허리를 동이고 대장부답게 일어서서, 묻는 말에 대답해 보아라"(38:3, 새번역). 하나님은 오랜 침묵에 대한 사과도 하지 않고, 욥의 고통에 대한 위로의 말씀도 하지 않으신다. 그러나 하나님은 욥을 짓밟거나 모욕하지도 않으신다. 오히려 하나님은 욥을 데리고 바람처럼 우주 여행을 다니며 별과 동물 그리고 깊은 바다의 괴물 같은 피조물들에 대해 가르치신다. 이 장면은 세계 문학 중에서도 가장 아름답고 감동적인 시에 필적할 만한 문체로 이루어져 있다. 독자들에게는 다소 당혹스러울지 몰라도, 욥은 이해한다(40:3-4; 42:1-6을 보라).

욥이 깨달은 것이 무엇인지를 설명하고 공유하려는 욥기의 주석가는 별로 없다. 그들은 하나님이 하신 말씀의 내용보다는 하나님이 말씀하셨다는 사실 자체가 욥을 만족시켰다고 본다. 따라서 이러한 해석은 하나님의 말씀 자체의 내용에 대해서는 깊이 파고들지 않는다. 나는 이 해석이 일리 있다고 인정하면서도 불충분하다고 생각한다. 오히려 나는 구스타보 구티에레스(Gustavo Gutiérrez)의 견해에 동의하는데, 그는 "하나님의 말씀의 내용이 응답을 구체화하고 명확하게 하며, 하나님의 말씀은 하나님의 임재에 온전한 의미를 부여한다"

고 주장했다.[8]

하나님의 두 가지 연설(38:1-40:2과 40:6-41:34)을 관통하는 몇 가지 중요한 주제들이 있지만, 그중 두드러진 주제는 다음과 같다.

(1) 값없이 주시는 하나님의 사랑

야훼는 말씀을 시작하면서 욥의 관심을 모든 존재의 근원으로 돌리신다. 경이로운 우주와 신비가 작용하는 중심에 욥이나 다른 인간이 존재하는 게 아니다. 하나님의 위엄은 힘보다는 자유로운 창조와 값없이 주시는 주권적 사랑으로 확인된다. 이 사랑이 창조를 감싸고 있으며 자연이든 역사든 하나님이 하시는 일에 의미를 부여한다.

> 내가 땅의 기초를 놓을 때에, 네가 거기에 있기라도 하였느냐?
> 　네가 그처럼 많이 알면, 내 물음에 대답해 보아라.
> 누가 이 땅을 설계하였는지, 너는 아느냐?
> 　누가 그 위에 측량줄을 띄웠는지, 너는 아느냐?
> 무엇이 땅을 버티는 기둥을 잡고 있느냐?
> 　누가 땅의 주춧돌을 놓았느냐?
> 그날 새벽에 별들이 함께 노래하였고,
> 　천사들은 모두 기쁨으로 소리를 질렀다.
>
> (38:4-7)

---

8 Gustavo Gutiérrez, *On Job: God-Talk and the Suffering of the Innocent*, English trans. (Maryknoll, NY: Orbis, 1987), 69. 『욥기』(나눔사).

하나님이 마치 놀리듯 하시는 말씀에서 인간의 관점이 갖는 한계가 드러난다. 우리는 현실 세계의 중심이 아니다. 보복이라는 원리는 사물에 대한 하나님의 통치 중 합법적인 한 방법이지만, 그것이 우주를 이해하는 열쇠가 될 수는 없다. 우주를 작동시키는 중심축은 값없이 거저 주시는 하나님의 사랑이다. 세상은 창조하시는 하나님의 자유와 기쁨을 표현한다. 창조의 목적은 인간의 유익을 위한 것이 아니다. 존재하는 모든 것이 인간의 유익을 위한 것이 아니기 때문에, 인간 중심의 세계관 안에서는 그 참된 의미를 결코 완전히 이해할 수 없다.

> 쏟아진 폭우가 시내가 되어서 흐르도록 개울을 낸 이가 누구냐?
> 　천둥과 번개가 가는 길을 낸 이가 누구냐?
> 사람이 없는 땅, 인기척이 없는 광야에
> 　비를 내리는 이가 누구냐?
> 메마른 거친 땅을 적시며,
> 　굳은 땅에서 풀이 돋아나게 하는 이가 누구냐?
> (38:25-27)

인간이 거주하지 않는 곳에 내리는 비에 어떤 목적이 있을까? 욥과 그의 친구들은 자연과 역사의 영역에서 인간의 이성으로 예상할 수 있는 범위를 벗어난 야훼의 행동에서도 창조의 경이와 아름다움을 발견하며 야훼와 함께 기뻐할 수 있을까? 어떤 근거로 그들은 하나님이 어떻게 행동하실지 아는 척할 수 있을까? 타조에 대한 하나님의 농담을 어떻게 받아들여야 하는가?(39:13) 지혜가 없는 이 생명체는 무의미하게 날갯짓을 하지만 날지는 못하며, 아무도 밟지 않을 거란 기대로 땅에 알을 낳아 둔 채 방치한다(39:15). 지혜와 목적이 없어 보이는 피조물들조차도 하나님의 질서 안에서 자리 잡는다. 어쩌면 타조는 위대함과 어리석음이 혼합된 역설적 존재인 욥 자신을 묘사하는 것일지도 모른다. 둘 다 하나님의 값없는 사랑으로 가치를 부여받는다.

데이비드 앳킨슨(David Atkinson)은 여기서 간단하면서도 깊은 목양적 교훈을 발견한다.

창세기는, 하나님이 사람을 창조하고 그를 '보시기에 좋은' 동산에 두셨다고 기록한다. 우리가 느끼는 안온함은 우리가 살아가는 환경과 분리될 수 없다. 슬픔에 잠겼을 때는 잿더미에 앉아 있는 게 적절해 보일 수 있지만, 기분이 더 나아지려면 그곳에 머물러서는 안 된다. 고통을 당하는 사람들을 가장 잘 돕는 방법은 그들이 우울의 심연에서 일어나 하나님께 가까이 가도록 하는 것이다. 그들에게 교리를 가르치거나 가장 좋은 설교를 전하거나 그들의 잘못을 지적할 게 아니라, 그들과 함께 정원을 거닐고, 폭포나 일몰을 보러 가며, 세상을 누리는 법을 다시 찾도록 돕는 것이다. 물론 이런 일이 항상 가능하지는 않다. 하지만 우리가 그들에게 새로운 환경을 보여 주고, 하나님이 창조하신 세상의 풍부한 파노라마 속에서 안전함과 소속감을 회복하도록 할 수 있다면, 충분히 그들을 돕는 셈이다. 그들은 자기도 **소속되었다**는 사실을 알 필요가 있다. 창조주의 손으로 지은 작품들을 누릴 때, 우리는 종종 창조주의 손길을 다시 느낀다.[9]

나는 이 장을 시작할 때 과거로부터 오늘까지 한결같이 인간의 현실 속에 만연한 악을 고발하는 조지 스타이너의 격정적이고 암울한 말을 인용했다. 하지만 이 관점은 우리의 인간 조건을 설명하는 또 하나의 현실적 관점과 함께 살펴야 한다. 하버드의 발달 심리학자 제롬 케이건(Jerome Kagan)은 이렇게 지적한다. "우리 종의 생물학적 특성은 선하고 아름다운 것에 대해 끊임없이 주의를 기울이며, 악한 것과 추한 것을 싫어한다는 점이다." 케이건은 그리스도인은 아니지만, 그의 지적은 인간이 악한 성향을 지녔음에도 인류에게는 '일반 은총'이 있고, 여전히 '하나님의 형상'이 남아 있다는 신학적 이해를 상기시킨다. "어제 전 세계에서 발생한 무례함, 기물 파손, 절도, 학대, 강간, 살인 사건의 수는 이런 행동을 얼마든지 저지를 수 있었던 모든 성인이 가진 기회 전체와 비교하면 극히 미미한 수준이다. 기회 대비 비사회적 행위의 비율은 매일 0에 가깝다."[10]

(2) 하나님의 지혜의 주권

하나님은 욥에게 사실 모든 창조물에 하나님의 계획이 펼쳐져 있다는 사실을 넌지시 알려 주셨다. 그러나 인간의 지성은 이를 단순한 인과관계처럼 이해할 수 없다. 이에 대해 놀랄 이유가 없다. 하나님의 세상에는 인간이 통제할 수 없는 것이 너무 많기 때문이다. 만약 피조물을 길들일 수 없다면, 창조주의 행동을 길들일 수 있다고 생각하는

---

9   David Atkinson, *The Message of Job* (Leicester: Inter-Varsity Press, 1991), 147. 『욥기』(IVP).
10 Jerome Kagan, *Three Seductive Ideas* (Cambridge, MA: Harvard University Press, 1998), 191-192.

것은 얼마나 오만한가!

> 바닷물이 땅속 모태에서 터져 나올 때에,
> 　누가 문을 닫아 바다를 가두었느냐?
> 구름으로 바다를 덮고,
> 　흑암으로 바다를 감싼 것은, 바로 나다.
> 바다가 넘지 못하게 금을 그어 놓고,
> 　바다를 가두고 문빗장을 지른 것은, 바로 나다.
> "여기까지는 와도 된다. 그러나 더 넘어서지는 말아라!
> 　도도한 물결을 여기에서 멈추어라!"
>
> (38:8-11)

성경에서 흔히 혼돈의 상징으로 나오는 바다는 사회적이고 물리적이며 불안정하고 통제할 수 없는 존재로 묘사된다. 바다의 도도한 파도는 땅과 주민들을 집어삼키려는 위협을 가한다. 그러나 하나님은 거기에도 한계를 정하셨으며, 그 두려운 힘도 하나님의 권세 아래에 있다. 이와 마찬가지로 하나님의 두 번째 담론에 등장하는 신비한 해양 괴물 베헤못과 리워야단도 인간 생명과 피조물 전체를 압도하려는 혼돈과 무질서의 두려운 힘을 상징하는 존재로 보인다. 하지만 그들이 아무리 강력할지라도, 창조주의 강력한 손이 그들 또한 다스린다. 욥은 고통 중에서 세상을 혼돈으로 보고, 세상이 공허로 되돌아간다고 느낀다. 무질서와 무의미가 승리한 것처럼 보였다. 그러나 하나님은 이 혼돈의 힘이 여전히 사라지지 않고 남아 있긴 해도 하나님의 권능이 이를 제어하고 있음을 보여 주신다. 세상에는 악이 존재하지만, 세상 자체가 악한 것은 아니다. 우주에는 혼돈이 존재하지만, 우주 자체가 혼돈은 아니다. 아무리 끔찍하고 두려운 면을 지니고 있더라도 세상의 어떤 힘도 창조주의 품에서 우리를 떼어 낼 수는 없다.

> 누가 먼저 내게 주고 나로 하여금 갚게 하겠느냐?
> 　온 천하에 있는 것이 다 내 것이니라.
> (41:11)

(3) 인내하시는 하나님의 정의

하나님은 풍자적 질문을 쏟아 내시다가, 갑자기 욥에게 그가 하나님이라면 어떻게 할지 생각해 보라고 하신다!

> 네가 지금까지 살아오면서 네가 아침에게 명령하여, 동이 트게 해 본 일
> 　이 있느냐?
> 　새벽에게 명령하여, 새벽이 제자리를 지키게 한 일이 있느냐?
> 또 새벽에게 명령하여, 땅을 옷깃 휘어잡듯이 거머쥐고 마구 흔들어서
> 　악한 자들을 털어 내게 한 일이 있느냐?
> (38:12-13)

욥은 악한 자들이 저지르는 만행을 하나님이 못 본 척하신다고 비난했다(21:7, 29-31; 24:12). 땅에서 악한 자들을 "털어 내[기]"는 욥이 하나님께 요구했던 일이다. 그러나 하나님의 빛은 여전히 그들에게도

비춰 온다. 그렇다면 창조의 도덕적 질서가 결함이 있는 것인가? 하나님이 말씀하신다. 좋다, 그럼 네가 우주를 다스려 보아라.

> 아직도 너는 내 판결을 비난하려느냐?
> > 네가 자신을 옳다고 하려고, 내게 잘못을 덮어씌우려느냐?…
> 교만한 자들을 노려보며,
> > 네 끓어오르는 분노를 그들에게 쏟아 내고, 그들의 기백을 꺾어 보아라.
> 모든 교만한 자를 살펴서 그들을 비천하게 하고,
> > 악한 자들을 그 서 있는 자리에서 짓밟아서
> 모두 땅에 묻어 보아라.
> > 모두 얼굴을 천으로 감아서 무덤에 뉘어 보아라.
> 그렇게만 할 수 있다면, 나는 너를 찬양하고,
> > 네가 승리하였다는 것을 내가 인정하겠다.
>
> (40:8, 11-14)

이 구절에 담긴 아이러니를 통해 욥은 하나님의 사랑이 하나님 자신을 제한한다는 사실을 깨닫는다. 욥의 눈에 인간은 미미하게 보일지라도, 야훼는 그들의 자유를 소중히 여기며, 그들의 악에 대해 인내심을 가지고, 세상을 공의롭게 다스리는 데 그들이 협력하기를 기대하신다. 야훼가 욥에게 드러내신 신적 자유는 인간의 자유와 상관관계가 있다. 인간의 자유는 신적 자유로 세워지고 그 속에서 그 근거를 찾는다. 이 두 자유가 교감하도록 만드는 것이 은혜의 역할이다. 욥의 자유는 하나님에 대한 격한 원망으로 표현되었고, 하나님의 자유는 예측 가능한 인과응보를 초월하는 충격적일 정도로 관대한 은혜로 드러났다. 악과 악인들이 사라지고 고난당하는 모든 무고한 자들이 회복되는 최후의 심판 날까지, 야훼는 악인이 죽는 것을 기뻐하지 않고 그들이 악한 길에서 돌이켜 생명을 얻기를 원한다고 말씀하신다 (겔 18:23; 미 7:18; 호 11:8-9; 딤전 2:3-4; 벧후 3:9을 보라).

욥은 이렇게 야훼와 개인적으로 만나기 전까지 긴 고뇌의 여정을 걸어왔다. 그가 들은 대답은 자신이 찾던 답과 다를 수 있지만, 그는 불안에서 해방되고 희망을 발견했다. 욥이 야훼의 말씀을 이해하고 변화를 경험했다는 사실은 그의 응답에서 드러난다.

> 주님께서는 못 하시는 일이 없으시다는 것을, 이제 저는 알았습니다.
> 　주님의 계획은 어김없이 이루어진다는 것도, 저는 깨달았습니다.…
> 주님이 어떤 분이시라는 것을, 지금까지는 제가 귀로만 들었습니다.
> 　그러나 이제는 제가 제 눈으로 주님을 뵙습니다.
> 그러므로 저는 제 주장을 거두어들이고,
> 　티끌과 잿더미 위에 앉아서 회개합니다.
> (42:2, 5-6)

하나님은 세상을 향한 계획을 갖고 계시며, 그 세상은 욥이 친구들과의 논쟁에서 반복적으로 주장했던 것처럼 혼돈의 세상이 아니다. 당시 욥은 이런 식의 논리를 펼쳤다. "나는 이 계획을 이해할 수가 없다. 따라서 이런 계획은 존재할 리 없다." 그러나 자신의 경험과 이

생의 징계 교리 사이에 발생한 모순을 친구들과 하나님 앞에서 기꺼이 직면하려 했던 욥의 정직한 신앙 덕분에, 욥은 하나님을 다른 방식으로 이해하고 말하게 되었다. 구스타보 구티에레스는 이를 다음과 같이 탁월하게 표현했다. "그가 이제 야훼의 입을 통해 들은 말씀은 그가 이전에 거부했던 세계와는 전혀 다르고 절대 존재할 수 없는 대안으로만 여겼던 새로운 질서의 세계를 엿보게 해 주었다. 이 모든 것이 아직 완전히 명료하지는 않지만, 적어도 그는 더 이상 친구들과 그 시대의 종교적 틀에 갇혀 질식당하지 않게 되었다."[11]

욥이 행한 회개는 어떤 것이었는가? 다른 주석가들과 마찬가지로 구티에레스도 마지막 구절에 나오는 동사들이 직접 목적어가 없다는 점을 지적한다. NIV에서 "나는 나 자신을 경멸합니다"(despise myself)로 번역한 표현은 오해를 불러일으킬 수 있는데, "나는 철회합니다"(I retract)로 번역한 NJB(New Jerusalem Bible)의 표현이 더 적절하다. 그러나 여전히 질문이 남는다. 욥은 무엇을 철회하는가? 야훼는 욥을 어떤 죄로도 고발하지 않으셨으며, 사실 욥만이 하나님에 대해 올바르게 말했다고 선언하신다(42:7-9). 여기서 "회개하다"로 번역된 히브리어 '나훔'(nahum)은 보통 "마음을 바꾸다" 또는 "의견을 철회하다"라는 뜻을 가진다(예를 들어, 출 32:12, 14; 렘 18:8, 10; 암 7:3, 6). "티끌과 재"라는 이미지는 대화가 시작되기 전 욥의 상황, 즉 겸손과 탄식의 상태를 묘사한다. 구티에레스의 해석에 따라 이 구절에 나오는 두 동사의 목적어를 바로 "티끌과 재"라고 본다면, 욥의 응답은 이렇게 번

---

11 Gutiérrez, *On Job*, 84.

역할 수 있다. "나는 티끌과 재를 거부하고 그것들을 버린다."

이러한 번역은 욥의 응답과도 더 일관성 있고, 야훼가 그분의 종에 대해 내린 평가와도 일치한다. 욥은 회개를 표현한다기보다 지금까지 그를 지배했던 절망적 태도를 단호히 거부하고 있는 셈이다. 욥은 이제 폭풍 한가운데서 자신을 만나 주신 그 사랑에 자신을 온전히 내맡겼다. 그의 신뢰는 회복되었고, 그의 시야는 확장되었으며, 이제 그는 진정으로 '무조건' 믿게 되었다.

(4) 하나님의 개입의 특수성

야훼의 마지막 말씀은 욥의 친구들이 했던 발언을 책망하는 내용이다. "주님께서는 욥에게 말씀을 마치신 다음에, 데만 사람 엘리바스에게 이렇게 말씀하셨다. '내가 너와 네 두 친구에게 분노한 것은, 너희가 나를 두고 말을 할 때에, 내 종 욥처럼 옳게 말하지 못하였기 때문이다'"(욥 42:7, 새번역). 그러나 이상한 점은 친구들의 논증이 신명기와 지혜 문학의 상당한 분량을 차지하는 언약 신학을 반영했다는 점이다. 즉 하나님은 정의로우시며, 의인에게 상을 주고 악인을 심판하신다는 것이다. 그런데 어떻게 욥의 반항적인 발언은 "옳다"고 인정받고, 친구들의 '정통성'은 틀릴 수 있는가?

구티에레스의 견해를 따라, 나는 야훼의 말씀이 현대 서구 신학의 실패를 지적한다고 믿는다. 현대 신학이 인간의 삶, 특히 개인의 고통과 죽음의 경험에서 분리될 때, 신학은 공허해진다. 어떤 보편적인 신학 체계도 인간 경험의 특수성을 충분히 다룰 수 없다. 데이비드 퍼거슨이 언급한 것처럼, 우리가 받아들인 신학적 틀의 내용과 상충되는 인간 경험을 포괄하려면 세심하고 '다성적인'(polyphonic) 접근이 필요하다. 욥의 친구들은 자신들의 신학을 적절히 맥락으로 녹여 내는 데 실패했다. 구티에레스는 이렇게 말한다. "우리가 사용하는 언어는 우리가 처한 상황에 의존한다. 욥의 말은 인간의 고통에 공감하지 못하고 현실과 괴리된 모든 신학을 비판한다. 신학적 원리에서 삶으로 향하는 일방적인 흐름은 결국 어디에도 도달하지 못한다."[12]

스콧 엘링턴은 이런 생각을 더욱 발전시킨다. 그는 다른 학자들처럼 욥기 42:7c에 사용된 전치사구 '엘라이'(*elay*)는 구약 성경에서 대부분 '나에 관해'(of me)나 '나에 대해서'(about me)가 아니라 '나를 향해'(to me)로 번역된다고 주장한다. 실제로 바로 다음 절에서 야훼는 엘리바스에게 "내 종 욥이 너희를 위해 기도할 것[이다]"라고 말씀하신다. 따라서 욥의 친구들의 문제는 바로 이것이다. 그들이 했던 모든 말은 하나님**에 대해** 한 말이지, 욥처럼 하나님**께** 했던 말이 아니라는 점이다. 친구들은 자신들이 모든 '정답'을 안다고 믿었고, 자기들이 틀렸을 가능성은 인정하지 않았기에, 욥처럼 하나님과의 대화에 참여하지 않았다. 상황과 관계성을 배제한 내용 그 자체만으로는 진실한 발언이 될 수 없다. "이것은 특정 상황에서 신학적으로 **틀린 내용**이 **올바른 발언**이 될 수 있다는 흥미로운 가능성을 제기한다."[13]

이 대목에서 독특한 철학자 쇠렌 키르케고르(Søren Kierkegaard)가 떠오른다. 그는 19세기 덴마크 사회의 '기독교 왕국 신학'을 날카롭게

---

12 Gutierrez, *On Job*, 30.
13 Ellington, *Risking Touth*, 118.

비판했는데, 그의 통찰은 오늘날에도, 특히 그의 모국에서도 여전히 유효하다. 그는 일기에 이렇게 쓴 적이 있다. "내가 기독교를 하나의 교리로 여기고 나의 명석함이나 깊이, 언변, 혹은 상상력을 동원해 이를 묘사할 때, 사람들은 매우 환호하며 나를 진지한 그리스도인으로 여긴다. 그러나 내가 말한 것을 실존적으로 표현하기 시작해서 기독교를 현실 세계로 끌어들일 때는 마치 내가 실존을 폭발시킨 것처럼 생각하고 그 즉시 난리가 일어난다."[14]

클리퍼드 윌리엄스(Clifford Williams)는 키르케고르가 자기 논점을 설명하는 과정에 자주 과장법을 사용했다고 보았다.

그는 "진리는 주관성이다"라고 선언하며, 사람이 객관적으로 틀린 것을 열정적으로 주장해도 "진리 안에 있다"고 할 수 있다고 말했다. 그는 믿음이 지식과 아무 상관이 없다고 주장했다. 그는 하나님에 대한 믿음이 있으니 하나님과 올바른 관계에 있다고 여기는 사람들의 맹목적 신앙을 비판하기 위해 과장법을 사용했다. 그는 사실 그들이 그런 믿음으로 하나님을 회피하려 한다고 생각했다. 더 정확히 말하면, 19세기 덴마크에서 모든 사람이 똑같은 믿음을 공유했기 때문에 이같은 회피가 가능했다. 그것은 단지 "대중적 믿음"일 뿐, 하나님과의 진정한 연결이 아니었다. 키르케고르는 대중의 믿음과 하나님을 회피하려는 행동의 연관성을 이렇게 설명했다. "각 사람을 고유한 개인으로 살피시고, 자신에게 말씀하시는

---

[14] Søren Kierkegaard, *Journals of Søren Kierkegaard: A Selection*, ed. and trans. A. Dru (London: Fontana, 1958), 174.

하나님을 군중 속에 숨어서 피하려는 것이 가장 해로운 회피다."[15]

겸손한 공감

오늘날의 주요 매체에서 활동하는 회의적 무신론자들의 반기독교적 주장들은 지성을 가진 그리스도인들이라면 쉽게 반박할 수 있다. 그러나 동시에 서구의 기독교 변증서들, 특히 미국 복음주의 진영에서 나온 책들이 이렇게도 불만족스럽게 느껴지는 이유는 무엇인가? 그 이유는 그들이 이성주의적이고 승리주의적인 태도를 풍기기 때문이다. 모든 것이 명확히 정리되고, 불확실한 구석이 없으며, 신앙에 심각한 도전이 될 만한 타인의 입장은 염두에 두지 않는다. 게다가 변증가 자신의 삶의 방식은 그들이 채택한 신학적 입장이나 주장과 전혀 상관없어 보인다.

히브리 예언자들, 욥과 시편 기자들이 던졌던 질문들은 오늘날 회의론자들의 질문보다 훨씬 더 가차 없는 경우가 많다. 하나님에 대한 의문과 하나님과의 논쟁은 유대교와 기독교 세계에서 항상 존재했다. 또한 기도에서 하나님과 씨름하는 전통은 위대한 기독교 신학 작품 중 일부를 탄생시켰다.[16] "설교자는 붓을 자기 심장의 피에 적셔

---

15 Clifford Williams, *Existential Reasons for Belief in God: A Defense of Desires and Emotions for Faith* (Downers Grove, IL: IVP Academic, 2011), 172-173.

16 St Augustine의 *Confession*과 St Anselm의 *Cur Deus Homo?*는 모두 신학 고전으로 하나님께 드리는 기도를 담고 있다. 더 최근의 사례는 Karl Rahner, *Encounters with Silence* (Westminster, MD: Newman Press, 1965)가 있다.

야만 한다. 그래야 이웃의 귀에 들리는 설교를 할 수 있다."[17] 이 말은 대교황 그레고리우스(540-604년)가 유럽 복음화 임무를 위해 파견한 수도사들에게 한 조언이다. 마르틴 루터(1483-1546년)의 말은 오늘날의 모든 신학자와 신학생들에게도 교훈을 준다. "나는 신학을 단박에 배우지 않았다. 오히려 고난과 유혹이 나를 이끌고 가는 곳에서 더 깊이 탐구해야 했다.…신학자를 만드는 것은 지식, 독서, 혹은 추론이 아니다. 오히려 삶을 살며, 아니 죽어 가며, 심지어 저주받는 것 자체가 신학자를 만든다."[18]

고통당하는 사람들과의 공감이 결여된 변증과 기독교 설교는 "비현실적"으로 보이며 고통당하는 사람들의 귀에 공허하게 들리기 마련이다. 나이지리아의 소설가 벤 오크리(Ben Okri)는 어머니의 죽음에 대해 이야기하며 교회에 대한 실망을 다음과 같이 고백했다.

> 그 당시 나는 아주 독특한 경험을 했다. 목사인지 신부인지 나의 슬픔에 대해 이야기할 때, 그가 경험이 아니라 책에서 배운 것을 말한다는 사실을 알았다. 그래서 그의 말은 내 슬픔에 와닿지 못했다. 그는 당시에 스스로 겪어 본 일이 없었기 때문에 내 안의 공허함에 다가설 수 없었다. 지금은 어느 정도 평정심을 가지고 이야기할 수 있다. 약 4년 후에 그의 어머니가 돌아가셨는데, 그가 내게 보낸 편지에서 이렇게 말했다. '오, 세상

---

[17] Gregory the Great, *Homilies on Ezekiel*, Pope Benedict XVI의 *Great Christian Thinkers: From the Early Church through the Middle Ages* (London: SPCK, 2011), 145에서 인용됨.

[18] Martin Luther, *Autobiographical Preface* (1545), Gordon Rupp, *The Righteousness of God* (London: Hodder & Stoughton, 1953), 102에서 인용됨.

에. 이제야 알겠습니다. 당시에 당신이 어떤 고통을 겪고 있었는지요.'[19]

---

[19] Ben Okri, in Bel Mooney, *Devout Sceptics: Conversations on Faith and Doubt* (London: Hodder & Stoughton, 2004), 97.

3장

하나님의 눈물

그리스도인을 그리스도인으로 만드는 것은
어떤 종교적 행위가 아니라,
이 세상에서 사는 동안
하나님의 고난에 참여하는 것이다.[1]

우리는 신앙과 경험, 믿음과 기대가 충돌하는 지점에서 탄식이 나온다는 사실을 발견했다. 물론 이 두 범주는 딱 떨어지는 이분법이 아니다. 우리의 일상적인 믿음은 경험, 특히 어린 시절의 초창기 경험을 통해 형성되며, 가족, 학교, 교회, 사찰이나 모스크 같은 제도나 대중 매체의 영향을 받으며 자라 간다. 우리의 기대는 이러한 믿음에 의존하며 이를 반영한다. 또한 경험은 '날것'으로 다가오지 않고 문화와 사회적인 틀을 통해 조리된 형태로 다가온다.

고통은 흔히 가장 개인적이며 생각에서 분리된 가장 '날것'의 경험으로 간주된다. 하지만 고통조차도 날것으로 오는 법은 없다. 고약한 환상통(phantom limb pain, 환지통, 절단된 사지 등에서 통증을 느끼는 증상—옮긴이) 현상이나 분노 혹은 억압된 기억이 고통과 질병을 야기할 수 있다는 점은 고통이 단순히 경험되는 것이 아니라 마음속에서 발생하며 사회적 관계에 뿌리내리고 있다는 점을 보여 준다. 처벌의 형태로 가해지는 고통은 그 고통이 받아 마땅한지, 아니면 완전히 자의적인지에 따라 전혀 다르게 느껴진다. 출산이나 종교적 순교의 고통은 '정상성'과 '희망'의 내러티브 안에서 형성된다. 인간은 사회적 존재다. 사회 인류학자 탈랄 아사드(Talal Asad)가 상기시켜 주듯이, "인간의 고통은 일정 부분 타인과의 관계에서 그들이 살아가는 방식 혹은

---

1 Dietrich Bonhoeffer, *Letters and Papers from Prison*, 1944년 7월 18일 편지, 123.

자의로 살지 못하는 속박 때문에 발생한다. 고통이 항상 참을 수 없는 고뇌의 상태이거나 만성적인 상태인 것은 아니다.…하지만 사회적 관계에서 발생하는 고통은 경험보다 큰 영향을 끼친다. 행동의 조건과 경험을 형성하는 일부가 고통이다."2

위대한 성 아우구스티누스(354-430년)는 동료 그리스도인들이 경외감에 차서 말하는 기적 이야기를 가벼운 미신으로 취급했다. 물론 그는 성경에 나오는 기적을 믿었지만, 이러한 기적은 사도들이 죽으면서 사라졌다는 견해를 가졌다. 그러나 후에 히포의 주교로서 여생을 보내면서 그는 마음을 바꾸어 병자를 위해 기도하고 심지어 당대의 기적을 목록으로 정리하기도 했다. 그가 마음을 바꾸게 된 것은 성경을 더 깊이 연구하거나 새로운 철학적 아이디어가 떠올라서가 아니었다. 그것은 단순히 자신이 살던 도시의 평범한 그리스도인의 일상적 삶과 관심사를 목회자의 입장에서 경험했기 때문이다. 과거에 무지와 미신만 보던 지점에서 그는 이제 하나님의 사랑과 능력을 보게 되었다.3

아우구스티누스의 경우나, 고통과 상실 혹은 다른 문화와 마주치는 충격 같은 새로운 경험은 늘 우리의 믿음을 뒤흔든다. 우리는 우리 안에 깊이 뿌리내린 믿음을 근본적으로 해체하기보다는 확장함으로써 보통 이러한 새로운 경험을 해석하려 애쓴다. 한편 우리가 경험하

---

2 Talal Asad, "Thinking about Agency and Pain," in *Formations of the Secular: Christianity, Islam, Modernity* (Stanford, CA: Stanford University Press, 2003), 84.
3 Peter Brown, *Augustine of Hippo: A Biography* (Berkeley, CA: University of California Press, 1967), 413-418.『아우구스티누스』(새물결).

는 것에 어떠한 인식론적 의미를 부여하지 않는 방식으로 우리의 믿음을 혼란으로부터 보호하기도 한다. 정치적·종교적 이단 집단들이 신도들을 붙잡는 방식이다. 지도자의 부도덕이나 모순에 관한 모든 이야기는 '적의 선전'으로 치부된다. 만약 하나님이 우리를 모든 질병에서 치유하신다는 믿음을 갖고 자랐다면, 잘 치유되지 않는 상황을 믿음이 부족하기 때문이라거나 도덕적으로 결함이 있기 때문이라고 돌릴 수도 있다. 그러나 믿음과 경험 사이의 이러한 불일치가 계속 누적되면, 엄청난 정서적 스트레스를 초래한다. 이럴 때 우리는 신앙 체계를 통째로 거부하고 다른 신앙으로 돌아서거나, 혹은 우리의 믿음에서 약점, 편향성 또는 잘못된 점이 있는지 살펴보고 변화하는 경험에 비추어 믿음을 갱신하고 개혁하려 할 수도 있다.

믿음을 갱신하고 개혁하려는 선택은 기독교 신학을 발전시킨다. 진지하게 성경을 읽어 온 진지한 독자들은 20세기의 환경 파괴, 생물 다양성의 대규모 감소 및 심각한 기후 변화로 이어진 지구 온난화 등을 경험하면서 광범위한 본문들을 재발견할 수밖에 없었다. 그것은 전통적으로 교회에서 늘 무시해 온 내용들이었다. 가령 인간 이외의 창조에 대해 하나님이 기뻐하신다거나 지구를 비롯한 모든 피조물을 돌볼 인간의 책임에 대해 말하는 본문들이다. 마찬가지로 여성들이 가부장적 사회와 교회 안에서 겪은 경험은 이러한 가부장적 억압을 고의적으로나 무의식적으로 정당화해 온 신학과 성경 본문 해석을 재고하도록 했다. 또한 다수의 포스트모던 및 탈식민주의 신학은 기독교가 인종 차별, 세계 자본주의 및 제국의 이데올로기와 결탁하지 못하도록 노력했다.

예언자들과 하나님의 고난[4]

히로시마와 나가사키에 원자 폭탄이 투하되며 겪은 고통과 제2차 세계대전의 참극 이후, 일본 신학자 기타모리 가조(北森加藏)는 『하나님의 아픔의 신학』(Theology of the Pain of God, 새물결플러스)이라는 큰 반향을 일으킨 책을 집필했다. 그는 그 당시를 "죽음과 고통"의 시대로 보았다. 그는 "모든 역사의 시대에 생명과 죽음, 기쁨과 아픔은 혼재되어 있다. 어떤 시기에는 생명과 기쁨이 죽음과 고통보다 더 많이 드러난다.…그러나 죽음과 고통이 생명과 기쁨보다 더 많이 표현되는 시기도 있다."[5] 이런 시기에 "복음의 핵심은 '하나님의 고통'을 통해 내게 계시되었다."[6] 하나님의 존재 안에 있는 인간을 향한 사랑과 인간의 죄악을 처벌하려는 그분의 정의로운 의지 사이에 벌어지는 갈등 때문에 이런 고통이 생긴다. 기타모리에 따르면 "진노가 없는 절대자는 진정한 고통을 느낄 수 없다." 기타모리는 이렇게 주장했다. "하나님의 고통은 그분의 사랑이다. 이 사랑은 절대적이며 구부러지지 않는 실재인 그분의 진노를 전제로 한다."[7] 기타모리는 하나님 안의 "초월적 고통"과 그분의 피조물들이 느끼는 고통에 함께하는 하나님의 "내

---

[4] 나는 다음과 같은 책들에서 큰 도움을 받았다. Terence E. Fretheim, *The Suffering of God: An Old Testament Perspective* (Philadelphia: Fortress, 1984). 『구약에 나타난 하나님의 고통』(시들지않는소망); Scott A. Ellington, *Risking Truth*; and Paul Fiddes, *The Creative Suffering of God* (Oxford: Clarendon Press, 1988).
[5] Kazoh Kitamori, *Theology of the Pain of God*, trans. M. E. Bratcher (London: SCM, 1966), 136. 『하나님의 아픔의 신학』(새물결플러스).
[6] Kitamori, *Theology of the Pain of God*, 19.
[7] Kitamori, *Theology of the Pain of God*, 27.

재적 고통"을 구분하지만, 내재적 고통에 대해서는 별로 다루지 않는다. 그는 사실 둘 사이를 너무 선명하게 구별한다. 하나님의 "초월적 고통"은 하나님의 존재 안에서 발생한다. 기타모리에 따르면 "하나님의 고통은 그분의 본질에서 일부이며…성경은 하나님의 고통이 영원한 존재에 속한다는 점을 보여 준다."[8]

몇 가지 미흡한 측면이 있음에도 불구하고 "하나님의 고통"을 대담하고 도전적 방식으로 강조하면서 기타모리는 점차 성장하는 20세기 신학자들 가운데 하나로 자리매김했다. 그들은 하나님이 성육신한 아들 예수 그리스도의 인성 안에서 고난을 당하긴 하지만, 하나님 자신은 고통을 겪을 수 **없으며** 창조 세계와의 관계에 의해 영향을 받지 않는다는 고전적 기독교 교리에 직접 도전하기 시작했다.[9] 제2차 세계대전, 특히 홀로코스트와 원자 폭탄 투하의 공포는 많은 유럽 사상가가 이러한 전통을 거부하게 만드는 자극제가 되었다. 예를 들어 디트리히 본회퍼는 1944년 7월 16일, 나치 감옥에서 쓴 유명한 편지에서 이렇게 말했다.

하나님 앞에서 그리고 하나님과 함께 우리는 하나님 없이 살아간다. 하나님은 세상에서 밀려나 십자가 위로 내몰리는 상황을 허락하신다. 하나님은 세상 속에서 연약하고 무력하시다. 그러나 바로 그것만이 하나

---

8 Kitamori, *Theology of the Pain of God*, 45.
9 Paul Fiddes는 변함없는 신성의 전통적 개념을 뒤엎는 탁월한 (보편적이진 않지만) 신학적 논거를 네 가지 제시한다. (1) 현대의 심리학과 인간관계에 대한 이해에 기초해 성찰한 하나님의 사랑, (2) 그리스도 십자가 중심성의 회복, (3) 인간 고통의 무게, (4) 우주와 인간의 진화에 대한 세계적 그림이다. Fiddes, *Creative Suffering*의 1장을 보라.

님이 우리와 함께하며 우리를 도우시는 유일한 방식이다.… 이것이 기독교가 다른 모든 종교와 결정적으로 다른 점이다. 종교성을 가진 인간은 고통을 겪는 가운데 세상 속에 계신 하나님의 권능을 바라보게 마련이다. 그들은 하나님을 마치 **기계 장치의 신**['데우스 엑스 마키나'(*Deus ex machina*), 뜬금없이 신이 나타나 상황을 정리하는 연극의 기법 – 옮긴이]처럼 사용한다. 그러나 성경은 그들을 하나님의 무력함과 고통으로 이끈다. 오직 고통당하는 하나님만이 우리를 도우실 수 있다.¹⁰

본회퍼가 말하고자 했던 하나님은 무력하고 부재한 하나님이 아니다. 오히려 세상이 요구하는 권력(교회가 너무 자주 받아들였던 힘)을 거부하고 대신 인간의 약함과 고통에 연대하는 방식으로 일하시는 하나님이었다는 사실을 주목해야 한다. 본회퍼는 세상이 "하나님에 대한 잘못된 관념"을 뒤집어엎었으며, 이것이 "성경의 하나님이 약함을 통해 세상의 권력과 공간을 지배하시는 길을 열었다"고 말했다.¹¹

"하나님에 대한 잘못된 관념"은 아주 초창기 기독교 신학부터 고전적 기독교 유신론에 체화되었으며, 그 형성의 배경에는 헬라 철학의 완전성 개념이 영향을 미쳤다. 플라톤에 따르면 만약 하나님이 완전하고 영원하며 그분 자체로 최상의 선이라면, 그분은 변치 않아야 한다. 왜냐하면 어떤 변화라도 이미 그분이 도달한 상태보다 열등한 상태일 수밖에 없기 때문이다. 그분은 다른 존재에 종속될 수 없다.

---

10   Bonhoeffer, *Letters and Papers*, 122.
11   Bonhoeffer, *Letters and Papers*, 122.

이는 불완전성을 암시하기 때문이다. 그분은 다른 존재의 행위에 영향을 받거나 더 나아가 고통을 겪을 수도 없다. 그것은 변화를 의미하기 때문이다. 아리스토텔레스 역시 하나님을 제1원인자, 부동의 원동자로 상상했다. 아리스토텔레스에 따르면, 하나님은 최고의 완전함으로 여기는 자신의 생각을 영원히 숙고하는 존재다. 초기 교회의 일부 고전적 신학자들은 이런 주류 철학적 환경의 영향을 받아, 변함없고 신실하신 하나님에 대한 성경의 가르침을 이런 형이상학적 불변성과 시간을 초월하는 존재의 개념으로 받아들이려는 경향이 있었다. 결과적으로 창조 세계와의 관계에서 하나님의 도덕적·존재론적 타자성(거룩함)은 하나님이 혼란스러운 세상과 고통스러운 역사에서 멀리 떨어져 있다는 철학적 경향으로 이어졌다. 물론 육신으로 오신 말씀인 하나님은 그리스도의 인성 안에서 고난을 겪으셨지만, 말씀 자체는 고난에 영향을 받지는 않는다고 보았다.[12]

---

12 Tertullian(155-220년)의 저서 *Against Praxeas* 29장은 삼위일체 교리에 대한 최초의 명확한 진술로 자주 언급된다. Tertullian이 이 교리를 믿고 있다는 점은 의심의 여지가 없지만, 삼위일체 교리가 아직 초기 발전 단계에 머물던 당시 그의 주된 관심은 그리스도를 성부 하나님과 동일시하는 주장을 반박하고, 따라서 성부가 우리를 위해 저주받은 상태로 죽었다는 주장을 명확히 부정하는 것이었다. 그러므로 이러한 주장은 다소 과장되었을 수 있다. 또한, 후대의 사상가들과는 달리, 그에게서는 그리스의 철학적 영향이 거의 보이지 않는다(http://www.tertullian.org/articles/evans_praxeas_eng.htm). J. N. D. Kelly, *Early Christian Doctrines*, 5th ed. (1958; London: A&C Black, 1977), 299 (Gregory of Nyssa에 대해) 그리고 322 (Cyril of Alexandria에 대해)를 보라. 전통적인 관점을 대표하는 Anselm의 다음과 같은 언급을 예로 들 수 있다. "따라서 우리가 하나님이 어떤 낮아짐이나 약함을 겪는다고 말할 때, 우리는 이것이 그분이 [성육신에서] 취하신 인간 본성의 약함에 따른 것이며, 고통받을 수 없는 그분의 [신적] 본성의 숭고함을 따른 것이 아님을 이해한다." Anselm, "Cur Deus Homo?," in *Anselm of Canterbury*, ed. and trans. Jasper Hopkins and Herbert Richardson, 4 vols. (New York: Edwin Mellen Press, 1976), 3:58-59.

고전적 신학자들은 사랑을 감정이 아니라, 타인의 **선**을 목표로 하는 태도와 행동으로 이해하려는 경향이 있었다. 아우구스티누스는 하나님의 완전한 사랑에 대해 이렇게 썼다. "하나님의 자비는 함께 고통당하는 동료의 상한 마음이 아니다. 하나님의 자비는 그분이 우리를 돕는 선하심이다.…하나님이 자비를 베푸실 때, 그분은 슬퍼하지 않으면서 우리를 해방하신다"라고 썼다.[13] 하나님은 우리의 고통에 감정적 영향을 받지는 않지만 우리의 구원을 이루신다. 우리에게는 우리의 마음 상태를 하나님께 투영해 그분을 단순히 초인적인 존재로 생각하려는 우상 숭배적 경향이 있다. 그런 경향을 피하기 위해 고전적 신학자 중 다수는 하나님의 존재를 그분의 창조 세계에서 너무 멀리 떼어 놓고 말았다.

성경의 첫 장들에서부터 우리는 창조 세계와 **관계를 맺으시는** 하나님을 만난다. 하나님은 감정 없는 체스 대가처럼 체스 말을 놓거나 예정된 각본에 따라 일방적으로 드라마를 연출하시는 분이 아니다. 삼위일체 하나님은 창조 세계를 탄생시키며 자신의 내적 생명을 '타자'에게 열어 주신다. 그분은 자신을 내주는 사랑을 실천함으로써 오히려 자신이 취약해지셨다. 하나님은 우리와의 관계 속에서 하나님이 되기로 자유롭게 선택하셨다. 그리고 자신의 자유를 남용해 하나

---

13 Paul Fiddes의 *Creative Suffering*, 17에서 인용됨. '신비주의' 전통에서 드물게 예외가 발견되며, 이는 5세기 후반에 Dionysius the Areopagite라는 필명을 사용한 신비로운 저자가 시작했다. 그는 하나님의 창조 세계를 향한 "황홀한" **욕망**[그리스어 '에로스'(*eros*)]에 대해 대담하게 언급했으며, 인간의 욕망은 이에 대한 응답이라고 보았다. 이에 관해서는 Andrew Louth, *Denys the Areopagite* (London: Geoffrey Chapman, 1989), 95를 보라. 그러나 여기에서도 하나님의 욕망이 인간의 죄로 인해 좌절되었을 때 하나님께 미치는 함의는 다루지 않았다.

님이 그들을 향해 갖고 계신 사랑의 목적에 저항하는 피조물들과의 관계 때문에 하나님은 마음에 고통과 슬픔을 느끼신다.

우리는 첫 장에서 창세기 6:5-6의 내용을 살펴보았다. 대부분의 성경 독자들은 하나님이 인간의 사악함 때문에 느끼신 '슬픔'과 '후회'를 의인화된 언어로 받아들였다. 물론 성경의 하나님에 대한 모든 언어는 기본적으로 은유적이고 유비적이다.[14] 우리가 '존재하다'나 '사랑' 혹은 '진노', '아버지', '재판관' 같은 용어를 하나님과 관련해 사용할 때, 우리는 이 용어들과 인간적 용법의 유사성을 확인하는 동시에 그 차이점도 인식한다. 하나님은 우리 같은 피조물이 존재하는 방식으로 존재하지 않으신다(즉, 창조주나 다른 피조물에 의존해 시공간 속에서 존재하시는 게 아니다). 하나님의 '진노'는 변덕스럽거나 인간적 편견에 좌우되지 않는다. 오히려 악에 대한 지속적이고 일관된 거부로 이해해야 한다. 인간관계가 이루어지는 세상에서 사용하는 하나님에 대한 은유적 표현(의인화)도 이러한 양면성을 갖는다. 하나님은 인간의 방식으로 후회하지는 않으시지만(삼상 15:29), 깨어진 창조 세계를 죄와 죽음의 속박에서 해방하려는 흔들림 없는 궁극적 의도의 테두리 안에서 자유롭게 방향을 바꾸신다. 하나님은 시간의 울타리 안에서 우리와 관계를 맺으시지만, 그분과 세상의 관계는 시간을 초월하기도 한다. 하나님은 자유로운 결정을 하실 뿐 아니라, 인간의 자유로운

---

14 Janet Martin Soskice는 은유를 이렇게 정의한다. "은유란 한 대상을 다른 대상과 연관되도록 암시하는 방식으로 표현하는 수사법이다." *Metaphor and Religious Language* (1985; Oxford: Clarendon, 1987), 15. 은유에서 결합되는 두 대상은 보통 서로 다른 영역에 속하며, 이들의 차이점은 유사성만큼이나 중요하다.

3장 하나님의 눈물

결정에 **반응하시기도** 한다. 하나님의 슬픔과 진노를 이해하려면, 하나님의 창조 세계와 고대 이스라엘에 대한 언약적 신실함의 맥락을 살펴봐야 한다.

테런스 프리타임(Terence Fretheim)은 이스라엘에서 하나님에 대한 언어를 사용할 때 의인화된 은유를 지배적으로 사용했다는 점에 주목한다. 이는 가령 인간과 동물의 혼종을 흔히 사용했던 고대 근동의 종교적 배경과 비교했을 때 독특한 특성이었다. 그는 또한 그리스도인들이 이러한 언어를 받아들이기 어려워하는 점이 아이러니하다고 지적한다. 왜냐하면 "성육신에서 하나님은 가장 놀라운 방식으로 의인화된 행동을 하셨기 때문이다. 신약 성경은 하나님에 대한 영적인 이해가 점진적으로 진보해 도달한 정점이 전혀 아니다. 오히려 신약은 인간의 육신을 입고 하나님이 완전히 육신이 되신 것을 언급한다. 그리스도의 성육신 사건 외에도 신약 성경은 계속해서 하나님에 대해 이러한 은유적 용어들을 사용한다."[15] 삼위일체 하나님이 우리 가운데 계시며 우리 자신보다 우리에게 더 가까이 계시고, 차이점에도 불구하고 우리와 유사하시기 때문에, 인간의 용어로 하나님을 생각하고 말하는 것은 적절하다.

창세기 6:5-6의 말씀은 하나님이 세상에서 일어나는 일에 영향을

---

15 Fretheim, *Suffering of God*, 6-7. 사실 "하나님의 인간성"이라는 주제는 Karl Barth와 Eberhard Jüngel과 같은 20세기 위대한 신학자들의 핵심 과제였다. Jüngel은 예수 그리스도 안에서 인류에게 오신 하나님을 근거로 신학적 언어를 사용할 때 "강림의 유비"를 제안했다. 그는 다음과 같이 말했다. "기독론적 이유에 근거해 하나님이 가능하게 하고, 하나님이 요구하며, 심지어 하나님이 명령하신 의인화가 존재하지 않는지를 질문할 필요가 있다." Eberhard Jüngel, *God As the Mystery of the World*, trans. D. L. Guder (Edinburgh: T&T Clark, 1983), 280.

받으신다는 점을 보여 준다.[16] 이어지는 홍수 이야기와 노아와 맺은 언약에서 하나님은 자신의 권능을 절제하며 사용하신다. 하나님은 자신의 형상을 입고도 반역한 자들과 여전히 관계를 유지하며 그들이 어리석은 상태에 머물러 있도록 방치하지 않으신다. 그 결과 인간은 서로와 세상에 고통을 초래할 뿐 아니라 하나님께도 고통을 초래한다. 하나님의 '슬퍼하심'을 언급하는 또 다른 구약 성경 본문은 시편 78:40-41과 이사야 63:7-10이다. 이 본문들은 하나님의 슬픔이 인간의 죄에 대한 반응이며, 긍휼(시 78:38)과 진노(78:21, 31)와 함께 나타난다고 말한다. 하나님의 슬픔의 역사는 구약 성경에만 국한되지 않으며, 에베소서 4:30에 나오는 바울의 경고에서도 계속 나타난다.[17]

---

[16] 이것은 과장법을 쓴 표현이다. 서술자는 분명 세상에 선한 마음을 가진 사람도, 선한 행위도 전혀 존재하지 않는 세계를 상상하지 않았다. 이 표현이 속한 더 큰 장르는 비유적·신화적 장르다.

[17] John Calvin의 영향은 무시하기 어렵다. Calvin에 따르면, 우리의 연약함 때문에 하나님은 우리가 하나님을 이해할 수 있도록 우리의 능력에 맞춰 "조정"하시며, 하나님 안에서의 어떤 "변화" 개념도 순전히 인간의 관점을 반영한다. Calvin은 이렇게 말한다. "하나님은 그분 본래의 모습이 아니라, 그분이 우리에게 보이는 방식으로 자신을 나타내심으로써 하나님은 자신을 조정하신다. 하나님은 모든 마음의 혼란에서 초연하지만, 죄인들을 향해 분노한다고 증언하신다. 그러므로 우리가 하나님이 분노하셨다는 말을 들을 때, 그 안에 어떤 감정을 상상해서는 안 되며, 오히려 이것이 우리의 인간적 경험에서 유래한 표현임을 고려해야 한다.…따라서 '회개'라는 단어가 다른 어떤 것이 아니라 행동의 변화를 뜻한다고 생각해야 한다.…이 과정에서 하나님의 계획이나 의지는 뒤집히거나 변화되지 않으며, 그분이 영원히 예지하고 승인하며 결정하신 것을 인간의 눈에 아무리 급격한 변화로 보일지라도 변함없이 계속 추구하신다." John Calvin, *Institutes of the Christian Religion*, ed. John T. McNeill, 2 vols. (Philadelphia: Westminster, 1960), 1.17.13. 『기독교 강요』(생명의말씀사). 그러나 모든 위대한 사상가들은 평생 동안 일관되지 않은 면모를 드러낸다. Calvin도 예외는 아니다. *Institutes*와 달리 성경 본문과 씨름할 때, 그는 하나님의 열정(pathos), 그분의 연약한 사랑 그리고 세상의 상처가 곧 하나님의 상처임을 이야기한다. Calvin 자신이 망명자이자 난민으로서 많은 고난을 겪었다는 점은 결코 사소하지 않다. 이에 대한 통찰력 있는 논의는 Nicholas Wolterstorff, "Calvin and the Wounds of God," *Reformed Journal* 37, no. 6 (1987년 6월): 14-22를 보라.

더 나아가 하나님께는 세상이 '필요하지' 않다. 하나님께 본질적으로 뭔가 결핍되어 있어서 그것을 세상으로 채워야 하는 분이 아니라는 의미에서는 말이다. 그러나 하나님이 세상과 인격적 관계(즉, 상호 반응적 관계)를 맺기로 **겸손하고 자유롭게 선택하셨다**는 의미에서는 그분께 세상이 필요하다. 하나님은 방황하는 인간에 대한 헌신으로 고통받는 것을 선택하셨지만, 이 고통의 경험 때문에 무력화되거나 압도당하지 않으신다. 또한 하나님은 복수심으로 분노를 쏟는 분도 아니시다. 하나님은 이스라엘이나 다른 민족들을 심판할 때 인간의 폭력적 행위와 전쟁을 도구로 사용하시는 경우가 많다. 이럴 때조차 우리는 스티븐 윌리엄스(Stephen Williams)의 말에 동의하게 된다.

혹시라도 하나님이 가증스러워하는 행위를 하도록 명령하신 적이 있다면, 우리가 알아야 할 사실이 있다. 하나님은 악과 고통을 단칼에 제거하거나, 반대로 인류가 하나님 없는 길을 가도록 외면하고 방치하는 대신에 무거운 마음으로 이런 선택을 하셨음이 분명하다.…만약 하나님이 폭력을 명령하신다면, 그것은 그분이 혐오하지만 아직 완전히 제거하지 않은 악이 만연한 현실을 받아들이시는 더 큰 뜻을 위한 양보적 계획의 일부다.[18]

결혼은 두 사람이 사랑과 발견의 항해를 시작하는 관계다. 이를 하나님이 인간 개인과 맺는 창조적 관계에 비추어 생각한다면, 이렇

---

[18] Stephen N. Williams, in J. Gordon McConville and Stephen N. Williams, *Joshua* (Grand Rapids, MI: Eerdmans, 2010), 121.

게 이해할 수 있다. 하나님은 언약의 동반자인 타인을 창조하고 그 동반자와 여정을 함께하는 "믿음의 위험"을 감수하신다. 프리타임의 방식을 따라 우리는 하나님의 고난을 언급한 다양한 구약의 본문들을 세 가지로 이해할 수 있다. 첫째, 하나님은 자신의 백성이 언약을 거부하고 우상 숭배를 택해 인간성을 상실하는 것 **때문에** 고통받으신다. 둘째, 하나님은 고난받는 사람들과 **함께** 고통받으신다. 셋째, 하나님은 자신의 백성을 **위해** 고통받으신다.[19]

구약의 예언자들은 이스라엘의 야훼(주)와 특별한 관계를 누렸다. 그들은 이스라엘과 때로는 주변 민족들에게 야훼의 대변인이 되었다. 예언자들은 단지 설교만 하라고 부름받은 것이 아니라 그 메시지를 상징적 행동으로, 더 나아가 자신의 삶 전체를 통해 **체화**하도록 부름받았다. 전할 메시지가 하나님의 책망을 불러오는 백성의 불의나 우상 숭배에 관한 곤란한 메시지일 때, 예언자는 불편함과 극심한 고통을 겪었다. 하나님과 예언자는 분명히 다른 존재이지만, 예언자가 자신의 메시지에 대한 부담 때문에 겪는 고통이든 동족이 그를 거부하기 때문에 겪는 고통이든, 하나님의 고통을 반영한다. 사실 예언자의 소명은 하나님의 고뇌에 동참하는 것이었다.

예언자의 메시지는 "지옥의 불과 저주"로 시작하지 않고, 고통과 고뇌에 찬 하나님의 모습을 보여 주는 것으로 시작한다(참조. 사 1:2-3; 렘 2:2).[20] 예레미야서에서 볼 수 있듯 야훼의 예언자들의 탄식은 야훼 자

---

19 Fretheim, *Suffering of God*, 108.
20 Fretheim, *Suffering of God*, 115.

신의 탄식 때문에 촉발되었다. 예언자는 하나님의 고통을 의인화한다. 그래서 우리가 듣는 예언적 탄식의 주어가 예레미야인지 아니면 야훼의 목소리인지 늘 명확하지는 않다. 예레미야 12:7-13, 15:5-9, 18:13-19은 예언자의 탄식 속에 하나님의 탄식을 담았다. 예언자와 하나님의 가장 애절한 탄식은 예레미야 8:18-9:11에서 발견된다.

> 나의 백성, 나의 딸이, 채찍을 맞아 상하였기 때문에, 내 마음도 상처를 입는구나.
> 　슬픔과 공포가 나를 사로잡는구나.
> 길르앗에는 유향이 떨어졌느냐?
> 　그곳에는 의사가 하나도 없느냐?
> 어찌하여 나의 백성, 나의 딸의 병이
> 　낫지 않는 것일까?
> 살해된 나의 백성, 나의 딸을 생각하면서,
> 　내가 낮이나 밤이나 울 수 있도록,
> 누가 나의 머리를 물로 채워 주고,
> 　나의 두 눈을 눈물샘이 되게 하여 주면 좋으련만!
> 누군가가 저 사막에다가
> 　내가 쉴 나그네의 휴식처를 마련하여,
> 내가 이 백성을 버리고 백성에게서 멀리 떠나,
> 　그리로 가서 머물 수 있게 하여 주면 좋으련만!
> 참으로 이 백성은 모두 간음하는 자들이요,
> 　배신자의 무리이다.

(렘 8:21-9:2)

엘링턴의 관찰에 따르면 "욥과는 달리 예레미야는 타인의 고통을 받아들였다. 그는 하나님의 상처를 끌어안고 하나님과 함께 울라는 부르심을 받아들였다는 바로 그 이유로 학대받고 버림받았다. 예레미야는 이전에 시편에서 암시되기만 했던 새로운 자리에 선다. 예레미야의 입에서 터져 나오는 고통스러운 항의는 바로 하나님의 고통에서 비롯되었다. 바로 이 무게에서 예언적 탄식이 나온다."[21]

야훼가 언약 백성을 향해 가지신 사랑이 얼마나 애틋한지는 유명한 호세아 11장의 말씀, 특히 8절에서 잘 드러난다.

> 에브라임아, 내가 어찌 너를 버리겠느냐?
> 이스라엘아, 내가 어찌 너를 원수의 손에 넘기겠느냐?
> 내가 어찌 너를 아드마처럼 버리며,
> 내가 어찌 너를 스보임처럼 만들겠느냐?
> 너를 버리려고 하여도, 나의 마음이 허락하지 않는구나!
> 너를 불쌍히 여기는 애정이 나의 속에서 불길처럼 강하게 치솟아 오르는구나.

심지어 정의로운 하나님의 진노가 표현되는 순간에도, 그 진노는 하나님의 눈물로 완화된다.

21　Ellington, *Risking Truth*, 143.

따라서 예언자들의 입술에서 선포되는 하나님의 심판은 법정에서 판사가 냉정하게 내리는 비인격적 선고라기보다는, 사랑하는 배우자의 불륜으로 결혼 관계가 깨지는 고통과 같은 개념으로 이해하는 편이 더 적절하다. 신뢰가 배신당하고 화해를 향한 모든 노력이 지속적으로 거절당하는 상황에서 하나님은 상처와 분노를 표현하신다.

놀라운 사실은 하나님의 심판의 언어가 양보, 포기, 은신, 또는 백성을 내버려 두는 것과 같은 이미지들로 자주 표현된다는 점이다. 백성이 제 발로 하나님에게서 멀어질 때 하나님은 관계의 회복을 위해 큰 노력을 기울이지만, 결국 눈물을 머금고 마지못해 물러날 수밖에 없는 상황에 처하실 수도 있다. 그때는 하나님이 모든 사망과 파멸의 힘에 백성들을 그냥 내주시기도 한다. 그러나 하나님은 그들을 내줄 수는 있어도, 결국 그들을 포기하지는 않으신다.[22]

하나님은 또한 그분의 백성과 **함께** 고통을 겪으신다. 예언서에서 가장 애절한 하나님의 애가들 중 일부는 언약에 포함되지 않는 백성들을 향한 것이다. 모압 백성들이 애통하는 가운데 하나님은 이렇게 말씀하신다. "가련한 모압아, 너를 보니, 나의 마음까지 아프구나"(사 15:5, 새번역). 이와 유사하게 예레미야 48:31-32에서 "그러므로 내가 모압 때문에 통곡하고, 모압의 모든 백성을 생각하여 애곡하겠다. 길 헤레스의 주민을 생각하여 슬피 울겠다. 십마의 포도나무야, 나는 야

---

22 Fretheim, *Suffering of God*, 126

스엘을 생각하여 우는 것보다 너를 생각하여 더 많이 울고 있다"(새번역)라고 기록했다. 하나님이 이스라엘 백성뿐 아니라 이방 민족의 운명에 대해서도 애통해하시는 모습은 하나님의 긍휼을 이스라엘이 독점하지 않았음을 보여 준다. 이웃 민족들이 그들의 교만과 잔혹함 때문에 하나님의 심판을 받아야 하는 와중에도 그들은 여전히 하나님이 긍휼을 보여 주시는 대상이 된다. 또한 이사야 19:23-25, 예레미야 12:14-15, 요나 4:10-11과 같은 본문들은 야훼의 보편적인 긍휼과 언약 백성 이스라엘의 궁극적 회복과 유사한 방식으로 그들에게 복이 임할 가능성을 언급한다.

이 맥락에서 주목할 점이 있다. 하나님이 자신을 신뢰하고 자신에게 소망을 품는 자들 때문에 기뻐하신다는 말씀(예를 들어, 시 147:11; 149:4)처럼, 그분의 백성들의 끊임없는 불순종 때문에 "마음이 무겁고" "지치신다"고 언급하는 구약 본문들도 많다는 점이다(예를 들어, 사 1:14; 7:13; 43:24).[23] 하나님은 고통스럽게 오래 인내하며 심판의 날을 미루고, 그들의 죄를 어떤 면에서는 스스로 짊어지며 그분을 거부하는 그들의 행태를 안으로 삭이신다. 그분의 극심한 고통은 단순히 심판에서뿐 아니라 새로운 가능성을 창조하는 데서도 드러난다. 이는 바빌론 포로 시기의 한 예언에서 특히 두드러지게 나타난다. 혼돈에 빠진 유다를 향해 하나님은 이렇게 말씀하신다.

내가 오랫동안 조용히

---

23 Fretheim, *Suffering of God*, 140-141.

> 침묵을 지키며 참았으나,
> 이제는 내가 숨이 차서 헐떡이는,
> 해산하는 여인과 같이 부르짖겠다.
> 눈먼 나의 백성을 내가 인도할 것인데,
> 그들이 한 번도 다니지 못한 길로 인도하겠다.
> 내가 그들 앞에 서서, 암흑을 광명으로 바꾸고,
> 거친 곳을 평탄하게 만들겠다.
>
> (사 42:14, 16)

산고 끝에 새로운 세상의 질서가 탄생한다(사 42:9). 예언자를 통해 방금 우리는 야훼의 신비한 종(사 42:1-7)을 만난다. 이 종이 실현하는 정의는 정의에 대한 하나님의 헌신을 반영하며, 이사야 53:4-10에 기록된 이 종의 대속적 고난은 하나님의 고난을 반영함과 동시에 하나님이 세상의 구원을 이루시는 수단이 된다.

그러므로 기타모리처럼 하나님이 겪으시는 고통의 본질은 사랑과 진노가 충돌하는 내적 갈등이라고 말하기보다는, 복잡하고 다면적인 고통의 역동성을 시적 투쟁으로 묘사했다고 말하는 편이 더 적절하다. 보답받지 못하는 사랑, 좌절된 선의, 자기 파괴적인 죄의 결과에 백성을 내줘야 하는 마지못한 결정 그리고 회복과 치유를 선택하는 결정 모두가 하나님께 고통을 주는 요인이다.

월터 브루그만은 슬픔, 고통, 탄식이 절망이 아니라 희망을 생성한다고 주장한다. 예언자적 연민은 하나님과 인간의 관계에서 진정한 위기를 은폐하는 모든 시도와 제도적·사회적 요소들을 돌파한다.

고통이 표현되지 않으면 갱신으로 나아가는 길은 열리지 않는다. "고통을 표현할 때만 바로 그곳에 새로움이 온다. 고난을 보고 들을 때, 고난은 희망을 만들어 낸다. 명확히 표현된 슬픔은 새로움으로 가는 문이며, 예수의 역사는 고통 안으로 들어가 그 고통에 목소리를 부여하는 역사다."[24]

예수와 하나님의 고난

신약 성경을 여러 차례 접한 독자인 우리는 복음서 이야기의 충격적이고 방향 감각을 잃어버리게 만드는 특징을 체험하기 어렵다. 아니, 거의 불가능하다. 뭐든 다시 읽으면 이전에 놓쳤던 중요한 세부 사항을 발견할 수는 있지만, 익숙해지면 우리는 무감각해지고 이야기도 덜 극적으로 느껴진다. 이미 우리는 이야기가 어떻게 끝날지를 알고 있기 때문이다. 게다가 인기 있는 복음주의 설교는 복음서의 모든 이야기를 십자가상의 죽음으로만 축약하며, 이를 추상적 공식(예를 들어, "그리스도께서 우리 죄를 위해 죽으셨다")으로 제시함으로써 이전의 모든 드라마와 단절시킨다. 부활은 복음의 진리를 확인시켜 줄 '증거'로서 제시되기는 하지만, 드라마의 중심 내용으로 간주되지는 않는다. 이 두 가지 맹점—예수님의 죽음을 그분의 삶과 단절시키고, 그분의 부활을 그분의 죽음과 단절시키는 것—은 기독교 복음의 증거를 보잘

---

[24] Walter Brueggemann, *The Prophetic Imagination*, 2nd ed. (Minneapolis, MN: Fortress, 2001), 91.『예언자적 상상력』(복있는사람).

것없는 빈약한 내용으로 만들어 버렸다.

    20세기 말 신약학의 가장 큰 공헌은 예수님을 유대인이라는 구체적으로 확인 가능한 인물로 복원하고, 복음서를 유대의 묵시적 희망과 로마 제국의 권력이라는 맥락 속에 위치시킨 것이다. 공관 복음서는 서로 차이가 있음에도 불구하고 같은 패턴을 공유한다. 이들은 예수님의 등장을 설명할 수 없는 신적 개입이라고 이야기하지 않는다. 오히려 이스라엘에 관한 더 긴 이야기의 절정이 바로 예수님의 성육신이며, 이 사건이 바로 창조주가 세상과 맺는 관계의 중심점이라고 말한다. 이 이야기는 지중해 지역 곳곳에 흩어진 새로운 기독교 공동체들의 기초를 이루었는데, 이들은 마지막 무대를 살아 내며 이 이야기를 앞으로 전달하도록 부름받는다.

    유대인들, 특히 팔레스타인과 디아스포라의 많은 유대인은 새로운 시대와 더 나은 시대를 고대했다. 그들은 언약의 하나님이 행하시는 백성의 회복, 성전과 예루살렘의 재건과 정결, 이방인들의 패배 또는 회심 그리고 순결과 의의 확립을 희망의 중심으로 여겼다. "그 일이 일어나면 이스라엘은 더는 이방인들의 지배를 받지 않을 것이다. 그들은 자유로워질 것이다. 해방의 수단이 뭐가 될지 논쟁이 있을 수 있지만 목표는 명확했다."[25]

    나사렛 예수는 이스라엘의 예언적 전통에 분명히 뿌리를 두는 동시에 이 희망들을 새로운 방향으로 이끌었다. 그분이 자신의 인격과

---

[25] N. T. Wright, *Jesus and the Victory of God* (London: SPCK, 1996), 151. 『예수와 하나님의 승리』(CH북스).

사역 속에서 이루어진다고 주장했던 하나님의 통치는 새로운 포도주가 낡은 가죽 부대를 터뜨리는 것처럼 현상 유지의 상태를 파괴한다. 톰 라이트(Tom Wright)는 우리가 이 사실에 주목하도록 초대한다.

> 젊은 유대인 예언자가 야훼께서 심판자와 구속자로 시온으로 돌아오시는 이야기를 들려준다. 그는 눈물을 흘리며 도시로 들어가고, 성전의 파괴를 상징하는 장면과 최후의 출애굽을 기념하는 모습을 구체적으로 표현한다. 나는 나사렛 예수가 소명을 의식하셨다는 점을 역사적 사실로 제안한다. 그 소명은 예수가 '아버지'라 부르는 분에게 받았다. 그는 새로운 출애굽 백성을 위한 구름기둥과 불기둥이 되실 것이다. 그는 언약의 하나님이 돌아오시는 것과 구속하시는 행위를 자신의 몸으로 구현하셨다.[26]

예수님은 유대의 제도화된 종교적 허상에 개의치 않고(예를 들어, 막 11:27-12:12), 로마의 권위도 하찮게 여기셨다(12:13-17). 그분은 사랑하는 도시를 보며 눈물을 흘리셨고, 그 도시의 (중심이자 국가 정체성을 핵심적으로 상징하고 규정하는) 성전이 정결해지는 것이 아니라 파괴될 것이라고 선포하셨으며, 자신의 몸이 그 성전을 대체할 것을 말씀하셨다. 그분은 친구 나사로의 무덤에서 다른 조문객들과 함께 울었지만, 그들과 달리 단지 슬픔에 잠긴 것이 아니라 죽음 자체에 대해 깊은 분노와 격분을 표출하셨다. 귀신 들린 자의 울부짖음은 사회적이

---

26 Wright, *Jesus and the Victory of God*, 653.

고 우주적인 질서가 격변하고 있음을 드러낸다. "나사렛 예수여 우리가 당신과 무슨 상관이 있나이까 우리를 멸하러 왔나이까 나는 당신이 누구인 줄 아노니 하나님의 거룩한 자니이다"(막 1:24). 예수님은 그다지 애쓰지 않고도 귀신들을 내쫓으셨으며, 싸움은 시작도 되기 전에 끝났다. 하나님은 인간을 괴롭히는 악의 세력에 대해 결정적인 작전을 시작하셨다. 그러나 이 작전은 완전히 예상치 못한 방식으로 전개되었고, 십자가 위의 최후 대결에서 절정을 이루었다.

나병 환자들을 기적으로 고칠 때 예수님이 어떤 태도를 보이셨는지 우리는 자주 놓친다. 나병은 단순히 잔혹한 질병이 아니라, 사회적 배제와 고립의 표현이기도 하다. 예수님이 나병 환자들을 포용하신 일은 해방하시는 하나님의 통치가 무엇을 의미하는지를 상징적으로 보여 주었다. 그 통치는 무력한 자들에게 힘을 부여하고, 소외된 자들을 회복시키는 것이었다. 미국 감리교 목사이자 나병 연구와 퇴치에 평생을 바친 페리 버지스(Perry Burgess, 1886-1962년)는 이렇게 썼다.

역사가 기록된 시기부터 나병 환자들은 어떤 범죄자보다도 더 끔찍한 운명을 겪어 왔다. 치사율은 높지 않지만 대개 상흔과 기형을 남기는 이 질병은 질병의 공격을 받는 피해자들뿐 아니라 다른 사람들에게도 공포의 대상이었다. 그들은 사람들 사는 곳에서 쫓겨났고, 동료 인간들과도 교류가 단절되었다. 평생 동안 홀로 지내야 했고, 고독 속에서 영적 고통을 견뎌야 했다. 위로도 못 받으면서 자신의 신체가 망가지는 것을 지켜봐야 했다. 이 형벌은 희망도 끝도 없었다. 가장 악독한 독재자가 고안한 그 어떤 처벌보다도 잔인하고 파괴적인 형벌이 이 불행한 사람들에게

가해졌다.[27]

당연히 예수님의 혁명적 선포와 실천은 현상 유지에 만족하던 이들의 분노를 불러일으켰다. 이스라엘을 해방시킬 하나님의 기름부음을 받은 자가 어떻게 이처럼 로마가 이스라엘에 군사적 행동을 일으킬 논란의 여지가 있는 위험한 행동을 할 수 있는가?(요 11:47-50) 당시 팔레스타인은 화약고였다. 하나님의 진노보다도 로마의 진노가 더 위협적으로 보였다. 엘렌 체리(Ellen Charry)는 예수님이 불러일으킨 논란을 다음과 같이 요약한다.

그분의 호전성(militancy)과 분열성은 온 나라의 가정, 사회, 경제 생활을 의도적으로 뒤흔들며 절대적인 충성을 요구했다. 그분은 장로들과 법 조항을 예의 바르게 논의해 그들의 전통의 발전 과정을 질서 있게 존중하며 합의를 이끌어 내거나 다수결에 도달하려 하지 않았다. 대신 '야외 설교'를 통해 대중의 마음을 뒤흔들고 군중을 선동하며 그들이 지도자들과 대립하게 만들었다. 예수님은 팀 플레이어가 아니셨다. 그분은 규칙을 따르지 않으셨다. 도리어 로마와의 관계에서 질서를 유지하고 불안정한 군중과 날이 선 점령자들 사이를 신중히 중재해야 했던 공인된 지도력이 필요한 시대에 그분은 어울리지 않는 무례한 골칫거리였다.… 결국 예수님은 후대의 신학이 주장하듯 우리를 대신해 하나님의 진노를

27　Perry Burgess, *Born of Those Years: An Autobiography*, Theodore Plantinga, *Learning to Live with Evil* (Grand Rapids, MI: Eerdmans, 1982), 87-88에서 인용됨.

달래기 위해서가 아니라, 이스라엘을 대신해 로마를 달래기 위해 희생당하셔야 했다.[28]

마가는 복음서의 첫 장에서 '**곧바로**'['유튀스'(euthys)]라는 단어를 무려 열한 번이나 사용한다. 우리는 예수님의 공적 사역을 통해 하나님의 나라가 펼쳐지며 숨 가쁜 속도로 전개되는 역사에 뛰어든다. 이는 마치 "슬라이드가 너무 빠르게 지나가서 세부 사항을 소화할 시간이 없는 미디어 시사회를 보는 것과 같다. 우리는 사건을 이끌어 가는 추진력을 느끼며 그 힘에 휘말린다. 마가가 묘사하는 예수님은 들판의 백합에 대해 여유롭게 설교하실 시간이 없다. 이 복음서는 우리를 우주적 갈등의 한가운데로 몰아넣는다. 이야기를 따라가려면 우리도 속도를 내야 한다."[29]

비록 첫 장 이후에는 '곧바로'라는 단어의 빈도가 줄어들지만, 마가는 사건들을 시작하고 유지하며 진행시키는 분은 바로 예수님이라는 사실을 독자에게 분명히 전달한다. 말씀과 행동으로 모두 예수님은 역사를 시작하고 삶을 변화시키셨다—어부들과 세리들을 불러 하던 일에서 떠나게 하고, 병든 자를 치유하며, 귀신 들린 자를 회복시키고, 굶주린 대규모 군중에게 두 차례나 먹을 것을 제공하고, 폭풍을 잠잠하게 하며, 죽은 소녀를 다시 살리고, 열두 사도를 세워 파송하셨

---

[28] Ellen T. Charry, "The Uniqueness of Christ in Relation to Jewish People: The Eternal Crusade," in *Christ the One and Only*, ed. Sung Wook Chung (Milton Keynes: Paternoster; Grand Rapids, MI: Baker, 2005), 144.
[29] Richard B. Hays, *The Moral Vision of the New Testament: A Contemporary Introduction to New Testament Ethics* (New York: HarperCollins, 1996), 89. 『신약의 윤리적 비전』(IVP).

다. 마가복음은 예수님을 묘사할 때 능동적 동사를 자주 사용해 생동감 있는 문체로 표현한다. 이는 예수님의 생각과 감정에 대한 묘사에서도 나타난다. 예를 들어, 예수님은 자신이 죄를 용서할 권위를 주장한 것에 율법 교사들이 분개했다는 사실을 아셨고, 또한 한 여인이 그분의 옷자락을 만졌을 때 능력이 빠져나갔던 사실도 **아셨다**. 그분은 큰 무리를 가르칠 뿐 아니라 그들을 **긍휼히** 여기셨으며, 제자들이 자신에게 오려는 아이들을 막으려 했을 때 **분노**하셨다. 그분의 행동, 생각, 감정은 무대의 중심부를 차지한다.

그러나 마가복음의 서사는 예수님이 겟세마네 동산에서 제사장 권력자들에게 '넘겨진' 순간부터 십자가에서 죽음을 맞으시기까지 놀랍게 변한다. 이제 그분의 활동이라고 명확히 지칭되는 것이 없다. 그분의 생각과 감정은 더 이상 드러나지 않는다. 문법적으로 보면, 예수님을 주어로 삼은 동사는 단 아홉 개지만 목적어로 등장하는 경우의 동사는 쉰여섯 개다. 더군다나 그 아홉 개의 주어 동사 중 네 개는 부정적 표현에 사용된다(세 번은 침묵에 사용되고, 한 번은 도움을 거절하는 데 사용된다). 다른 네 개의 동사는 그분이 한 말씀에 사용되었는데 그분의 말씀은 오해받거나 무시된다. 여기에는 대제사장의 질문에 대해 메시아로서 정체성을 수긍하는 선언(14:62)과 십자가 위에서 버림받았을 때의 외침, "나의 하나님, 나의 하나님, 어찌하여 나를 버리셨나이까?"(15:34)도 포함된다. 마지막 동사는 "숨지시니라"이다.[30] 수난

---

30 마가복음을 연구하는 학자들이 이 이야기의 전환에 주목했으나, 이를 읽기 쉽게 상세히 설명한 중심 저작은 W. H. Vanstone의 *The Stature of Waiting*(1982; London: Darton, Longman & Todd, 2004)으로, 나는 그의 논지를 따른다. 그러나 Vanstone이 고난에 대해 예수의 죽음을

서사에는 탄식의 시편이 자주 인용되며, 예수님은 고난 가운데 홀로 고통당하며 하나님께 버림받았다고 의문을 품고 죽어 가는 모든 자와 동일시되신다.

이제 마가가 다른 이야기를 하는 것인가, 아니면 예수님이 더 이상 무대의 중심에 계시지 않은 것인가? 그렇지 않다. 오히려 '넘겨진' 이후로 예수님이 중심에 계신 방식이 달라진 것이다. 그분은 이제 다른 사람들의 행동에 영향받는 **대상**이 되었고, 더 이상 주체적이고 능동적인 행위자가 아니며 일하는 분이 아니라 침묵 속에서 기다리는 분이 되셨다. 그분은 더 이상 통제하지 않으시고, 이제 다른 이들의 손에 넘겨지셨다.

이것이 우리에게 어떤 의미가 있는가? 한 사람이 인생의 전성기에 심각한 사고나 인생을 가로막는 질병에 걸렸다고 상상해 보라. 그 전까지 그 사람은 자신의 삶을 주도하며 무언가를 계획하고 결정하며 프로젝트를 기획하고 때로는 주변 사람들의 삶을 이끌기도 했다. 그런데 갑자기 그의 세상이 바뀌었다. 그는 더 이상 자신의 삶을 주도하지 못하고, 다른 사람들에게 '넘겨져' 그들의 결정과 행동에 의존하게 되었다. 입원했다면, 그는 침대에 갇혀 링거와 각종 기계의 튜브에 연결된 상태로 누워 있을 것이다. 마취를 받고 수술을 받을 수도 있다. 뇌졸중을 겪었다면 부분적으로 마비되거나 의사소통이 어려울 수도 있다. 한편 임종을 앞둔 상태라면, 모르핀과 기타 약물 주사를 맞으며

강조하는 대중적 기독교를 비판하면서도, 십자가의 대속적 의미를 부정하며 정반대의 오류를 범하고 있다는 점은 잘못이다.

그 약물이 자신의 몸에 어떤 영향을 끼치는지 전혀 인지하지 못할 수도 있다. 나름 자족적이고 독립적이었던 그가 이제는 의사, 간호사, 행정가, 가족 구성원 등 타인의 결정, 돌봄, 치료의 대상이 되었다.

건강한 사람이 움직일 수 없는 환자가 되어 버린 극적인 전환은 보편적 경험은 아니다. 그럼에도 우리 중 많은 이는—즉시 죽음을 맞거나 평화롭게 잠들듯 죽는 경우가 아니라면—노화나 상실이 주는 점진적이고 유사한 전환을 겪는다. 우리는 인생의 말년이 되면, 다른 사람들에게 의존했던 유년기 때처럼 다시 '두 번째 유년기'에 들어가야만 한다는 사실을 받아들인다. 이러한 수동성은 건강하고 활력 있는 우리의 상태와 마찬가지로 인간 조건의 일부다. 그러나 이런 급진적 의존성, 수용성, 수동성으로 전환되는 것이 우리의 인간적 가치와 존엄성이 손상되었다는 의미인가?

이는 오늘날 의료 윤리의 핵심적 질문이다. 알츠하이머 환자는 더 이상 인간으로 간주되지 않는가? 기능적으로 의존하면 안락사나 조력 자살이 정당화될 수 있는가? 일부 전통적 해석은 **하나님의 형상** ['이마고 데이'(*imago Dei*), 창 1:26-27]을 인간의 합리성이나 (종종 '문화 명령'으로 불리는) 다스리라는 명령과 동일하게 여겼다. 그러나 이런 전통적 해석은 개인의 진취성, 성취, 자율성으로 인간의 가치와 존중을 찾는 현대 사회의 거대한 경향성에 대항하지 못했다. 여기서 모든 인간의 내재적 존엄성을 기반으로 인간 권리를 주장하는 언어와 후자의 입장 사이에 명백한 모순이 존재한다. "내재적 인간의 존엄성이 실제로 존재한다면, 합리성, 지능, 외모, 키, 체중처럼 등급화가 가능한 특성이 될 수는 없다. 왜냐하면 이러한 속성들은 본질적으로 변화하고 발

3장 하나님의 눈물

전하며 약화되거나 시간이 지나면서 더 이상 존재하지 않는 우연적 속성들이기 때문이다. 이는 인간이 이런 우연적 속성들보다 논리적으로 우선하며, 인간이 겪는 모든 변화를 거치며 통합된 존재로 존재한다는 사실을 의미한다."[31] 더 나아가 로완 윌리엄스(Rowan Williams)는 훨씬 선명한 신학적 관점으로 이렇게 말한다. "인간의 존엄성, 즉 우리가 서로를 경외심으로 대하도록 요구하는 그 절대적인 명령은 타인이 이미 내가 아닌 다른 무언가와 관계를 맺고 있다는 신념에 확고한 기반을 둔다. 이런 확신이 없다면 우리는 심각한 윤리적 문제에 직면한다."[32]

마가는 예수 그리스도를 "하나님의 아들"로 선포하면서 서사를 시작한다(1:1). 서사의 후반부에서 로마의 형 집행자는 누가 시키지도 않았지만 똑같은 고백을 경이롭게 한다. 이것이 마가복음에서 나타난 예언자적 아이러니다. 이 로마 병사는 마가복음에서 '하나님의 아들'이라는 칭호를 사용하는 유일한 등장인물이다. 분명히 그는 다른 의미로 이 표현을 사용했다. 그는 예수님을 당시 통용되던 헬라적 의미의 신적 영웅으로 인식했다. 이는 아마도 그가 예수님의 용기와 품위를 목격했기 때문일 터이다(누가복음은 그의 말을 "이 사람은 정녕 의인이었도다"라고 표현한다). 그러나 그의 말은 그가 인식한 것보다 더 큰 의미가 있었다. 하나님의 집을 대표하는 산헤드린 공의회는 그들의 메

---

31 Francis J. Beckwith, "Dignity Never Been Photographed: Scientific Materialism, Enlightenment Liberalism, and Steven Pinker," *Ethics & Medicine* 26, no. 2 (Summer 2010): 97.
32 Rowan Williams, *Being Human: Bodies, Minds, Persons* (London: SPCK, 2018), 38. 『인간이 된다는 것』(복있는사람).

시아를 거부했지만, 여기서는 억압적인 외세를 대리하는 이방인이 긍정적으로 응답한다. 이것은 이방인을 대상으로 한 선교가 시작될 것을 예고한다. 또한 예수님의 정체성은 십자가에서 그리고 십자가를 통해 드러나고 하나님의 영광이 나타난다.

조금 다르지만 연관된 맥락에서, 윌리엄스는 유대의 대제사장과 로마의 총독 빌라도 앞에서 침묵하신 예수님의 모습을 다시 상기시킨다. 예수님은 "그분이 사는 세상의 폭력과 불의 탓에 침묵으로 내몰린 사람의 자리에 있다." 그러나 이제

> 그분의 침묵, 완전한 임재와 개방성, 갈등 중에도 자신의 뜻보다 하나님의 뜻을 이루려는 단호함은 권력을 가진 자들―혹은 자신들이 권력을 가졌다고 착각하는 자들―에게 위협이 된다. "제발 대답 좀 하시오!" 대제사장은 사실상 이렇게 말한다.…그리고 예수님의 침묵 앞에서 빌라도가 경험하는 경이, 혼란, 두려움은, 말하자면, 예수님이 자신에게 강요된 무력함을 역으로 이용하신다는 점을 상기시킨다. 즉 그분의 침묵은 세상 속에서 하나님의 신비가 현존하는 장소로 바뀐다는 것이다."[33]

윌리엄스는 결론적으로 예수님의 인격에 대한 모든 신학적 성찰을 통해 이런 결론을 내린다. "예수님이 대제사장과 빌라도 앞에 선 순간, **아무도 그를 뭐라고 불러야 할지 몰랐던** 그 순간으로 우리를 이끌어 가는 것이 중요하다. 하나님이 인간이 되셨다는 사실을 표현할

---

[33] Williams, *Being Human*, 95-96.

단어가 없었기 때문이다. 가야바와 빌라도가 직면한 것은 우리가 상상할 수 있는 지적 세계를 초월한 무언가였고, 그래서 뭐라 할 말이 없었던 것이다."[34]

이런 경고에도 불구하고, 신학자들은 십자가의 죽음으로 절정을 이루는 하나님의 성육신 신비를 설명하려고 끊임없이 노력해 왔다. 우리는 사고와 언어의 한계를 겸손히 인정하면서도, 믿음 없는 세상이 성육신의 신비를 좋은 소식으로 듣고 환영할 수 있도록 표현해야 한다. 십자가에서 하나님은 창조주와 피조물, 거룩한 자와 죄인 사이를 가르는 심연을 건너오셨다. 하나님은 자신의 아들을 대리 심판에 넘겨주셨다. 이는 종교계와 정치계의 최고 권위자들로 대표되는 하나님을 거역한 인류가 그분의 아들을 죽음에 넘겼다는 것을 의미한다. 동시에 이러한 행위는 우상 숭배적 종교와 정치 탓에 고통받는 이들, 곧 죄인뿐 아니라 죄의 피해자도 포함되는 모든 고난당하는 자들과 함께하시는 하나님의 연대를 보여 준다. 그분은 **우리의 손에** 죽으셨을 뿐 아니라 **우리와 함께** 죽으셨다.

십자가형이 중요한 이유가 바로 여기에 있다. 십자가형은 고대 로마 세계에서 가장 고통스러운 죽음은 아닐지 몰라도 가장 수치스러운 죽음으로 여겨졌다. 이는 제국의 '쓰레기'들에게나 내리는 형벌로 단순히 육체를 파괴할 뿐 아니라 처형된 사람에 관한 모든 기억을 지워 버리는 방식이었다. 위대한 로마 원로원 의원이자 웅변가였던 키케로는 "'십자가'라는 바로 그 단어는 로마 시민의 존재뿐 아니라

---

34 Williams, *Being Human*, 97; 원저자 강조.

생각, 눈, 귀에서 완전히 멀어져야 한다"고 선언했다.[35] 고대 역사가 중 누구도 십자가에 대해 주의를 기울이지 않았던 이유가 바로 그 때문이다. 이것이 팍스 로마나(Pax Romana)의 잔혹한 이면이었다. 로마 시민들이 누리던 혜택과 그들이 자랑하던 문명에 대한 안락한 환상은 희생자들을 잊게 만들었다.

그러나 부활 이후의 교회에 이 사건은 역사의 전환점이 되었다. 로마 역사학자 중 누구도 주목하지 않은 존재감 없던 한 추방자의 이 치욕스러운 죽음은 하나님이 그분의 세상에서 악의 권세를 무너뜨리고 모든 이를 위한 자유의 길을 여신 지점이다. 예수님은 잊힌 수많은 희생자와 달리 이후 수 세기 동안 기억되고 전해지고 또 전해졌다. 예수님은 잊힌 모든 희생자들, 테러와 고문의 희생자들, 소중하고 중요하다고 생각되는 사람들의 안전과 편안함을 지키는 데 필수적인 사람들과의 연대로 그들 또한 기억되게 하셨다.

그렇다면 이것은 기독교의 회심에 관해 무엇을 암시하는가? 한마디로 사회의 하층부에서 소수의 상층부 사람들이 누리는 평화, 부, 안전의 비용을 감당하는 남녀노소를 향한 회심이 그리스도께로 향하는 회심과 동시에 일어나지 않는다면, 그것이 회심이 아니라는 점을 의미한다. 이는 생각하는 관점의 재정립, 긍휼의 개발, 그들의 상황에 공개적으로 연대하며 우리가 받은 은사가 무엇이든 그것들을 사용해 그들이 사회적·경제적으로 배제되는 원인을 해결하려는 지치지 않

---

[35] Cicero, *Pro Rabirio* 5.16, Martin Hengel, *The Cross of the Son of God* (London: SCM, 1986), 134에서 인용됨.『십자가 처형』(감은사).

는 결단을 포함한다.

이것은 하나님에 대한 우리의 이해에 관해 무엇을 시사하는가? 마르틴 루터는 당대의 전통을 깨고 **십자가에 못 박히신 하나님**을 담대하게 말했다. 4세기 그리스의 신학자 니사의 그레고리우스는 후세에 자주 인용되는 말을 남겼다. "순수하고 흠 없는 분이 인간이 되는 오점을 입고, 인간으로 살아가면서 깊은 가난의 모든 단계를 거치며 죽음을 경험하는 지경에까지 이르셨다. 그분의 자발적 가난의 경지를 보라. 생명이 죽음을 맛보았다."[36] 교부들은 성육신이라는 실재와 하나님이 하나님 되시기 위해 꼭 필요한 불변성을 모두 붙들려고 진심으로 애썼다. 하지만 '정통' 칼케돈 신앙을 고백하던 교회 내에서 이를 타개한 이는 거의 없었다.

이에 대해 역사가 피터 브라운(Peter Brown)은 다음과 같이 말한다.

470년대의 어느 시점의 일이다. 안디옥의 대주교였던 페트루스 크나페우스(Peter the Fuller)는 논란의 중심에 있던 단성론 신봉자였다. 그는 그리스도를 하나님이라 부르는 전통적인 찬송 기도에 의도적으로 한 구절을 추가했다. "거룩하신 하나님, 거룩하고 강하신 분, 거룩하고 영원하신 분"이라는 구절에 "우리를 위해 십자가에 못 박히신 분"을 추가한 것이다. 칼케돈의 정통성을 지지하는 이들에게 이는 신성 모독적 혼란으로 여겨졌다. 아무도 하나님 자신이 십자가에서 죽었다고 말할 수 없기

---

[36] Gregory of Nyssa, *On the Beatitudes*, in Peter Brown, *Poverty and Leadership in the Later Roman Empire: The Menahem Stern Jerusalem Lectures* (Hanover, NH: University Press of New England, 2002), 94. 『고대 후기 로마제국의 가난과 리더십』(태학사).

때문이다. 그러나 안디옥 사람들에게는 명확한 언어로 하나님이 재난의 시기에 인간의 고통에 동참하셨음을 자주 상기시켜야 했다. 시리아 북부의 도시들은 지진이라는 가장 두려운 재난 때문에 자주 흔들렸는데 그럴 때 하나님이 그분을 찾는 자들과 함께하신다는 사실을 상기시켜야 했다.…"우리를 위해 십자가에 못 박히신 분"이라는 추가 구절은 단성론적 하나님이 고통받는 세상과 긴밀하게 연결되어 있음을 보증해 주었다.[37]

기독교는 하나님을 삼위일체로 이해하는데, 삼위일체는 단순히 구별되지 않는 통일체가 아니라, 시공간 속에서 이루어진 하나님의 구원 역사에서 비롯되었으며 나사렛 예수에게 집중된다. 성부와 구별되는 두 번째 '위격'이나 이 두 분에게서 나오는 세 번째 위격에 대한 논의는 십자가, 부활 그리고 예수님의 승천을 하나님의 본질에 대한 모든 논의의 중심에 두면서 형성되었다. 그러나 20세기 들어서야 비로소 고난과 죽음을 단지 성자의 인성 안에서 이루어지는 고립된 경험으로만 보지 않고, 삼위 하나님이 모두 참여하시는 경험으로 인식하게 되었다.[38]

창조주 하나님이 십자가에 못 박힌 그리스도 안에 독특하게 임재

---

[37] Brown, *Poverty and Leadership*, 109.
[38] G. W. F. Hegel(1770-1831년)은 Luther의 "십자가에 못 박히신 하나님"에 대해 철학적으로 해석하며, 하나님을 자신을 인식하는 절대정신으로 묘사했다. 이 절대정신은 세상 속으로 침잠하며 죽음이라는 무(無)를 자신의 존재 안에 받아들이고, 이를 생명을 향한 극복으로 이끌어 간다. 성 금요일은 보편화되어 사변적 성 금요일(Speculative Good Friday)로 확장되었다. 십자가로부터 신학을 전개하려는 20세기 독일 신학자들은 Hegel의 체계를 바탕으로 작업했지만, 이를 비판적으로 받아들였다. Jüngel, *God as the Mystery*, 63-73; Jürgen Moltmann, *The Crucified God* (London: SCM, 1974), 34-36를 보라. 『십자가에 달리신 하나님』(대한기독교서회).

하셨다는 점을 믿는다는 것은, 하나님이 스스로를 인간의 시신에 거하는 하나님이 되기로 선택하셨음을 믿는다는 뜻이다. 하나님은 자신의 신성을 약함 속에서 정의하기로 선택하셨다. 하나님은 고통을 가하거나 고통을 회피하는 분이 아니라 고통을 당하시는 분으로 계시되었다. 그러나 이 장의 초반부에 인용된 "오직 고통당하는 하나님만이 우리를 도울 수 있다"는 본회퍼의 유명한 문구대로라면, 그 하나님은 자유롭게 우리와 함께 고통당하기를 선택하면서도 고통에 압도당하거나 패배하지 않으셔야 한다.[39] 하나님께 고통은 그 자체로 목적이 될 수는 없다. 다만 하나님은 창조와 창조 세계의 관계에서 이룰 목적을 위해 고통을 수단으로 받아들이신다. 따라서 그리스도의 부활과 이를 통해 시작되는 '새 창조'는 십자가형과 떼려야 뗄 수 없이 연결되어 있다. 뒷부분에서 우리는 부활이 고난을 받고 죽으신 분을 신실한 성자/야훼의 종으로서 확증하며, 또한 십자가의 길이 악에 맞서는 유일한 방법임을 확언한다는 점을 알게 된다.

    십자가라는 삼위일체적 사건 안에는 자발적 '내어 줌'과 수동적 '넘겨짐'이 있다. 즉 하나님은 하나님께 버림받은 자리에 임재하신다. 십자가는 사랑의 하나님이 완전한 소외와 단절의 심연이라는 가

---

39 Bonhoeffer는 고난받는 하나님이 세상에 감추어진 채 존재하신다는 사실을 인정하며, 이를 바탕으로 우리가 살아가야 할 세속적 삶의 방식을 권장하는 데 만족했다. 그러나 하나님이 고난과 죽음에 참여하시는 방식에 대해서는 깊이 탐구하지 않았다. 이는 이후 William Hamilton과 Thomas Altizer 같은 "하나님의 죽음"을 주장하는 미국의 신학자들, 독일의 Jürgen Moltmann과 Eberhard Jüngel 그리고 영국의 Paul Fiddes와 Alan Lewis와 같은 신학자들에게 맡겨졌다. 이들은 때로 지나치게 추측에 의존한다는 위험을 무릅쓰고 이 주제를 다루었다. 개인적으로는 마지막 두 사람의 연구가 가장 통찰력 있고 유익했다고 생각한다. 특히, 그들이 앞선 네 명의 신학자들을 비판한 부분에서 더욱 그러하다.

장 먼 지점까지 가신다는 뜻이다. 또한 다른 죽음에서는 발견할 수 없는 하나님의 긍휼이 지나는 보편적 구속의 통로다. 하나님의 고난의 신학이 겪는 도전은 폴 피데스(Paul Fiddes)의 표현에 명확히 드러난다. 첫째, "모든 고통 중에서 가장 큰 고통을 겪으면서도 여전히 하나님이심을 생각하라." 둘째, "분명히 **우리와 함께 고통받으면서도 여전히 하나님이신 하나님, 그리고 보편적으로 고통받으면서도 그리스도의 고난 속에서 여전히 독특하고 결정적으로 임재하시는 하나님**에 대해 일관되게 말하라."[40] 그는 이렇게 덧붙인다.

> 고난받는 하나님의 초월성은 고난을 넘어선 초월성이 아니라, 초월적인 고난으로만 이해할 수 있다. 오직 삼위일체 하나님에 관한 생각만이 초월적 고난을 이해할 수 있게 해 준다. 이는 관계에서 비롯된 사건으로서 존재하는 하나님만이 세상의 타자인 동시에 세상을 품으실 수 있기 때문이다. 하나님은 모든 인간관계를 품듯 모든 고난을 자신 안에 품으실 수 있지만, 여전히 그분 고유의 고난 안에서 세상의 타자가 되신다. 그분은 더 심오하고 끔찍한 자신만의 고난의 심연에서 우리의 고난마저 자신 안에 끌어안으신다.[41]

스위스 개혁 신학자 칼 바르트(1886-1968년)는 루터의 십자가 신학을 확장해 설명한다. 그는 하나님의 신성은 십자가의 낮아짐에서

---

40 Fiddes, *Creative Suffering*, 2-3 (원저자 강조).
41 Fiddes, *Creative Suffering*, 143.

가장 분명하게 드러나며 인간의 영광은 부활에서 드러난다는 변증법적 명제를 발전시켰다.⁴² 이는 예수의 인성은 십자가에서 고난을 겪는 반면, 그분의 신성은 부활을 통해 죽음을 이겨 내고 승리한다는 전통적 견해를 영리하게 뒤집은 것이다. 바르트는 하나님은 가장 낮은 곳에서 가장 하나님답다고 주장한다.

만약 이 주장이 옳다면 십자가는 하나님의 겸손이 인간의 오만에 맞서고 이겨 내는 역사적 지점이다. 하나님은 자기를 낮추고 자아를 비우는 사랑으로 우리 가운데 육신으로 오셨다. 그분은 버림받고 무력한 자들과 교류함으로써 종교 지도자들과 권력자들에게서 극심한 증오를 불러일으키셨다. 따라서 십자가의 "어리석음"은 하나님을 아는 지식이 우리의 자아 인식을 무너뜨리는 지점이다. 십자가는 우리의 모든 우상 숭배와 어리석은 허영심 그리고 하나님을 신뢰하지 않는 이유는 증거가 부족하기 때문이 아니라, 순전히 잘못된 의지와 왜곡된 욕망 때문임을 폭로한다.

고난과 함께 살아가기

예수님은 하나님의 통치가 시작되는 방식을 통해 구약에서 그린 하나님에 대한 묘사를 확증하고 심화하며 변모시킨다. 이스라엘의 예언자들과 지혜자들의 전통에 따르면 악은 이해의 대상이 아니라 맞

42　Karl Barth, *Church Dogmatics*, IV/1, trans. and ed. G. W. Bromiley and T. F. Torrance (Edinburgh: T&T Clark, 1936-77), 555-558.『교회 교의학』(대한기독교서회).

서 싸워야 할 대상이다.[43] 전사인 하나님은 십자가에 못 박힌 하나님이 되셨고, 인간 폭력의 모든 무게를 몸소 짊어지셨다. 이렇게 악을 수용함으로써 역설적으로 악을 정복하셨으며 권세와 권력은 패배했다. 하나님은 악을 악에게 되돌리셨다. 하나님은 유일하게 의로운 한 분을 죽인 가장 큰 범죄를 이용해, 죄를 없애는 바로 그 작전을 행하셨다. 앙리 블로셰(Henri Blocher)는 이렇게 말했다. "하나님은 악의 모호성에 완벽하게 맞는 간접적인 방식으로 응답하신다. 그분은 속이는 자를 자신의 꾀에 빠뜨리신다. 악은 유도 선수처럼 선의 힘을 역이용해 선을 왜곡하지만, 주님은 궁극의 챔피언처럼 상대의 기술을 이용해 응수하신다. 그렇게 해서 이 놀라운 구절이 성취된다. '깨끗한 자에게는 주의 깨끗하심을 보이시며, 사악한 자에게는 주의 거스르심을 보이시리니'"(시 18:26).[44] 기독교 역사에서 교회 지도자들과 기독교 정치인들이 전사인 하나님이 십자가에 못 박힌 하나님이 되셨음을 망각했기 때문에 역사적으로 많은 비극이 발생했다.

예수님의 고난 이야기는 이제 모든 인간 존재의 패러다임이 된다. 우리는 그분과 같은 여정을 가지는 않을 것이다. 그분처럼 예루

---

[43] "우리는 악의 이유를 이해할 수 없다. 그러나 이해할 수 없다는 것을 이해할 수 있다.… 악의 문제에 대한 합리적 해결책은 필연적으로 악이 하나님으로부터 나온 조화의 필수적인 부분이라는 점을 의미한다!…그러나 악은 혼란, 단절, 무질서, 이질성, 창조의 관점에서 (부정적으로밖에!) 설명할 수 없다. 그것의 원인을 설명하거나, 존재론적 이유나 그 이유를 찾는 것은 그 자체로 악을 나머지와 화해시키려는 시도, 다시 말해 그것을 정당화하려는 시도와 다름없다. 악을 이해한다는 것은 궁극적으로 악이 더는 악이 아니라는 점을 이해하는 것과 같다." Henri Blocher, *Evil and the Cross*, trans. David G. Preston (Downers Grove, IL: InterVarsity Press, 1994), 103.

[44] Blocher, *Evil and the Cross*, 132.

살렘으로 가서 성전과 그곳의 지도자들을 향한 하나님의 심판을 선포하고 일반 범죄자처럼 처형당함으로써 세상과 하나님을 화해시키는 일을 하지는 않을 터이다. 그러나 우리도 그분처럼 상처를 받아 가면서도 용감하게 이 시대 권력에 맞서는 여정을 떠날 수 있다. 우리의 고난이 그분의 고난처럼 대속적일 수는 없다. 그러나 모든 고난은 그분의 고난을 닮을 수 있으며, 그리하여 우리의 고난은 더 이상 우리를 좌지우지할 수 없다.

정신적이든 육체적이든, 고난은 우리가 통제할 수 없는 사건이나 힘에 영향을 받으면서 느끼는 감정이며 무력감이다. 앞서 우리는 하나님이 그리스도의 고난을 통해 궁극적이며 결정적으로, 그러나 융통성 있게 우리의 고난을 자신의 것으로 삼기로 선택하셨을 때, 하나님은 스스로 그 고난에 따른 제약을 받지만 그것에 압도되지는 않으신다는 점을 언급했다. 하나님은 그 고난을 자신의 존재 안으로 받아들이고 그것을 하나님의 목적을 위해 활용하시기 때문이다. 마찬가지로 누군가 우리에게 의도적으로 고통을 야기할 때, 우리가 그 고난을 받아들이고 '나의 것'으로 삼는 순간 우리에게 고난을 가한 사람들은 우리에 대한 모든 힘을 잃는다. 고난받는 사람이 고난에 대한 두려움을 내려놓는 순간, 비록 정신적으로만 가능하다고 해도, 그는 불의에 저항하고 항거할 힘을 얻는다.

하나님이 고난을 겪으신다는 이야기에는 힘이 있다. 우리의 고난이 아무 의미가 없어 보일지라도 우리의 상실 이야기를 하나님의 이야기와 나란히 놓고 혹시라도 어떤 의미가 있는지 알아볼 수 있다. 우리는 끔찍한 상황이 어떻게 해소될 수 있는지, 그리고 하나님이 어떻게 비극 속에서 선한 것을 끌어내실지 기다릴 수 있다. 이렇게 하나님과 함께하는 작업은 신학적으로 고난을 정당화하거나 수동적으로 고난을 수용하도록 조장하지 않기 위해 제3자가 대신 수행할 수 없다.

인간은 다른 동물들과 달리 자신을 초월하면서도 자신에게 속한 **인격체**다. 인간은 그들이 살아온 과거와 현재의 자신보다 더 큰 의미를 가진 존재이고, 그들에 대한 타인의 판단, 자신을 형성해 온 원인들, 자신이 속한 사회적·문화적 맥락을 넘어선 존재라는 의미에서 초월적이다. 삶에 주어진 조건들 속에서도 인간은 새로운 의미를 찾기도 하고 새로운 것을 실천하기도 한다. 인간은 자신에게 일어난 일을 재구성하거나, 자신이 무엇을 할지 무엇에 헌신할지를 결정할 수 있다. 가장 어린아이나 가장 심각한 장애를 가진 사람이라도 그들이 속한 관계를 형성하고 가족과 돌봄 제공자의 삶에 영향을 미칠 수 있다는 점에서 주체적 존재다.

마거릿 스푸퍼드(Margaret Spufford)는 그녀가 앓고 있던 취약성 골절 질환(brittle bone disease)과 그 병이 자신의 딸에게도 유전된 이야기를 다룬 너무나 감동적인 책 『경축』(*Celebration*)을 썼다. 그녀는 역사학자로서 창의적 삶과 연구 활동을 통해 작업이 얼마나 끊임없이 엉뚱한 방향으로 흘러갈 수 있는지 잘 알았다. 사료는 다른 방향을 가리키고, 증거는 가설에 맞지 않으며, 문장 구조는 틀리게 나오는 일이 다반사였다.

마치 살아 있는 유기체와 싸우는 것 같다. 나는 그 유기체의 고유한 성장에 따를 수밖에 없고, 이 미세한 창조물이 성장하는 방식에 맞춰 적응해야 한다. 동시에 그것을 훈련하고 형태를 부여해야 한다. 내가 전혀 원하지 않는 신체적 고통을 겪은 일과 딸을 돌보며 겪은 정서적 고통은 그 자체로는 완전히 악한 것이었다. 그러나 이 고통은 계획하거나 예상하지 못했던 방식으로 내 학문적 작업을 풍성하게 만들어 주었다는 사실도 잘 안다. 잘못된 것처럼 보였던 일들이 어떤 방식으로든 직조된 천처럼 만들어졌고 결국 전적으로 해로운 것만은 아니었다.

그녀는 하나님의 창조 세계에서 불완전하게 자라는 것들이 그 자체로 기이한 아름다움을 지닌다는 사실을 깨달았다. "우리는 뒤틀린 나무 앞에서 종종 경이를 느끼며 선다. 그 나무의 뒤틀림 안에는 타고난 무언가가 있다. 본질적으로 고통스럽지만 기괴함과는 거리가 먼 새로운 종류의 아름다움이 있다. 뒤틀린 상태의 아이를 키우면서 나는 천신만고 끝에 얻은 모든 '정상적인' 반응 하나하나가 기적처럼 느껴지고, 합리적인 희망을 넘어선 완성처럼 느껴지는 것을 배웠다."[45] 그는 자신과 딸이 겪는 만성 통증을 "절대 악"으로 여겼지만 동시에 이를 자신의 존재와 몸에 **어둠을 흡수하는** 경험으로 여겼다. 그녀는 이렇게 말한다. "만약 우리가 이렇게 할 수 있다면, 가령 고통을 받아들여 마치 종이처럼 흡수하고 이를 다른 사람들에게 쓴 뿌리나 원망, 혹은 상처로 전가하지 않는다면, 이해할 수 없는 기적 같은 은혜로 그 어둠의 극히 일부라도 빛으로 변할 수 있다." 그녀는 이렇게 결론을 내렸다.

나는 내 뼈 질환을 혐오하고 증오한다. 나는 종종 비참하고, 부끄러울 정도로 종종 불만스럽고, 종종 소외되고, 종종 외롭다. 나는 고통을 느끼며 그 공포는 줄어들지 않는다. 그러나 이상하게도 20년이 지난 후 내 남편을 위한 변화만 빼고는, 나는 더 이상 모든 것이 완전히 달라지기를 바라지 않는다. 이 질환과 더불어 가능한 한 창의적으로 살아가는 법을 배우면서 결국 역사가이자 엄마 그리고 수도사로서의 나를 형성했다. 나는 어떠한 자학적 경향 없이 이 질환이 분명히 창의적 매개체였다고 말하게 되었다. 이 병으로 고통을 겪을 때마다 정말로 중요한 것에 집중하도록 나 자신을 상기시키려 노력했다. 그리고 정말로 중요한 것은 흠모하는 마음이다.[46]

이 장을 시작하며 인용한 탈랄 아사드의 고통에 관한 에세이로 돌아가 보자. 아사드는 한 사람이 무엇을 고통으로 느끼고 또 고통을 어떻게 경험하는지가 관계를 맺고 살아가는 방식 그 자체라는 최신 연구들을 언급한다. "오랜 시간 이와 같은 관계를 살아 낼 수 있는 능력이 고통을 수동적인 것이 아니라 능동적인 경험으로 변화시키며, 결국 이것이 이 세상에서 제정신으로 살아갈 한 가지 방식을 규정한다." 아사드의 주장에 따르면 인간의 몸을 도덕적 주권의 중심으로 보는 세속적 관점을 강조하면, "고통의 개념을 상상된 관계로 이해하는 것, 즉 기억과 소망 같은 '내적' 상태가 어떻게 사회성을 매개하는지를 파악하기 어려워진다."[47] 더 나아가 트라우마를 겪은 후 제정신

---

45 Margaret Spufford, *Celebration* (Glasgow: Collins, 1989), 77.
46 Spufford, *Celebration*, 92, 93.
47 Asad, "Thinking about Agency and Pain," 84.

으로 살아가는 능력은 타인의 반응에 달려 있다. 아사드는 성폭행과 고문 피해자들을 대상으로 일했던 치료사 수전 브리슨(Susan Brison)의 결론을 인용했다. "우리가 자기 서사를 구성하기 위해서는 이야기를 전달할 언어뿐 아니라, 우리의 말을 듣고 우리의 의도를 있는 그대로 기꺼이 이해할 수 있는 청중도 필요하다. 비극을 겪은 이후 자아를 재구성하는 이 과정은 자아가 타인에게 의존한다는 점을 강조한다. 또한 자신이 견뎌야 했던 고통에 대해 다른 사람들이 듣고 싶어 하지 않을 때 생존자들이 얼마나 회복하기 어려운지를 설명해 준다."[48]

랍비 조너선 색스(Jonathan Sacks)는 삶이 개인적 의미를 가지려면 "우리에게 무조건적이면서 대체 불가능할 정도로 서로에게 중요한 사람들이 있어야 한다"고 주장한다.[49] 20세기 초의 위대한 미국 철학자이자 심리학자인 윌리엄 제임스(William James)는 이렇게 말했다.

실제로 물리적으로 가능할지는 모르겠지만 이 세상에서 누군가를 사회에 풀어놓고 모든 구성원이 철저히 무시하는 것만큼 잔혹한 벌은 없다. 우리가 나타나도 아무도 돌아보지 않고 우리가 말을 걸어도 대답하지 않으며 우리가 무엇을 하든 아무도 신경 쓰지 않고 만나는 모든 사람이 우리를 "철저히 따돌리고" 마치 우리가 존재하지 않는 것처럼 행동한다면, 머지않아 우리 안에 분노와 무력감이 가득한 절망감이 차오른다. 이런 상황보다는 차라리 가장 잔인한 신체적 고문이 더 나을 것이란 생각

---

[48] Susan Brison, "Outliving Oneself: Trauma, Memory, and Personal Identity," in *Feminists Rethink the Self*, ed. D. Meyer (Boulder, CO: Westview, 1997), 21-22, Asad, 83에서 인용됨.

[49] Jonathan Sacks, *The Dignity of Difference* (London/New York: Continuum, 2002), 157.

이 들 터이다.⁵⁰

이것은 우리가 교회로서 어떻게 살아야 할지에 대한 심오한 시사점을 분명히 보여 준다. 만약 기독교의 전례가 십자가에 못 박혀 희생되신 분의 삶과 죽음, 부활을 재현하는 것이라면, 다른 희생자들의 이야기도 들려줄 공간도 마련하고 그 전례에 통합해야 한다. 이렇게 하지 않으면 하나님에 대한 기독교의 설명은 교회 안팎에서 사람들의 일상과 단절되고 결과적으로 완전히 다른 하나님을 설명하는 것으로 변질되고 만다.

그러나 설령 교회가 그리스도의 몸으로서의 역할을 감당하지 못하고 복음과 그 소명을 배반하더라도, 고통받고 버림받은 자들은 위르겐 몰트만의 말처럼 "고난 속에서 함께 고난을 겪는",⁵¹ 버림받았지만 부활한 그리스도께서 그들과 동행하시는 것을 발견할 수 있다. 부당한 고통 혹은 지나치게 겪는 고통의 문제에 대한 궁극적이고 유일하게 만족스러운 지적 설명은 우리의 창조주가 놀랍고도 이해할 수 없는 방식으로 자기 스스로를 제한해서 고난의 어둠 가운데 임재하고, 우리의 고통을 함께 나누며, 우리의 슬픔을 짊어지고 이 모든 과정 중에 우리를 지탱하고, 결국 악에도 불구하고 선을 이루신다고 믿는 것이다. 이렇게 그분의 신적 능력의 진정한 본질을 표현하는 것이다.

50　William James, *The Principles of Psychology* (Boston, 1890), Alain de Botton, *Status Anxiety* (2004; Harmondsworth: Penguin, 2005), 15에서 인용됨.『불안』(은행나무).
51　고난의 가장 고통스러운 측면은 버림받은 느낌, 사랑의 하나님으로부터 방치되어 고난을 당한다는 느낌이다. Moltmann, *Crucified God*, 46.

현대 무신론자 중에서 가장 영향력이 큰 사람이라 평가되는 프리드리히 니체(Friedrich Nietzsche)의 방대한 저작 중 "비범한 슬픔의 한 구절"에 주목한 자일스 프레이저(Giles Fraser)의 통찰에 주목해 보자. 여기서 니체는 자신이 경험한 극한의 고독과 타인의 위로를 절실히 원하는 마음을 이렇게 표현했다.

> 나는 나 자신을 마지막 철학자라 부른다. 왜냐하면 나는 마지막 인간이기 때문이다. 나와 대화하는 이는 나 자신 외에 아무도 없다. 내가 듣는 내 목소리는 죽어 가는 자의 목소리다. 사랑스러운 목소리여, 인간 행복의 마지막 기억이 담긴 숨결이여, 비록 단 한 시간만이라도 나와 대화를 해 주오. 내 마음은 사랑이 죽었다는 사실을 믿고 싶지 않기에, 그대로 인해 나는 나의 고독을 속이며 인간 군상과 사랑으로 돌아가고자 나 자신을 기만한다네. 고독이 가져오는 극한의 추위를 나는 견딜 수 없다. 할 수 없이 내가 마치 두 사람인 것처럼 말할 수밖에 없다.[52]

니체는 너무나 고독한 나머지 스스로를 두 사람으로 상상하며 서로를 위로할 친구를 만들어 내려 했다. "니체는 스스로 상상의 친구가 되었다. 따라서 그가 그려 냈던 구원의 형태가 자기 구원(self-salvation)의 한 종류였다는 사실은 놀랍지 않다."[53]

니체의 비참한 자기 몰입에서 눈을 돌려 프랑스의 가톨릭 평신도 장 바니에(Jean Vanier)가 설립한 라르쉬(L'Arche) 공동체를 떠올리는 것은 신선한 기분 전환이 된다. 이 공동체는 니체가 자주 산책을 즐기던 곳에서 멀지 않은 곳에 자리했다. 현재 여러 나라에 자리 잡은 이 공동체는 자원봉사 돌보미들이 (니체는 멸시했던) 중증 학습 장애를 가진 사람들과 함께 새로운 가족을 이루어 살고 있다. 영국 감리교 신학자인 프랜시스 영(Frances Young)은 이 중증 장애인 공동체가 구현하는 예언자적이고 대안 문화적인 성격과 인간됨에 대한 비전을 다음과 같이 설명한다.

> 성취가 중시되고, 과학의 성공 덕에 모든 질병이 극복될 수 있고, 죽음은 무한히 연기되고 고통은 경감될 수 있다는 생각이 퍼져 나갔다. 스포츠라는 신흥 종교의 열풍으로 완벽한 몸을 그리게 되었고, 신체를 제한하거나 성을 억압하는 것에 대한 반작용이 일어난 세상 속에서, 라르쉬는 치유할 수 없는 손상된 몸에서 아름다움을 발견하고 연약하고 취약한 사람들 속에서 보물을 찾았다. 신체 기능을 살피는 일상적 과정, 즉 먹이고, 배변을 돕고, 씻기고, 옷을 입히는 과정에서 몸의 신성함을 발견했다. 그들은 기적을 통해서가 아니라 서로가 필요한 상황에서 하나님의 사랑과 능력을 인식하며 깨달음을 얻었다. 단순히 강자가 약자를 돕는 것이 아니라, 오히려 약자를 통해 인간 존재로서 모두에게 있는 필연적 취약성을 발견한다.…함께 살아가는 일상의 평범한 과정 속에서, 깨질 수 있는 질그릇의 평범함 속에 담긴 하나님의 형상이 발견된다. 이 질그릇은 깨어지기 쉽지만, 그 깨어짐 속에는 보배가 담겨 있다.[54]

---

52   Friedrich Nietzsche, *Philosophy in the Tragic Age of the Greeks*, Giles Fraser, *Redeeming Nietzsche: On the Piety of Unbelief* (London/New York: Routledge, 2002), 159-160에서 인용됨.
53   Fraser, *Redeeming Nietzsche*, 160.
54   Frances Young, "Wisdom in Weakness," *Theology* 114, no. 3 (5/6 2011): 187.

4장

하나님과 자연적 악

모든 피조물은 생명 안에 내주하시는 주님을 고백합니다.
매와 콩새를 비롯한 공중의 모든 새들이,
늑대와 어린 양을 비롯한 땅의 짐승들이,
흙 속의 벌레와 뱃속의 벌레까지도.[1]

그레이엄 그린(Graham Greene)의 소설 『탈진의 이야기』(*A Burnt-Out Case*, 1960)에서 콜린 박사는 가톨릭 신부들과 수녀들이 운영하는 나환자촌에서 중증 장애인들을 돌본다. 소설의 말미에 콜린과 원장 신부는 나환자들의 끔찍한 고통과 흉측한 신체적 손상을 바라보며 함께 서 있다. 콜린 박사는 원장 신부에게 세상의 고통을 보시는 당신의 하나님도 분명히 아파하실 것이라고 말한다. 그러자 원장 신부는 이렇게 답한다. "어린 시절에 신학을 잘못 배운 게 틀림없군요. 하나님은 실망이나 고통을 느낄 수 없는 분입니다." 그러자 콜린은 이렇게 대답한다. "그래서 제가 하나님을 믿고 싶지 않은 겁니다."

전통적 교리는 하나님이 완벽한 분이기 때문에 고통과 변화의 영향을 받지 않는다고 주장한다. 그러나 우리는 그것을 거부할 강력하고 성경적이며 신학적인 근거가 있음을 앞에서 이미 살펴보았다. 마찬가지로, 전통적 관점과 정확히 일치하지는 않지만, 자연 세계는 하나님의 저주를 받은 타락한 곳이며, 잔인함과 죽음이 만연한 무대라는 대중적 관점에 이의를 제기할 설득력 있는 근거도 있을까? 19세기 소설가이자 성공회 성직자인 찰스 킹즐리(Charles Kingsley, 1819-1875년)는 이런 관점을 강력히 비판하며 말한다.

---

1 T. S. Eliot, *Murder in the Cathedral* (New York: Harcourt Brace Jovanovich, 1935), 86.

이런 견해에 대한 증거가 필요하다면, 오늘날 모든 교회와 예배당에서 다양한 신앙인들이 사용하는 찬송가들을 살펴보면 됩니다. 많은 찬송가가 매우 순수하고 경건하며 아름답지만, 자연 세계를 두고 노래하는 표현들은 불만, 불신, 심지어는 경멸에 가까운 어조를 띱니다. "내 주변에는 질병과 부패와 죽음뿐이라네"라는 것이 주된 분위기입니다. "오 주님의 모든 피조물아, 주님을 찬양하며 경배하라" 같은 분위기는 아닙니다. 사람들 안에는 여전히 이 땅은 마치 악마의 행성처럼 타락하고 저주받고 악령이 떠도는 곳이며, 인간에게 쓸모 있거나 최소한 안전해지려면 모든 곳에서 귀신을 내쫓아야 할 듯한 분위기가 맴돕니다.···이제 우리는 성경이 자연, 자연 과학, 자연 신학에 대해 어떤 논조를 취하는지 결정해야 합니다.···내가 자연 과학을 공부하는 젊은 학도들을 끔찍히 괴롭히는 이 질문에 대해 양심과 이성을 화해시키고자 성경을 들여다보았을 때 무엇을 발견했는지 아십니까? 이런 생각들을 뒷받침할 말들은 한마디도 없었다는 것입니다.[2]

같은 강연에서 찰스 킹즐리는 자신이 반대하는 견해를 뒷받침하는 논증들에 대해 정면으로 도전한다.

사람들이 이런 말들을 한다는 사실을 잘 압니다. 사랑의 하나님, 꽃과 햇빛, 노래하는 새와 어린아이들의 하나님에 대해 말들을 하지요. 그런데 자연에는 그런 것들만 있는 게 아닙니다. 조기 사망, 역병, 기근도 있습니

---

[2] Charles Kingsley, "The Natural Theology of the Future" (1871), The Literature Network.

다. 여러분은 그것들에 대해 이렇게 대답하겠죠. "그런 것들은 인간의 통제 아래 있는데, 인간의 무지와 죄, 자연법칙을 어긴 결과 때문에 발생했겠죠." 그렇다면 인간이 통제할 수 없는 파괴적 힘들은 어떻게 설명하겠습니까? 허리케인과 지진, 식물과 광물의 독성 물질, 인간과 동물 모두에게 끔찍하게 퍼져 있고 해를 끼치는 기생충과 같은 것은 어떻게 설명하겠습니까? 이렇게 우리는 과학의 눈으로 새로운 위험과 기겁할 현실을 보게 됩니다. 이 모든 것이 우리가 믿는 사랑의 하나님이라는 개념과 어떻게 조화를 이룰 수 있을까요?

신학자들과 철학자들은 전통적으로 '자연적 악'이라는 용어를 (1) 생물학에서는 동물 세계의 고통, 죽음, 멸종의 존재를, (2) 지구 물리학에서는 지진, 쓰나미, 화산 폭발, 허리케인과 같은 인간과 동물에 대한 대규모 파괴를 초래하는 기후적 사건들을 지칭하는 데 사용해 왔다. 이 장에서는 이러한 용어 사용이 심각하게 잘못되었다는 점을 논증하려 한다.

동물의 포식

찰스 다윈은 친구에게 보낸 편지에서 이렇게 말한 적이 있다. "악마의 사제가 자연이 하는 어설프고 낭비적이며 서툴고 저열하고 끔찍하게 잔인한 일들에 대해 책을 쓴다면 얼마나 충격적일까."[3] 다윈의

---

[3] Darrel R. Falk, "Theological Challenges Faced by Darwin"에 인용된 J. D. Hooker (1856)

현대 해설자로 가장 잘 알려진 리처드 도킨스(Richard Dawkins)는 자신의 저서 『에덴의 강』(River Out of Eden, 사이언스북스)에서 이런 말을 했다. "내가 이 문장을 작성하는 데 걸린 1분 동안 수천 마리의 동물들이 산 채로 잡아먹히고 있다. 또 다른 동물들은 공포에 신음하며 목숨을 걸고 도망친다. 또 어떤 동물들은 안에서부터 기생충에 천천히 산 채로 잡아먹힌다. 수천 종의 다양한 동물들이 굶주림과 갈증, 질병으로 죽어 간다."[4]

인간이 동물들에게 가하는 무분별한 고통은 인간의 도덕적 왜곡 때문에 나타나는 증상이다. 선하고 전능한 하나님이 왜 이런 상황을 허락하시는지 수 세기 동안 질문이 이어졌다. 반면 동물들이 다른 동물들에게 가하는 고통에 대해서는 상대적으로 관심이 적었다. 그러나 최근 들어 이 문제가 점차 주목받으면서, 다른 많은 사람들뿐 아니라 기독교인들도 하나님이 창조하신 이 세상에 부여한 한시적인 질서가 과연 선한지에 대해 의문을 제기했다.

자연 세계에는 내부 장기, 본능, 생리학의 모든 측면에서 다른 생물을 잡아먹어야만 생존하도록 생물학적으로 '설계된' 동물들이 가득하다. 기생 말벌에서 사자와 호랑이에 이르기까지 이들 동물은 철저한 포식자다. 인간을 제외하면 범고래는 지구상에서 최상위 포식자로 꼽힌다. 범고래는 1천만 년 전에 진화하면서 당시 지구의 고래

에게 보낸 편지, *Darwin, Creation and the Fall: Theological Challenges*, ed. R. J. Berry and T. A. Noble (Nottingham: Apollos, 2009), 75에 인용됨.
[4] Richard Dawkins, *River Out of Eden: A Darwinian View* (New York: Basic, 1995), 132. 『에덴의 강』(사이언스북스).

와 바다표범 절반을 멸종시켰다. 그리고 지구 온난화의 결과로 범고래는 북극 해역으로 진출했다. 범고래의 등장에 경악한 에스키모인들은 범고래를 탐욕스럽고 낭비적인 포식자로 묘사하는데, 이들이 북극 포유류 개체 수의 3분의 1을 감소시켰다고 주장한다.

그럼에도 불구하고 이 모든 생물은 생명과 죽음의 순환이라는 위대한 자연의 질서에 중요한 역할을 한다. 모든 생물은 죽음을 맞아야 하며 그 죽음을 통해 다른 생물이 존재할 수 있다. 생태학적 관점에서 보면 '낭비된' 삶처럼 보일 수도 있는 것들이, 실제로는 모든 생명체가 서로 의존하며 살아가는 전체 생태계의 일부라는 사실을 보여 준다. 이는 생태학이 생물학과 달리 개별 생물이나 특정 종에만 초점을 맞추지 않고, 모든 생명체가 속한 전체적인 생태계에 집중하기 때문이다. 인간과 달리 자연은 모든 폐기물을 재활용한다. 하나님의 관점 역시 개별 생물의 생존을 극대화하는 것이 아니라 전체를 관리할 청지기['오이코노모스'(oikonomos)]를 제공하는 것이다.

놀랍게도 사려 깊은 많은 그리스도인은 동물의 고통과 죽음이 인간 '타락'의 결과라고 가정한다. 지질학과 고생물학에 대한 전근대적인 이해 탓에 이런 현상이 발생한다고 생각할지 모른다. 그러나 실제로는 그렇지 않다. 유럽에서는 근대 시대에 이르러서야 이 관점이 (주로) 개신교권에서 우세해졌다. 제도권 종교 개혁자들(magisterial Reformers)과 존 웨슬리는 자신들의 여러 저술에서 비록 일관되게 이 주제를 다룬 건 아니지만, 대부분의 교부들과 중세 신학자들과 달리 하나님이 지으신 인간 이외의 피조물의 선함을 기뻐하기보다는 '타락'을 한탄했다.

가령 대체로 신중한 성경 해석가였던 장 칼뱅(1509-1564년)은 이렇게 선언했다. "변덕스러운 날씨, 서리, 천둥, 때아닌 비, 가뭄, 우박 그리고 세상의 모든 무질서는 죄의 열매다. 다른 어떤 것으로도 질병에 대한 주요 원인으로 설명할 수 없다."[5] 그는 또한 "벼룩, 애벌레, 다른 해로운 곤충들"의 존재를 "세상의 일부 왜곡된 모습"으로 여겼으며, "이것은 결코 자연의 질서로 간주되어서는 안 된다. 이는 하나님의 손에서 비롯되었다기보다 인간의 죄에서 기인했기 때문이다"라고 말했다.[6]

이와 대조적으로 칼뱅보다 약 1,200년 전에 활동한 아타나시우스의 글을 살펴보자. 그는 이렇게 말했다.

왜 하나님은 더 나은 피조물을 통해 자신을 계시하지 않으시는가. 예를 들어 태양, 달, 별, 불, 공기 같은 더 나은 도구를 사용하지 않고, 단지 사람이라는 도구만 사용하셨는가? 만약 사람들이 이렇게 묻는다면, 알아야 할 사실이 있다. 주님은 그분 자신을 보이기 위해 오신 것이 아니라 고통당하는 자들을 치유하고 가르치기 위해 오셨다는 사실이다.…하나님에 대해 잘못된 생각을 하는 존재는 인간을 제외하면 피조물 가운데 전혀 없다. 태양도 달도 하늘도 별들도 바다나 공기도 방향을 바꾸지 않았고, 그들의 창조주와 왕이신 말씀을 알고 창조된 그대로 남아 있었다. 오직 인간만이 선에서 등을 돌렸고 그 결과로 진리가 아닌 공허한 것들을

---

5   John Calvin, *Commentary on the Book of Genesis* (1554), 창 3:18의 주해, John J. Bimson, "Reconsidering a 'Cosmic Fall,'" *Science and Christian Belief* 18, no. 1 (April 2006): 64에서 인용됨.
6   Calvin, *Genesis*, 창 2:2.

만들어 냈고 하나님께 마땅히 드려야 할 경배와 그분을 아는 지식을 악귀들과 인간 석상들에 돌렸다.[7]

또한 위대한 중세 신학자이자 철학자인 토마스 아퀴나스(1225-1274년)의 글도 생각해 보자. "인간의 죄 때문에 동물의 본성이 바뀐 게 아니므로 지금 육식의 본성을 지닌 사자나 매와 같은 동물들이 그때는 채식을 했을 것이라고 생각해서는 안 된다."[8] 유사하게 바실리우스(330-379년)는 자연에서 "지혜롭고 놀라운 질서"를 발견했고 하나님이 모든 필요를 빠짐없이 채워 주셨으며, "육식 동물들에게는…그들이 생존하는 데 유리한 뾰족한 이빨을 주셨다"고 언급했다.[9]

이 고대 기독교 전통과 대조적으로, 지적 설계(Intelligent Design) 운동의 옹호자인 윌리엄 뎀스키(William Dembski)는 신학적 이유로 '자연적 악'이 아담과 하와의 죄에서 기인한다고 주장하지만, 과학적 이유로는 이를 시간적으로 소급해서 적용해야 한다고 생각한다. 뎀스키는 미리 아시는 하나님이, 인류 창조 수백만 년 이전에 인간의 죄를 억제하고 벌하기 위한 수단으로 동물의 포식을 결정하셨다고 제안한다. 이는 마치 소방관이 닥쳐올 불길을 예상하며 '역화'(backfire)를 만드는 것과 비슷하다. 뎀스키는 이렇게 선언한다. "하나님은 우리 마

---

7 St Athanasius, *On the Incarnation* 42, ed. and trans. Robert W. Thomson (Oxford: Clarendon Press, 1971). 『말씀의 성육신에 관하여』(죠이북스).
8 Thomas Aquinas, *Summa Theologiae*, Part 1: 96, Art. 1, 『신학대전』(바오로딸). Richard L. Fern, *Nature, God and Humanity: Envisioning an Ethics of Nature* (Cambridge: Cambridge University Press, 2002), 223에서 인용됨.
9 Basil of Caesarea, "Hexaemoron," Fern, *Nature, God and Humanity*, 223에서 인용됨.

음속에 자리한 더 교묘한 악에서 우리를 해방시키기 위해 자연적 악을 만드신다."[10] 그러나 그는 이것이 실제로 어떻게 이루어지는지에 대해서는 구체적으로 설명하지 않는다. 분명한 사실은 인류가 등장하기도 전에 아담과 하와가 자연적 악에 대해 도덕적 책임을 진다는 점이다. 날카로운 송곳니, 갈고리, 발톱, 오직 고기만 소화할 수 있는 소화 기관을 가진 대형 포식자들의 존재는 인간의 죄에 기인한다는 주장이다.

이에 대해 로널드 오즈번(Ronald Osborn)은 뎀스키를 날카롭게 비판한다.

소급해서든 아니면 직접적이든, 과연 어떤 종류의 피조물이 아담과 하와의 반역을 벌하겠는가? 인간에게 도덕적 교훈을 가르치거나 경책하기 위해 그의 피조 세계 전체를 완전한 평화의 상태에서 매우 다양한 해악을 끼치는 상태로 왜곡하고, 뱀의 독과 재규어의 이빨을 초자연적으로 만들어 내며, 순진한 피조물들에게 서로를 잡아먹으라고 명령하는 존재를 어떻게 생각해야 할까? 아이에게 불의 위험성을 가르친답시고 키우는 고양이를 가스불 위에 올려놓는 부모가 있다면 그런 결정을 내린 부모를 우리는 어떻게 생각하겠는가? 물론 아이가 불에 대해 무언가를 배우기는 할 터이다. 하지만 그 부모에 대해서는 무엇을 배우게 될까?[11]

---

10 William Dembski, *The End of Christianity: Finding a Good God in an Evil World* (Nashville: B&H, 2009), 50.
11 Ronald E. Osborn, *Death before the Fall: Biblical Literalism and the Problem of Animal Suffering* (Downers Grove, IL: InterVarsity Press, 2014), 138.

창세기 9:2-5은 인간의 생존을 동물의 생존보다 우선시하지만, 노아의 이야기에서 보듯 하나님은 동물들의 생명도 그 자체로 가치 있게 여기신다. 환경 보존주의자인 노아는 모든 인류에게 주어진 '다스림'의 부르심, 즉 지구상의 다른 피조물을 책임감 있게 돌보는 역할의 모범을 보여 준다. 홍수 이후에도 인간은 계속 사악했다. 하지만 이제 하나님은 즉각적인 심판이 아닌 인내심 있는 관용을 보이신다. 하나님은 인간뿐 아니라 창조된 동물들을 보호하는 일에도 관심을 가지고 헌신하신다.

1940년에 출간된 『고통의 문제』(The Problem of Pain, 홍성사)에서 C. S. 루이스(Lewis)는 동물의 고통에 대한 논의는 다분히 추정에 의존할 수밖에 없다고 지적했다. 우리가 동물의 삶의 내면에 직접 접근할 수 없기 때문이다. 그는 생물학적 본능에 충실하게 행동하는 동물들에 인간의 도덕적 경험을 투영해 "잔인하다", "이기적이다", "잔혹하다"라고 표현하는 "감상적 오류"에 대해 경고했다. 독수리가 새끼를 먹이기 위해 연어를 낚아챌 때 이런 행위를 "잔인하다" 혹은 "이기적이다"라고 묘사하면서 연어의 "고통"을 애도하는 것이 과연 타당한가? 루이스는 또한 감각과 의식이 서로 다른 존재론적 차원에 있음을 상기시켰다. 감각을 가진 생명체는 개별적으로 연결된 일련의 상태를 겪을 수는 있지만, 의식이 없고 따라서 주체성도 없기 때문에 이러한 상태를 연결해 고통이라는 **경험**을 형성하지 못한다고 보았다.

루이스는 또한 인간이 출현하기 이전부터 악의 문제가 이미 존재했다고 보는 전통적인 고대 기독교 정통 교리를 수용했다. 타락은 반역한 천사들이 연루된 우주적 사건이었고, 이는 생명체가 살아가는 지구에 타락의 발자취를 남겼다. 루이스는 이렇게 말한다. "만약 이 가설이 고려할 가치가 있다면, 인간이 세상에 처음 왔을 때 이미 구속적 역할을 수행해야 했던 것은 아닌지 생각해 볼 필요가 있다.…인간이 만약 적의 편에 서지 않았다면 동물 세계에 평화를 회복시키는 일을 상상하기 어려울 정도로 잘했을 가능성도 있다."[12]

루이스가 말한 인간의 구속적 역할에 대한 발상은 흥미롭다. 하지만 그가 말한 우주적 갈등의 신정론은 어떻게 이런 악한 세력들이 탄생했고 하나님이 왜 이렇게 오랜 기간 이 악을 내버려 두어서 엄청난 피해를 끼치도록 허락하셨는지 답을 주지는 못한다. 또한 그는 사탄의 역할에 원래보다 과도한 비중을 두는 것처럼 보인다. 신구약 성경을 살펴볼 때, 동물의 고통과 포식의 원인이 '자연적 악' 때문이라거나 창조된 물질계가 악령의 능력으로 타락했기 때문이라는 암시는 없다.

욥기에서 '폭풍' 가운데서 말씀하시는 하나님은 자연의 거칠고 맹렬한 모습들의 전적인 배후가 되신다. 하나님은 "쏟아진 폭우가 시내가 되어서 흐르도록 개울을 [내시고] 천둥과 번개가 가는 길을 [내시며]"(욥 38:25, 새번역), 새끼 사자와 까마귀에게 고기를 먹이신다(38:41). 그리고 하나님은 독수리에게 "높은 곳에 보금자리를 만[들라]" 명령하시며 거기에서 먹을 것을 찾게 하시고, 독수리가 "피를 빨아먹고 산다. 주검이 있는 곳에 독수리가 있다"고 말씀하신다(39:27, 29-30, 새번역). 또한 자연을 지으신 하나님을 찬양하는 위대한 시편

12　C. S. Lewis, *The Problem of Pain* (1940; London: Collins, 1957), 124.『고통의 문제』(홍성사).

104편에서는 "젊은 사자들은 먹이를 찾으려고 으르렁거리며, 하나님께 먹이를 달라고 울부짖[는다]"고 노래한다(104:21, 새번역).

철학적 관점에서 고통을 어떻게 인식하든 고통의 감각이 인간을 포함한 고등 동물에게 생존에 필수적인 진화 메커니즘으로 발달했다는 점은 과학적으로 받아들여진 사실이다. 신경계가 결핍되어 긴급 신호를 뇌에 전달하지 못한 포유류는 아마도 멸종되었을 가능성이 크다. 그런 종들의 유전자는 이 시대까지 살아남지 못했을 터이다. "고통이 없다면 우리는 다리가 부러진 줄도 모른 채 걸어 다니고, 뇌염에 걸린 채 해맑게 학교에 가며, 치명적인 종양도 즐겁게 무시하고 썩은 치아로 유리도 씹을 것이다. 간단히 말하면 우리의 수명은 지금보다 훨씬 짧았을 것이다."[13]

게다가 고통은 신경계가 통합적으로 작동해 손상된 조직에서 오는 신호를 중재하고 처리할 수 있을 때만 존재한다. 이는 세계 대부분의 생물종이 고통을 경험할 가능성이 없다는 뜻이다. 심지어 포식 동물의 경우에도 포식자는 먹이를 가능한 한 빠르고 효율적으로 잡아 죽이도록 진화해 왔으며, 대개 한 번의 공격으로 죽이거나 혹은 신경계를 마비시켜 즉시 죽음에 이르게 한다.[14] 게다가 압도적으로 많은

---

[13] Denis R. Alexander, *Rebuilding the Matrix: Science and Faith in the 21st Century* (Oxford: Lion, 2001), 353-354.
[14] Jon Garvey, *God's Good Earth: The Case for an Unfallen Creation* (Eugene, OR: Cascade, 2019), 11장의 참고 자료를 보라. 물론 동물의 고통이 인간의 공감력 때문에 상상하는 상황보다 별로 심각하지 않고 덜 광범위하더라도, 이는 어떤 동물에 대한 인간의 불필요한 폭력이나 동물을 단순한 상품으로 취급하는 행위를 정당화하지 않는다. 우리는 존중받아야 할 상호 연결된 생명망의 일부다.

먹잇감은 포식자에게 잡아먹히는 것이 아니라 질병이나 노화로 죽음을 맞는다. "생존 투쟁"이나 "피로 물든 이빨과 발톱을 가진 자연"과 같은 생생한 은유는 인기 있는 텔레비전 야생 다큐멘터리에서는 애용되지만 시청자를 오도할 위험성이 크다. "적자생존"은 "다윈의 불독"이라 불리는 T. H. 헉슬리(Huxley)가 소개한 반종교적 주장의 일부로 인간 사회에도 적용되어 사용되기 시작했다. 이 표현은 다윈의 『종의 기원』(The Origin of Species, 사이언스북스)에서는 사용된 적이 없다. '적자'는 어떤 경우에서든 재생산의 성공과 뗄 수 없으며, 따라서 적자생존보다 적절한 전문 용어는 "차별화된 재생산"이라 할 수 있다.

"피로 물든 이빨과 발톱을 가진 자연"에 대한 음울한 견해는 빅토리아 시대의 시인 앨프리드 테니슨(Alfred Tennyson) 경에게서 비롯되었다. 하지만 같은 이름을 가진 또 다른 앨프리드는 이와 매우 다른 관점을 제시했다. 진화론의 공동 창시자인 자연학자 앨프리드 러셀 월리스(Alfred Russel Wallace)는 그의 1889년 저서 『다윈주의』(Darwinism)의 "생존 경쟁의 윤리적 측면"이라는 장에서 동물 세계의 "고통"이니 "비참함"이니 운운하는 헉슬리의 관점은 지나친 과장일 뿐이라며 일축했다. "이는 비슷한 상황에 처한 문명 세계의 사람들이 상상을 통해 반영한 감각일 뿐이다.…동물 세계의 생존 경쟁이 초래하는 실제 고통의 총량은 매우 미미하다"고 주장했다.

그는 계속해서 "우리는 동물들이 우리처럼 다가올 죽음을 예상하며 겪는 고통을 전혀 경험하지 않는다는 사실을 기억해야 한다. 인간이 경험하는 이런 방식의 고통은 대부분 실제 죽음보다 훨씬 더 큰 고통을 준다. 이 때문에 동물들은 거의 지속적으로 주어진 삶을 즐길

가능성이 높다. 심지어 그들이 위험에 대비해 끊임없이 경계하며 적에게서 실제로 도망치는 행위조차도 심각한 공포와는 전혀 상관없이 그들이 가진 능력과 재능을 즐겁게 발휘하는 활동이 될 것이다." 월리스는 이렇게 결론지었다. "생존 경쟁이 동물 세계에 고통과 불행을 가져다준다는 대중적 생각은 사실과 완전히 반대다." 그는 다윈의 『종의 기원』 3장에서 나온 말도 인용한다. "이 경쟁을 곰곰이 생각해 보면, 우리는 자연의 전쟁이 끊임없이 이어지는 것도 아니고, 두려움도 못 느끼며, 죽음은 대체로 신속하고, 강하고 건강하며 행복한 존재들이 살아남아 번식한다는 확신으로 스스로를 위로하는 것인지도 모른다."[15]

선택, 낭비, 멸종

다윈은 모든 생명체의 변화와 혈통의 진화가 주로 자연선택의 과정으로 이루어진다는 개념을 소개했다. 이 과정에서 새끼를 과도하게 낳으면 제한된 자원을 둘러싼 경쟁이 따르고, 한 집단 내 다양한 개체 중 일부가 다른 개체들보다 '선택적 이점'을 갖는다는 점이 밝혀졌다. 사실 번식은 극도로 낭비적이고 비효율적인 과정처럼 보인다. 예를 들어 개구리가 생애에 평균적으로 낳는 1만 개의 알 중 단 두 개만이 번식에 성공한다. 열여섯 마리의 찌르레기 중 열네 마리는 번식하지 못하고 죽는다. 인간 생물학의 낭비도 이에 못지않다. 한 번의 사정에

15　Alfred Russel Wallace, *Darwinism*, 2nd ed. (1889; London: Macmillan & Co., 1897), 37-40.

서 최대 2억 개의 유전적으로 독특한 정자가 배출되지만, 수정 가능한 난자가 있을 경우 단 하나의 정자만이 난자와 수정한다. 그리고 수정된 난자의 3분의 1만이 실제로 아기의 출생으로 이어진다. 이러한 수치는 단순히 포식 때문만이 아니라(인간의 경우는 포식 문제와 무관한데) 염색체 돌연변이를 포함한 유전적 돌연변이에서 비롯되는 불규칙성으로 설명할 수 있다. 이 돌연변이는 모든 진화를 주도하는 근본적인 과정이며, 유기체의 필요성과 대체로 무관하기 때문에 '우연'이라고 불러도 무방하다.

하지만 진화는 통념과 달리 결정된 것이 없고 예측이 불가능한 '우연'으로 이루어지는 과정이 아니다. 유전적 돌연변이는 게놈 전체에 고르게 분포하지 않기 때문에 수학적 의미에서 무작위적이지 않다. "진화의 과정이 어떤 수준에서는 예측할 수 있는 가능성은 이전 시대에는 이단처럼 여겨졌겠지만, 이제는 문헌에서 이러한 주장을 흔히 찾아볼 수 있다. 시대가 정말로 변했다."[16] 다윈을 가장 현란한 말로 대중화시킨 리처드 도킨스 또한 이를 강조한다.

생명체는 불가능할 정도로 너무나도 아름답게 '설계'되어 우연히 존재하게 된 것이라고 보기 어렵다. 그렇다면 그것들은 어떻게 존재하게 되었을까? 그 답은 다윈이 제시한 바와 같이, 원형 생물과 같은 간단한 시작점에서 단계적으로 한 걸음씩 변화하며 발전했다는 것이다. 이러한

---

[16] Denis R. Alexander, *Is There Purpose in Biology? The Cost of Existence and the God of Love* (Oxford: Lion Hudson, 2018), 139. 유전적 변이에 대한 분자 제약을 요약한 내용은 같은 페이지를 보라.

점진적인 진화 과정이 각각 성공적으로 이뤄질 수 있었던 비결은 그 **전 단계와 비교해** 우연히 생겨났다고 할 정도로 단순한 변화였기 때문이다. 그러나 누적된 단계 전체의 반복 진행은 결코 우연한 과정이 아니다.[17]

하지만 무신론자인 도킨스에게 이 과정은 결국 허무하고 "무의미한" 과정에 불과하다. 그러나 의미란 인간이 주변 세계에서 발견하거나 부여하는 것으로, 그리스도인이나 다른 유신론자들은 진화를 더 넓은 세계관 안에서 다시 해석하려 한다.[18] 갈매기가 하늘에서 내리꽂히듯 하강했다 상승하거나 새와 동물이 단순히 즐겁게 노는 모습을 보는 사람이라면 그것이 단순히 번식에 최적화된 활동을 위한 정확한 운동량이라고 믿을 사람은 아무도 없다. 더 나아가 존 테일러(John Taylor) 주교는 우리가 당연하게 여기는 자연 세계의 많은 부분에 대해 경이로움을 느끼며 많은 이들의 생각을 대변한다.

남아프리카의 갈대밭에서 겨울을 난 제비는 9,600킬로미터가 넘는 거리를 비행해 전년도에 둥지를 틀었던 동일한 영국 농가 처마 밑으로 찾아오는 놀라운 항해 능력을 보여 준다. 제비의 이런 능력은 우리의 '평범한' 세계가 지닌 숨이 멎을 듯한 경이로움 중 하나일 뿐이다. 인간의 몸 안에 잠재된 자기 치유와 회복 능력 또한 놀랍다. 의학적 치료 또한 이 능

---

17 Richard Dawkins, *The Blind Watchmaker* (New York: W. W. Norton, 1986), 43. 『눈먼 시계공』(사이언스북스).
18 탁월하고 대중적 입장에서 진화 생물학을 소개하며 신학의 관점에서 그것을 어디에 배치할 것인가를 보려면 Alexander의 *Is There Purpose in Biology?*를 보라.

력에 의존하며, 기도를 비롯한 다른 형태의 영적 치료를 통해 활성화되기도 한다. 프랜시스 베이컨은 이렇게 말했다. "신은 무신론을 설득하기 위해 결코 기적을 일으키지 않는다. 왜냐하면 신의 일상적인 창조물이 그것을 증명하기 때문이다."[19]

이 행성에 존재했던 대부분의 종은 인간이 등장하기 훨씬 이전에 멸종했다. 여전히 1천만 종의 생물이 살아 있을지는 몰라도 이는 생명체가 존재하기 시작한 이래 살았던 종들에 비하면 극히 미미한 비율에 불과하다. 대부분의 멸종이 어떻게 일어났는지는 알 수 없지만 많은 경우 극단적인 기후 변화가 가뭄이나 빙하기라는 조건을 일으켰을 가능성이 있다. 대규모 화산 폭발이 일어나 특정 지역의 생물이 소멸되었을 가능성도 높다. 대형 소행성과 지구의 충돌 사건이 공룡의 멸종 원인이 되었을 것이라는 가설도 제기되었다. 서식지가 변화하면서 적응하지 못한 생물들은 대개 사라진다. 스티븐 제이 굴드(Stephen Jay Gould)는 약 2억 2,500만 년 전 페름기 말에 일어난 대격변으로 당시 존재하던 모든 종의 최대 96퍼센트가 멸종했을 것으로 추정했다.

흔히들 인간 시대 이전에 많은 종이 멸종한 것을 두고 하나님의 창조가 낭비되었다고 말한다. 이것은 창조를 인간 중심적으로 보는 관점에서 비롯된 표현이다. 많은 자연 시편과 욥기의 마지막 장들은 이런 생각에 도전한다. 존 가비(Jon Garvey)는 이렇게 말한다. "하나님

---

19   John V. Taylor, *The Christlike God* (London: SCM, 1992), 221-222.

은 단지 한때만 존재하는 생물들도 그들만의 목적을 위해 창조하실 수 있으며, 종의 평균 수명이 1백만 년 이상으로 추정되는데 이는 젊은 지구론을 주장하는 창조론자들이 주장한 지구 전체의 나이보다 150배나 길다. 하나님은 선캄브리아 시대에 지구 대기를 산소로 '테라포밍'하려는 일시적인 역할을 위해 종들을 창조하실 수도 있다."[20] 자연에서 '낭비'라는 개념은 생물학자들이 개체의 생존 투쟁에 인위적으로 초점을 맞출 때만 그럴듯하게 보인다. 그러나 생태학적으로는 낭비된 것이 전혀 없다. 모든 것이 서로 의존한다. 플랑크톤종이 돌고래와 상어의 배설물을 재활용하는 것처럼 말이다. 가비는 이렇게 설명한다.

> 풍부한 씨앗 생산이 '낭비'되는 것조차도 아름다운 콩새들이 번성할 이유가 된다. 하나님의 관점은 마찬가지로 단지 개체의 생존을 극대화하는 것이 아니라, 전체 관리자(oikonomos)를 제공하는 것이다. 먹이가 되는 종의 관점에서 보더라도, 그들이 생물학자의 관점을 하나님이나 생태학자의 관점보다 더 낫게 여길 것이라는 근거는 없다. 오직 인간만이 산더미 같은 쓰레기를 남겨 지구를 오염시키고, 거북이를 질식시키는 많은 비닐봉지를 만들어 낸다. 자연은 40억 년 동안 성공적으로 모든 것을 재활용했다."[21]

---

20 Garvey, *God's Good Earth*, 127.
21 Garvey, *God's Good Earth*, 131.

생화학자인 데니스 알렉산더(Denis Alexander)는 탄소 기반 생물(지구상에는 탄소 기반 생물만 있다)이 다른 동식물에서 유래한 탄소 기반 분자에 의존해야만 살아갈 수 있음을 상기시킨다. 어떤 다세포 동물도 화학 원소에서 나오는 에너지만으로 살아갈 수는 없다. 모든 생물은 유기체의 분자가 합성된 먹이 사슬에 전적으로 의존해 살아간다.

어떤 종류의 생물학적 죽음이 전혀 없는, 우리가 사는 세상 비슷한 게 있다면, 물질의 성질에 대한 어떤 지식으로도 설명할 수 없는 마법 같은 세상, 즉 비논리적인 세상이다. 예를 들어 박테리아처럼 비교적 단순한 생명체가 죽음 없이 무제한으로 계속 분열한다면 그 질량은 곧 지구 전체를 채우고, 결국 영양분이 고갈되어 죽음은 불가피해질 것이다. 탄소를 기반으로 한 생명과 죽음은 생물학적으로 너무나 밀접하게 결합되어 있어서 죽음이 없이는 생명도 존재할 수 없다.[22]

아울러 고통과 죽음을 통해 생물권에서 다른 가치들이 향상되었다는 점도 덧붙일 수도 있다. 홈스 롤스턴(Holmes Rolston)은 "표범의 송곳니 덕분에 조각 같은 날렵한 사슴의 다리가 나올 수 있었고, 그 반대도 마찬가지다"라는 납득할 만한 말을 남겼다. 그런데 우리는 그 사실을 망각하고서는 영양과 스프링복의 날렵한 아름다움을 보며 감탄한다.[23] 마이클 폴란(Michael Pollan)은 이렇게 말한다.

---

22 Alexander, *Rebuilding the Matrix*, 353.
23 Holmes Rolston III, *Science and Religion: A Critical Survey* (1987; repr. Philadelphia/London: Templeton Foundation Press, 2006), 134.

포식자가 무리를 솎아 내지 않으면 사슴들은 서식지를 초과 점유하고 굶주리게 된다. 그렇게 되면 사슴들만 고통받는 것이 아니라 그들이 뜯어먹는 식물들 그리고 그 식물에 의존하는 모든 다른 종들도 고통을 받는다. 어떤 의미에서는 사슴이 누리는 '좋은 삶'과 포식의 용광로에서 제련된 그들의 본래 특성조차도 늑대라는 존재에 의존한다. 사슴 개체의 관점에서 보면 포식은 공포지만 그 집단과 유전자 풀의 관점에서 보면 포식은 필수 불가결한 요소다. 그렇다면 우리는 누구의 관점을 우선시해야 할까? 개별 들소의 관점인가, 아니면 들소 종 전체의 관점인가? 개별 돼지의 관점인가, 아니면 돼지 종 전체의 관점인가? 이 질문에 어떻게 대답하느냐에 따라 많은 것이 달라진다.[24]

우리는 자연 선택에서 경쟁의 역할을 과도하게 강조하기도 한다. 무작위로 발생하는 '유전적 부동'(genetic drift, 작은 개체군에서 유전적 변이를 줄이는 메커니즘), 성 선택(sexual selection), 지리적 고립 같은 요인도 진화 과정에 작용하는 더 유리한 요소다. 유기체의 생존을 위해서는 개별 세포 단위에서부터 시작되는 **협력** 또한 꼭 필요하다. 사실 생물학에서는 경쟁보다 협력이 훨씬 더 중요하다. 진화 과정에서 가장 큰 도약 중 하나는 핵을 가진 진핵 세포가 핵이 없는 두세 개의 원핵 세포와 협력해 합쳐졌을 때 이루어졌다. 또한 생물학은 단순히 분자와 세포에 국한되지 않고 유기체 전체를 다룬다. 유기체는 생태계와

---

24 Michael Pollan, *The Omnivore's Dilemma: A Natural History of Four Meals*, 322-323, 『잡식동물의 딜레마』(다른세상). Christopher Southgate, *The Groaning of Creation: God, Evolution, and the Problem of Evil* (Louisville, KY: Westminster John Knox Press, 2008), 6에서 인용됨.

생물권에 의존하는데, 이는 수백만 종이 오랜 기간에 걸쳐 협력한 대규모 협력 행동의 사례다. 우리 장 속에서 살아가는 박테리아처럼 서로 의지하는 상태로 함께 살아가는 유기체들이 보여 주는 상리 공생(mutualism)과 공생(symbiosis)은 생물학적 영역에서 두루 발견되는 특징이다. 우리와, 우리가 아는 모든 동물이 의존해 살아가는 대기는 단세포 박테리아가 약 20억 년 동안 꾸준히 지구 초기 대기의 주요 구성 요소였던 메탄을 제거하고 이산화탄소를 충분한 산소로 전환한 결과로 만들어졌다.

다윈 자신도 종 내부와 상호 간 이루어지는 이타적 행동에 깊은 인상을 받았다. 번식 가능한 벌을 돕기 위해 생식과 무관한 벌들이 전체 집단에 기여하는 역할의 문제 때문에 그는 오랜 기간 고민했다. 그는 『종의 기원』 6판에서 곤충과 다른 생물들에서 발견되는 이타적 행동의 광범위한 사례가 자연 선택 이론 전체를 무너뜨릴 수 있다고 인정했다.

하버드 대학교 생물학 및 수학 교수인 마틴 노왁(Martin Nowak)은 새로운 조직 단계가 진화할 때, 낮은 단계에서 경쟁하던 개체들이 협력하기 시작한다고 밝혔다. 게놈, 세포, 다세포 유기체, 사회적 곤충, 인간 사회 모두 협력을 기반으로 한다. 그는 이렇게 주장한다. "협력은 진화 과정이 가진 열린 가능성의 비결이다. 경쟁이 가득한 세상에서도 협력을 만들어 내는 능력이 진화의 가장 놀라운 측면이다. 따라서 우리는 돌연변이와 자연 선택이라는 진화의 두 가지 기본 원칙 외에 '자연적 협력'이라는 세 번째 원칙을 추가할 수 있다."[25]

우리는 진화가 학부 생물학 교과서나 대중 과학 프로그램에서 설명하는 것보다 훨씬 더 복잡한 과정임을 배우는 중이다. 고전적인 다윈의 진화론은 생물체가 환경에 적응하는 것으로 설명하지만, 실제 진화 과정에서는 새로운 생명체가 출현하면서 새로운 '생태적 지위'(ecological niches)가 만들어지는 과정도 포함한다. 리처드 르윈틴(Richard Lewontin)은 지렁이가 땅을 파서 만든 터널이 부분적으로 지렁이의 생태적 지위이고, 나무의 뿌리 시스템과 연결되어 나무에 양분을 공급하는 곰팡이 집합체가 나무의 일부 생태적 지위라고 언급한다. 그는 이렇게 말한다. "생물체가 단순히 환경에 있는 자원을 이용할 뿐 아니라 그 자체의 생명 활동을 통해 그러한 자원을 만들어 내고 환경을 형성하기도 한다는 증거가 있다. 그럼에도 생물체와 환경을 구별하는 습관은 여전히 우리의 뇌리에 깊이 각인되어 있다. 이는 부분적으로는 교육 기관과 교육 자료의 관성 때문일 터이다."[26]

인간의 조건과 연관 지어 생각하는 다양한 특징들, 특히 도구 제작, 문화, 감정 같은 것이 인간이 아닌 일부 동물들에서도 원시적 형태로 발견되는 점은 놀라운 일이 아니다. 코끼리, 일부 고등 유인원, 돌고래 그리고 가축화된 개들은 감정적 삶을 가졌을 가능성이 크다. 우리는 암컷 코끼리 무리가 우두머리 암컷의 인도로 주기적으로 더 큰 집단으로 모인다는 사실을 안다. 코끼리의 공감 능력이 얼마나 큰

---

25   Martin A. Nowak, "Five Rules for the Evolution of Cooperation," *Evolution, Games and God: The Principle of Cooperation*, ed. Martin A. Nowak and Sarah Coakley (Cambridge, MA: Harvard University Press, 2013), 99-114, 110에서.
26   Richard Lewontin, "It's Even Less in Your Genes," *New York Review of Books*, 2011년 5월 26일, 23. 진화론의 현재 담론들(어떤 메커니즘이 진화를 이끌어 가는가)에 대해서는 2015년 3월 2일의 Michael Burdett, "The Changing Face of Evolutionary Theory?," BioLogos를 보라.

지 때로는 죽은 동료를 묻어 주고 사망한 우두머리 암컷의 유골을 찾아 반복적으로 돌아와 상아와 뼈를 쓰다듬는 모습을 보이기도 한다. 코끼리들은 창에 찔린 친구에게서 창을 뽑아 주거나 장애를 가지고 태어난 새끼 곁에 머물기도 한다.

팀 플래너리(Tim Flannery)는 돌고래와 관련된 놀라운 사건을 언급한다.

> 바하마에서 자유롭게 살고 있는 돌고래들은 연구자인 데니즈 허징(Denise Herzing)과 그의 팀을 매우 잘 알게 되었다. 수십 년 동안 매년 4개월간의 연구 시즌이 시작될 때마다 돌고래들은 돌아온 인간들을 환영하며 기뻐했다. 허징은 이를 '친구들 동창회'라고 묘사했다. 하지만 어느 해에는 돌고래들의 행동이 예년과 달랐다. 그들은 연구선에 가까이 오지도 않았고, 활주(bow ride, 운항 중인 배의 선수에 다가와 빠르게 수영하며 즐기는 돌고래의 특성 중 하나—옮긴이)를 위한 초대에도 응하지 않았다. 배의 선장이 상황을 파악하기 위해 물속으로 들어갔을 때에도 돌고래들은 거리를 유지했다. 그러는 사이 배 안에서 한 연구원이 침대에서 낮잠을 자다가 숨진 사실이 밝혀졌다. 허징은 "항구로 향하는 배를 따라 돌고래들은 옆으로 다가왔고, 선수에서 활주하는 대신 15미터 정도 거리를 두고 수중 호위를 하듯 질서정연하게 배를 따라갔다."[27]

---

27 Tim Flannery, "The Amazing Inner Lives of Animals," *New York Review of Books*, 2015년 10월 8일, 20.

이 일화는 우리에게 놀라운 질문들을 던진다. 돌고래의 소나(sonar, 음파 탐지 기능—옮긴이)가 보트의 강철 선체를 관통해 심장이 멈춘 것을 감지할 수 있는가? 돌고래는 인간의 슬픔에 공감할 수 있는가? 돌고래 사회는 장례 행렬을 조직할 만큼 체계적으로 구성되어 있는가?

이런 놀라운 관찰들이 보고되지만 인간이 단순히 다른 종들과 동등한 하나의 종으로 격하되는 이른바 '생물학적 평등주의'를 주장하는 일부 생태 신학에 대해 우리는 명확히 입장을 밝혀야 한다. 인간은 너무나 분명하게 생물학적으로 거대한 생명의 나무를 구성하는 수백만 종들과 연결되어 있지만, 침팬지뿐 아니라 멸종된 가장 가까운 친척인 호미니드(hominid, 침팬지보다 인간과 더 가까운 초기 인류 계통의 모든 종—옮긴이)와는 **근본적으로 다르다**. 인간은 단순히 도구를 만드는 것이 아니라, 다른 도구를 만드는 도구를 만든다. 인간은 단순히 소리를 통해 의사소통하는 것이 아니라, 언어를 사용해 다른 세계를 창조한다. 또한 인간은 도덕적 감각을 불러일으켜 다른 종들의 운명에 대해 고뇌하는 유일한 종이다. 다른 동물들도 신성하거나 **초월적인**(numinous) 것에 대한 감각을 어느 정도 가지고 있는지, 그것이 인간과의 접촉을 통해 매개되는지 아니면 독립적인 특징인지는 알 수 없다. 하지만 만약 그렇다면, 창조주는 그들의 반응 수준에 적합한 방식으로 그들과 관계를 맺는다고 여길 수 있다.

진화와 종말론

세상을 하나님의 창조물로 보는 기독교의 관점에 따르면, 진화는 통시적으로 영겁의 세월 동안 적응과 멸종을 거듭하고, 동시적으로 상호 연결된 살아 있는 생태계 안에서 놀라운 다양성을 지닌 생명체를 만들어 낸 수단이었다. 인간을 포함해 생명을 생성해 온 생태계와 우리와 지구를 공유하는 다른 감각을 가진 생물들이 서로 연결된 생명망을 구성한다.

우리는 현재의 피조 세계를 종말론적 관점에서만 이해할 수 있다. 마가복음 1:13에서 예수님이 "들짐승과 함께 계[셨다]"는 난해한 진술은 인간이 등장한 이후 비인간 세계에 닥친 "인간에 대한 두려움"(창 9:2를 보라)이 제거될 미래 세계를 예견한 것일지도 모른다. 이는 예수님이 메시아적 하나님의 아들로 확인된 사건(막 1:11; 참조. 시 2:7)과 사탄을 물리친 사건 바로 뒤에 나온다. 또한 이 진술은 이사야 11:6-9(1-5절에서 다윗의 혈통인 메시아에 대한 설명에 이어), 욥기 5:22-23, 호세아 2:18 등에 표현된 구약의 종말론적 희망을 배경 삼아 읽어야 한다. 예수 안에서 메시아의 통치가 시작되었으며 이 통치는 인간과 들짐승 간의 적대감을 치유하는 것을 포함한다. 인간의 다스림[28]은 인간의 죄 탓에 지배와 착취로 왜곡되었지만 회복될 것이다. 그리고 예수님이 들짐승들과 평화롭게 동행하는 모습은 그 종말론적 회복의 맛보기다. 예수님은 들짐승들을 위협하거나 길들이지 않으셨다. 단순히 그들과 함께 계셨다. 마가는 "들짐승과 함께"라는 농축된 표현을 통해 비인간 창조물이 하나님의 눈에 얼마나 귀중한지를 강력하

---

28 구약에서 왕들은 백성을 보호하고 양육하는 목자로 묘사된다. 의로운 왕은 선한 목자다. 창 1:28에 나오는 '다스리다' '군림하다'로 번역되는 히브리 동사는 이런 의미로 사용된다.

게 상기시킨다. 새 아담 예수님은 하나님이 지으신 세계를 우리와 공유하는 피조물인 들짐승들에게도 광야에서 적절한 자리를 찾을 수 있게 해 주신다.

로마서 8장의 잘 알려진 구절도 같은 방향을 가리킨다. 어떤 주석가는 20절의 '크티시스'(ktisis)라는 단어를 '피조물' 대신 '생명체'로 번역하며 허무와 좌절 속에서 영광스러운 부활을 기다리는 인간의 몸을 은유적으로 언급한다고 해석한다.[29] 그러나 대다수의 해석가들은 이 본문이 골로새서 1:15-20, 에베소서 1장 등에서 묘사된 '만물의 화해'를 가리킨다고 본다. 창조주가 현재의 세상을 타락과 죽음에 넘겨주셨지만, 이는 '희망 가운데' 이루어졌다. 현재의 창조 질서는 **선하지만 완전하지 않다**. 하지만 그것은 결코 창조주의 최종 선언이 아니었다.[30] 완전하지 않기에 현재 산고를 겪는 가운데 신음하며 새로운 창조의 여명이 밝아 오기를 기다리고 있다. 그때가 되면, 새 창조 안에서 하나님의 자녀인 인간들은 해방과 변화를 포함해 현재의 세계가 창조된 목적을 되찾을 것이다. 현재 창조 세계의 생물적·무생물적 요소 중 어떤 것이 새 창조에 포함되는지는 **모른다는 겸손한 자세**를 취하는 편이 가장 좋다. 우리의 부활처럼 현재의 세상 질서와 새롭게

---

29 예를 들어, J. Ramsay Michaels, "Redemption of the Body: The Riddle of Romans 8:19-22," in *Romans and the People of God*, ed. Sven K. Soderlund and N. T. Wright (Grand Rapids, MI: Eerdmans, 2000).

30 대중적 기독교 용어, '좋다' '심히 좋다'라는 표현은 종종 '완벽하다'로 번역된다. 하지만 문맥상 이 표현들은 **기능적** 의미로 이해하는 편이 더 적절하다. 즉 결실을 맺고 성장하기에 적합하다는 뜻이다. 어쨌든 '완벽한' 아기란 정적인 상태에 머무르는 것이 아니라 성숙한 모습으로 자라날 거라고 기대되는 존재를 의미한다.

거듭난 세상 질서 사이에 연속성과 불연속성이 모두 있을 것이라는 점만은 말할 수 있다. 세상은 파괴되지 않고 변화되어 삼위 하나님의 영광으로 충만해질 터이다.

그러나 환경 문제에 대해 민감해진 이 시대에 신학자들은 신학에서 인간 중심성의 짐을 덜어 내려는 마음이 앞선 나머지 신중함을 잃고 추정에 기초한 이론에 빠지기도 한다. 크리스토퍼 사우스게이트(Christopher Southgate)는 이렇게 주장한다. "한 종의 멸종은 지구상에서 살아가는 한 가지 온전한 방식, 선한 창조 세계의 전체적인 차원, 하나님을 찬양하는 온전한 방식 한 가지를 잃는다는 의미다."[31] 동물들의 존재의 고통을 보상하고 조기 사망으로 좌절된 창조의 잠재력을 충족시킬 수 있도록 동물도 종말론적 부활에 포함해야 한다는 주장도 이어진다. 리처드 펀(Richard Fern)은 다음과 같이 주장한다. "어떤 사람들은 하늘에 개, 고양이, 참나무와 뽕나무, 연어와 균류가 있다고 상상하는 것을 터무니없다고 생각할지 모르지만, 유신론적 자연주의는 그걸 당연하게 여긴다. 그러한 것들이 사라져 버린 황폐해진 세상에서 우리는 우리의 영혼, 정체성, 목적을 어떻게 유지하겠는가? 하나님이 그런 상실을 보상하기 위해 우리에게 무엇을 제공하시겠는가?"[32]

물리학자이자 신학자인 리처드 러셀(Richard Russell)은 한 걸음 더

---

31 Southgate, *Groaning of Creation*, 125.
32 Fern, *Nature, God and Humanity*, 205. Southgate처럼 Fern도 감각을 지닌 동물에게만 이것을 적용할 수 있다고 밝힌다. "이것이 살아 있는 생물에 대체로 적용된다는 뜻이 아니며, 인간에게 해당하는 방식으로 인간이 아닌 다른 존재가 영원히 산다는 뜻도 아니다"(205-206).

나아간 주장을 한다. "진화론은 종말론이 대답해야 할 다음의 기준을 제시하며 도전한다. 첫째, 종말론은 인류와 지구상의 모든 생명 역사를 포함해야 할 뿐 아니라 그 이상까지 포함해야 한다. 모든 종은 물론이고 더 나아가 가장 중요한 것은 각 종의 개별 생물들까지 포함해야 한다. 고통을 겪는 것은 종이 아니라 개체들이므로, 모든 진정한 기독교적 종말론의 초점은 인간 구원에 부수적으로 따라가는 방식이 아니라 하나하나의 개체들에 맞춰져야 한다."[33] 마찬가지로 데니스 에드워즈(Denis Edwards)도 이렇게 말한다. "하나님은 참새 한 마리, 딱정벌레 한 마리, 백상아리 한 마리, 먹이를 사냥하는 모든 생물 그리고 다른 생물의 먹잇감이 되는 모든 생물과 함께 계신다.…동물들은 삼위일체의 영원한 생명으로 받아들여지고, 그렇게 그들의 구속적 성취는 완성될 것이다."[34]

이처럼 대담한 주장의 바탕에는 비인간 피조물들의 '고통'과 피조물의 '성취'를 무엇으로 볼 것인가에 대한 근거 없는 전제들이 깔려 있다. 여기에는 덧없이 사라지는 것은 아무런 가치가 없으며, 가치란 오직 영원히 지속되는 것에서만 발견된다는 생각이 깔려 있다. 나는 이 주장이 이상하다고 생각한다. 존재했다가 사라지는 모든 것이 그 자체로는 가치가 없다는 개념은 유대-기독교적 사고보다는 헬레니즘이나 힌두교, 불교 철학에 더 가깝다. 음악의 음표나 화음은 순간적

---

[33] Richard J. Russell, *Cosmology from Alpha to Omega* (Minneapolis, MN: Fortress, 2008), 266.
[34] Denis Edwards, "The Redemption of Animals in an Incarnational Theology," in *Creaturely Theology: On God, Humans, and Other Animals*, ed. Celia Deane-Drummond and David Clough (London: SCM, 2009), 95.

이지만 그것은 전체 교향곡을 구성하는 데 기여한다. 그리고 모든 문화적·기술적 유물처럼 교향곡 자체가 망각 속으로 사라진다고 해도 많은 사람이 그것을 매우 가치 있게 여겼다는 사실을 부인할 사람은 없다.

게다가 떡갈나무는 수백만 개의 도토리를 생산하지만 그중 겨우 하나만 살아남아 나무로 자란다. 새로운 창조에서는 모든 도토리가 거대한 떡갈나무가 되어야 하는가? 황소개구리는 한 번에 2만 5천 개의 알을 낳을 수 있으며, 산란기는 한 번으로 끝나지 않는다. 부활한 예수님이 이 모든 개구리를 부활시키시는가? 채식을 하는 사자와 부활한 먹이들도 풀과 식물을 먹어야 할 것이다. 이렇게 부활한 채식 동물들이 과일을 먹으면 그 안의 씨앗은 죽게 된다. 인간의 삶이 죽음으로 끝난다면 인간의 삶은 전혀 가치가 없다는 뜻인가? 구약의 성인들은 그렇게 생각하지 않았다. 나는 모든 인간의 삶이 죽음으로 끝나지 않는다고 믿지만, 이 생각을 공룡이나 매머드 더 나아가 내가 죽인 모든 쥐나 바퀴벌레까지 확장하는 것은 이해하기 어렵다.

비슷한 맥락에서 위르겐 몰트만은 부활한 그리스도의 몸이 "동물, 식물, 돌 그리고 모든 우주적 생명 체계까지 변모시키는 효력을 가진다"고 주장한다.[35] 그리고 그는 또 다른 곳에서 이렇게 말한다. "자연의 구속 없는…인간의 구속은 없다."[36] 그러나 로마서 8장은 이

---

35 Jürgen Moltmann, *The Way of Jesus Christ: Christology in Messianic Dimension* (San Francisco: Harper, 1990), 258. 『예수 그리스도의 길』(대한기독교서회).
36 Jürgen Moltmann, *The Coming of God: Christian Eschatology* (Minneapolis, MN: Fortress, 1996), 260. 『오시는 하나님』(대한기독교서회).

것을 반대로 보여 준다. 인간의 구속 없이는 자연의 구속도 없다!

몰트만은 또한 이렇게 진술한다.

> 진화의 희생자들을 미래를 위해 불가피한 비료처럼 취급하는 것은 아무리 좋은 진화 단계라 해도 정당화될 수 없다.…따라서 창조에서 미래에 대한 의미 있는 희망이 가능하려면 "모든 눈물이 닦여야만 한다." 하지만 눈물이 닦이려면 반드시 죽은 자가 부활해야 하며, 진화의 희생자들이 자연의 부활을 통해 정의를 경험해야만 한다. 진화 자체는 그러한 구속적 효력도 구원의 의미도 없다. 만약 그리스도가 진화와 관련이 있다면 그분은 진화의 구속자가 되어야 한다.[37]

앞서 살펴본 진화가 실제로 작동하는 방식에 비추어 볼 때, '진화의 희생자들'이나 그리스도를 '진화의 구속자'로 보는 개념이 생물학적·철학적·신학적으로 어떤 의미가 있는지 나는 솔직히 모른다. 리처드 편은 동물의 회복에 관한 자신의 견해를 이렇게 부연한다. 인간의 경우가 차별화되는 이유는 "우리가 육신으로 살아가는 과정이 자기 인식으로 이어지며, 따라서 인간에게는 자연적 종말이 없다는 사실 때문이다. 우리의 학습과 성장 능력은 무한하다. 그래서 무한한 미래의 가능성이 생기는 것이다. 만약 인간 이외의 자아와 감각적 존재가 내세에도 존재한다면, 그들도 고유한 종으로 살던 단계를 넘어 좋은 삶을 살 수 있을 때까지 한정된 시간 동안에만 개체로서 존재할 것이

---

[37] Moltmann, *Way of Jesus Christ*, 296-297.

다."³⁸ 그러나 리처드 보컴(Richard Bauckham)이 관찰한 바와 같이, 몰트만은 모든 죽음을 부자연스럽고 비극적인 운명으로 명확히 간주한다. "이 지점에서 우리는 몇 가지 질문을 던져 볼 수 있다. 모든 생물에게 죽음이 정말 같은 의미를 가지는가? 동료의 죽음을 애도하는 코끼리에게는 죽음이 우리와 마찬가지로 비극적 운명일 수 있다. 그러나 한 해살이 꽃 금잔화가 순환의 과정을 따라 죽고 다음 해에 새로운 금잔화로 탄생할 때, 죽음은 비극인가? 금잔화 전체 종이 멸종하면 슬퍼할 필요가 있겠지만, 금잔화 한 송이의 죽음을 애도할 필요가 있을까?"³⁹

"진화를 구속"한다는 모호한 주장 이면에는 인간을 더 큰 우주의 '소우주'(microcosm)로 간주하던 (지금은 신빙성을 잃은) 아주 오래된 개념이 자리한 듯하다.⁴⁰ 이를 기독교 전통에 끌어들인 건 대교황 그레고리우스, 고백자 막시무스, 보나벤투라와 같은 사상가들이었다. 분명히 예수님이 입으신 인간의 몸은 우리 모든 인간의 몸이나 동물의 몸과 마찬가지로 태양의 핵융합로에서 만들어진 원소들로 이루어진 우주 먼지에 생명이 주입되어 만들어졌음이 틀림없다. 하지만 부활하신 예수님의 몸은 핵 합성과 별들의 생성과 소멸의 과정에 어떤 영향을 미칠까? 우리는 모두 몸에 조상의 진화적 흔적을 지닌다. 하지만 모든 진화의 경로가, 진행 중이든 막다른 길이든, 인간의 몸으로

---

38 Fern, *Nature, God and Humanity*, 207.
39 Richard Bauckham, *The Theology of Jügen Moltmann* (Edinburgh: T&T Clark, 1995), 210-211.
40 실제로 Moltmann은 "이전의 모든 생명체가 다시 발견되는 소우주"라고 명확하게 말한다. *God in Creation* (Minneapolis, MN: Fortress, 1993), 186. 『창조 안에 계신 하나님』(대한기독교서회).

수렴되는 것은 아니다. 예를 들어 예수님의 부활하신 육신이 식물의 생명에 어떤 영향을 주는가? 토양에 뿌리를 내리고 광합성을 하는 등의 식물의 독특한 특징은 예수님의 인성과는 관련이 없다.

덴마크 신학자 닐스 헨리크 그레거센(Niels Henrik Gregersen)은 '깊은 성육신'(deep incarnation)이라는 용어를 만들어 우주를 변혁시키는 그리스도의 임재를 설명한다. 그는 요한복음 1:14의 '사륵스'(sarx, 육신)의 의미를 단순히 인간이나 동물의 육신에만 국한하지 않고, **"물질계의 변형 가능한 전체 구조"**를 포함하는 것으로 확장했다.[41] 신적 로고스는 단지 인류뿐 아니라 "쿼크, 원자, 분자가 화학적·생물학적 진화 과정을 통해 결합하고 변형하는 과정까지 포함하는 물질세계 전 영역"을 압축해서 보여 준다고 주장했다. 그 결과 **"하나님은 예수가 되고, 그 안에서 하나님은 인간이 되고, (그 연장선에서) 여우와 참새, 풀과 토양이 되신다"**는 것이다.[42]

그레거센에게는 "하나님이 흙과 폐기물의 세계에 거하시는 것은 고도로 발달한 의식, 도덕성, 종교적 상상력 그리고 신 의식과 같은 인간의 독특한 특성 안에 거하시는 것만큼 자연스럽다."[43] 그러나 이러한 주장은 신학적으로 너무 모호해서 범신론에 가까운 무책임한 주장으로 넘어갈 위험이 있다. '자연스럽다'거나 '거하다'와 같은 용어는 더 정교한 해설이 필요하다. 하나님이 피조물 안에, 그리고 피조

41　Niels Henrik Gregersen, "Deep Incarnation: Why Evolutionary Continuity Matters in Christology," *Toronto Journal of Theology* 26, no. 2 (2010): 176-177 (원저자 강조).
42　Gregersen, "Deep Incarnation," 182 (원저자 강조).
43　Gregersen, "Deep Incarnation," 185.

물을 위해 존재하시는 방식은 분명 피조물의 본질에 따라 달라진다. 하나님이 악한 상황에 능동적으로 임재하시는 것은 교회 안에서 내주하시는 것뿐 아니라 진리와 선을 추구하는 상황에 임재하시는 것과 동일하지 않다. 하나님과 피조물의 관계가 다양하고 미묘하기 때문에 이런 관계를 '성육신'이라는 단일 개념으로 단번에 설명하려는 시도는 무모하다.

이후의 에세이에서 그레거센은 자신의 의도를 분명히 설명하려 했다. "깊은 성육신의 요점은 하나님이 단순히 '모든 존재 안에 성육신하신다'는 것이 아니라, 쉽게 말해 성부 하나님께 보냄 받아 성육신한 로고스가 모든 피조물과, 그들의 고통 속에서도 그들과 **함께** 계시며 그들을 **위해** 계신다는 사실이다. 그런 점에서 성육신한 분은 분명히 '모든 존재 안에' 계신다."[44] 그레거센이 전치사를 강조한 것은 실제로 중요한 의미가 있다. 같은 책에 실린 에세이에서 리처드 보컴은 성육신의 독특성을 구별 짓는 것은 예수 그리스도의 인성을 통해 하나님이 단순히 창조물 **안에**, **함께**, 그리고 창조물을 **위해** 계신 것을 넘어, 예수 그리스도라는 인격으로 우리**처럼** 오셨다는 점이라고 지적한다. "특정 인간**으로** 성육신하심으로써 하나님은 생태학적으로 상호 연관되어 존재하는 다른 모든 피조물, 인간과 비인간과 **함께** 그들의 엄청난 다양성을 인정하고, 성육신한 하나님 자신이 그들을 통합

---

[44] Niels Henrik Gregersen, "The Extended Body of Christ: Three Dimensions of Deep Incarnation," in *Incarnation: On the Scope and Depth of Christology*, ed. Niels Henrik Gregersen (Minneapolis, MN: Fortress, 2015).

하는 중심이 되게 하셨다."[45]

　우리의 진화 역사에 호소하거나 '사르크스'(육신)와 성육신의 의미를 자의적으로 확장하려는 시도보다 보컴의 '생태학적 상호 연관성' 개념은 그리스도의 성육신과 부활이 비인간 세계에 어떤 유익을 주는지 설명하는 훨씬 더 나은 방식으로 보인다. 다른 모든 종과 연관되기 위해 인간이 자연에 존재하는 다른 모든 피조된 본성들을 자신의 본성으로 어떻게든 아우를 필요는 없다. 이렇게 할 때 현재의 피조물들의 정해진 틀 안에서라도 다양성이 있음을 인정할 여지가 생긴다. 벌레나 바이러스가 부활할 필요는 없다. 그러나 어쩌면 코끼리, 개, 돌고래는 부활할지도 모른다. 하지만 이들이 어떤 새로운 생물학적 본성을 갖게 될지, 어떤 물리 법칙을 따르게 될지는 우리가 상상할 수 없는 영역의 문제다.

자연재해

1755년 11월 1일, 지진이 리스본을 강타한 후 화재와 해일이 잇따랐다. 바닷물이 갑자기 빠지면서 많은 사람이 이를 구경하려고 해안으로 몰려들었고, 되돌아온 해일에 구경꾼들이 목숨을 잃었다. 이 사건은 유럽 전역을 충격과 의문에 빠뜨렸고, 하나님의 섭리에 대한 광범위한 논쟁을 촉발시켰다. 존 웨슬리는 이러한 지진이 자연적 설명으로는 이해할 수 없으며 인간의 죄에 대한 하나님의 심판이라고 믿은

---

[45] Richard Bauckham, "The Incarnation and the Cosmic Christ," in Gregersen, *Incarnation*, 53.

이들 중 한 사람이었다. 반면 이신론자인 볼테르(Francois-Marie Arouet Voltaire)는 라이프니츠(Gottfried Wilhelm Leibniz)의 낙관주의적 견해를 조롱하는 시를 쓰며,[46] 리스본의 죄악이 하나님의 무차별적인 심판을 불러올 만큼 런던이나 파리의 죄악보다 훨씬 더 크다고 말할 수 있는 지 의문을 제기했다.[47] 웨슬리의 관점에 불리하게도 대부분의 사창가 업소들과 그곳의 거주자들은 피해를 입지 않은 반면 수천 명이 모여 만성절(All Saints' Day)을 기념하던 교회들은 모두 파괴되었다.

그리스도인들만 이런 주장을 하는 것은 아니다. 라빈드라나트 타고르(Rabindranath Tagore)는 1934년 인도 동부의 비하르에서 발생한 지진이 "불가촉천민" 제도를 유지하는 것에 대한 "신의 징벌"이라고 안이하게 설명한 것은 간디의 큰 실수였다고 생각했다. 다음은 타고르의 말이다. "문명화된 지도자가 아이들과 불가촉천민들을 포함한 무고한 희생자들을 무차별적으로 처벌하는 상황을, 사실은 더 큰 심판을 받아야 마땅한 안전한 곳에 떨어져 사는 사람들에게 보이는 경고의 본이라 해석했다니, 상상이 안 된다."[48] 타고르가 보기에 간디의 관점은 종교적 테러리즘을 정당화하는 것과 다름없었다. 자연 세계를 설명할 때, 타고르는 이성과 과학이 가장 중요하다는 단호한 시각

---

46 즉 우리는 "가능한 모든 세계 중에서 가장 최상의 세계"에 살고 있다는 관점이다.
47 David Fergusson, *The Providence of God*, 124-132의 설명과 논점을 보라. Fergusson은 Aquinas와 많은 예수회 신학자들과는 달리, Wesley가 지진에 대해 '빈틈의 신'(god-of-the-gaps) 관점을 가졌다고 지적한다(127).
48 Sabyasachi Bhattacharya, ed., *The Mahatma and the Poet: Letters and Debates between Gandhi and Tagore, 1915-1941* (Delhi: National Book Trust, 1997), 158, Sunil Khilnani, "Nehru's Faith," Delhi, 2002년 11월 13일, 제34회 자와할랄 네루 기념 강연회에서 인용됨.

을 견지했다.

역사적 기원이 무엇이든 많은 문화권에 등장하는 대홍수 이야기는 인류 초창기 인간의 생존이 얼마나 불안정했는지를 반영한다. 인간 생존은 세균과 질병뿐 아니라 막대한 자연의 힘에도 끊임없이 위협받았다. 피조 세계는 늘 혼돈의 끝자락에 있는 듯했다. 구약 성경의 저자들이 볼 때 하나님이 '혼돈의 물'(창 1:6-7)을 붙들고 계시기에 생명이 번성할 공간이 보장되었다. 창세기의 홍수 이야기는 **인간의 포악함**이 지구를 얼마나 타락시켰는지 하나님이 한탄하시는 장면으로 시작한다. 문제는 동물의 포악함이나 포식이 아니라 인간의 폭력이었다. 하나님이 창조를 '되돌리기로'(undo) 결심하신 것은 분노보다는 슬픔에서 비롯된 고통스러운 결정이었다. 창세기 6:11, 13에 따르면 '땅은 사람들 때문에 무법천지가 되었다.' 이 주제는 창세기 4장에서 강조된 후 문명의 발전이 가진 두 얼굴을 묘사하며 그 뒤로도 계속 다뤄진다.

모든 일이 잘 돌아가고 있을 때, 우리는 재난을 믿지 않으려 한다. 그렇기 때문에 기후 변화와 지구 온난화와 같은 위협에 직면하고도 합리적 자기 이익이나 장기적으로 신중한 판단을 내려 우리의 후손을 위해 삶의 방식을 바꾸도록 유도하기에는 역부족이다. 결국 우리는 고통을 직접 겪어야만 한다. 언론이 지진이나 쓰나미에 관한 연구를 포함해 과학적 지식이나 최근의 의학적 발견들을 보도할 때 하나님은 전혀 언급되지 않고 전적으로 인간의 천재성 덕분으로만 소개된다. 그러다가 세상일이 특히 자연 세계에서 뭔가 잘못되기 시작하면 하나님이 너무도 쉽게 희생양이 된다는 사실이 흥미롭지 않은가?

중요하지만 거의 제기되지 않는 사항 중에 이런 질문이 있다. 왜 허리케인과 지진이 플로리다나 일본 같은 지역을 강타할 때는 인명 피해가 최소화되는 반면, 같은 재난이 카리브해나 남아시아에 닥칠 때는 엄청난 피해를 초래하는가? 답은 간단명료하다. **경제적 빈곤** 때문이다. 또는 경제적 빈곤과 맞물린 정부 관리들의 부패와 무능 때문이다. 남아시아에서는 생명을 구하고 재산 피해를 막을 수 있는 기술을 쉽게 이용할 수 있는데도 불구하고 홍수와 태풍에 대한 연례 경고는 늘 무시된다. 열대성 폭풍과 해일의 충격을 흡수하는 산호초와 맹그로브 숲은 해안선에서 거의 사라졌다. 부유한 국가들이 소유한 위성과 지진 경고 시스템을 통해 수집된 정보는 가난한 나라들에게는 전달되지 않는다. 우리가 목격하는 이 세계적인 규모의 빈곤과 경제적 불평등의 책임을 하나님께 돌릴 수는 없다. 이는 인간을 향한 하나님의 뜻에 대한 명백한 거역이다.

로마 가톨릭 신학자 혼 소브리노(Jon Sobrino)는 2001년 엘살바도르를 한 달 간격으로 강타한 두 번의 지진에 대한 가슴 아픈 성찰의 글에서 이러한 비극이 한 나라를 투과하는 엑스선과 같다고 말했다. "지진은 죄, 빈곤, 불의가 가장 잔혹하게 집중된 곳이 어디인지 보여 준다. 여성과 아이들, 농민들, 일자리를 잃은 사람들, 신용이 없는 사람들, 자신의 삶과 미래에 대해 거의 결정권이 없는 사람들에게 초점이 맞춰져 있다."[49] 그는 또한 "지진은 마치 공동묘지처럼 사회의 부

---

[49] Jon Sobrino, *Where Is God? Earthquake, Terrorism, Barbarity, and Hope*, trans. Margaret Wilde (Maryknoll, NY: Orbis, 2004), 69.

당한 불평등을 드러내며 동시에 그 사회의 가장 깊은 진실을 보여 준다. 어떤 무덤은 거대하고 화려한 대리석으로 지어진 명당자리에 위치해 있다. 반면 이름도 없이 십자가도 없이 감춰진 장소에 무더기로 쌓여 익명으로 방치된 무덤도 있다. 대부분의 무덤이 이런 익명의 무덤이다"라고 말했다.[50]

창조는 삼위일체 하나님의 자유로운 결정이며 은혜로운 선물이다. 부모로서 하는 양육, 음악 또는 문학적 맥락에서 하는 인간의 모든 창조적 행위는 본인의 능력을 행사하거나 자발적으로 제한하는 것을 동시에 포함한다. 우리는 앞 장에서 창조자들이 자신들의 창작물을 존중하고, 창조자와 창작물 간의 관계를 단순히 '통제'나 '지배'의 언어만으로는 적절히 설명할 수 없음을 살펴보았다. 이는 또한 '그냥 놓아두는 것,' 즉 창작물이 자신의 방식과 본질에 따라 펼쳐지도록 기꺼이 허용하는 태도를 포함한다. 위대한 예술가들과 음악가들이 항상 고백하듯 모든 창조적 행위에는 신비가 내포되어 있다. 그렇다면 세계를 지속적으로 창조하시는 하나님에 대해 이야기하려면 그 신비는 얼마나 더욱 크겠는가.

현대 과학은 하나님의 세계와 인간의 생명이 시간의 틀 안에서 오랜 과정을 거쳐 가능성이 실현되는 진화 과정이라는 그림을 제시한다. 이 세계는 닫혀 있고 예측 가능한 체계가 아니라 종종 예측 불가능한 방식으로 진정한 **새로움**(novelty)이 탄생하는 공간이다. 만약 이 우주가 뉴턴식 선형 기계 체계였다면, 미래는 현실적 의미로 현재

---

50 Sobrino, *Where Is God?*, 3.

안에 내재했을 터이고 진정 새로운 것은 발생할 수 없었을 터이다. 하지만 실제로 우리의 우주는 뉴턴식 선형 기계 체계가 아니다. 존 폴킹혼(John Polkinghorne)이 사용한 비유를 떠올려 보자면, 우리의 세계는 시계뿐 아니라 구름으로 이루어져 있으며 구름은 시계보다 훨씬 더 연구하기 어렵다. 이런 걸 물리학자들은 '혼돈' 또는 비선형 동적 체계라고 부르는데 물리적·생물학적 세계에 있는 대부분의 체계가 여기에 속한다. 이러한 체계는 여전히 물리학의 보편적 법칙을 따르지만 그들을 설명할 등식에 대한 가능한 답은 무한하기 때문에 그 행동은 본질적으로 예측이 불가능하다. 이는 확률로 둘러싸여 있지만 미래의 선택지는 '이상한 끌림'(strange attractors)이라 불리는 특정한 한계로 제한된다. 이런 체계들이 따르는 경로는 불가역적이어서 기계론적 관점과 달리 이제 시간은 중요한 의미가 있다.[51]

따라서 물리적 현실은 이전에 생각했던 것보다 훨씬 더 미묘하다. 이 현실은 우연성과 필연성이 복잡하게 얽혀 있다. 만약 하나님이 우리 인간을 그러한 세계의 일부로 창조하기로 선택하셨다면, 우리는 지구상의 다른 모든 생명체와 마찬가지로 즉흥성과 규칙성의 복잡한 상호 작용 속에서 탄생한 셈이다. 우리는 물리적 존재이며 다른 창조 질서와 마찬가지로 예측 불가능성과 취약성을 공유한다. 인간의 유한성과 한계는 악이 아니다. 오히려 한계를 거부하는 것이 죄가 된다. 인간 종으로서 우리가 지닌 연대감은 다른 이들의 기쁨을 함께

---

[51] 다른 작품 중에 특히 John Polkinghorne, *Science and Providence* (London: SPCK, 1989); *The Faith of a Physicist: Reflections of a Bottom-Up Thinker, The Gifford Lectures, 1993-1994* (Minneapolis, MN: Fortress, 1996)를 보라.

기뻐하고 다른 이들의 고통을 함께 슬퍼하는 이유가 된다. 다른 이들의 선행을 통해 누리기만 하려 하고 타인이 행한 일의 결과로 생기는 고통은 나누려 하지 않는다면, 이는 우리가 피조물로 지닌 상호 의존성을 부인하는 셈이다.

고통은 여전히 헤아릴 수 없는 신비다. 그렇지만 하나님이 단순히 부재하는 집주인이거나 꼭두각시 조종자라는 양자택일을 할 필요는 없다. 도덕적 악과 관련해 기독교 신학은 인간의 자유 의지라는 틀을 오랫동안 주장해 왔다. 인간이 수없이 많은 재앙과 같은 선택을 했음에도 불구하고 자유롭게 선택하는 존재들이 사는 세계가 완벽히 프로그래밍된 자동 로봇들이 사는 세계보다 낫다는 것이다. 물리적 세계의 경우, 하나님이 질서 있는 우주를 만들어 내셨고 이를 지속적으로 유지하면서 사랑과 지혜로 이 모든 과정을 지탱하시는 동시에, 끊임없이 개입하지 않고 세계가 '스스로 만들어지도록' 허락하셨다. 각각의 피조물은 자체의 본질에 맞게 행동하도록 허용되며 이 본질에는 자연에 일반적으로 존재하는 질서와 즉흥성의 복잡한 결합이 포함된다. 하나님은 암 덩어리의 성장이나 테러 행위를 원하지 않지만 이를 허용하신다. 새로운 생명체를 탄생시키는 유전자 돌연변이 과정에서 악성 종양이 발생하기도 한다.

지진의 경우, 지구의 지각은 지하에서 일어나는 거대한 지각 운동으로 끊임없이 재형성되며, 지진 덕분에 독특하고 다양한 형태의 생명체가 등장할 수 있는 수많은 생태적 틈새가 만들어진다. 지구 내부에서 방사성 원소의 붕괴로 생성된 열은 맨틀 내부에서 느리게 이동하는 대류 흐름을 유발한다(이 또한 비선형 동적 과정 중 하나다). 새로운 해양 지각은 해저 산맥에서 형성되어 다시 맨틀로 가라앉는다. 가라앉는 해양 지각의 판들은 변형되고 균열이 생기면서 지진이 발생한다. 히말라야산맥과 같은 산맥은 대륙판이 충돌하면서 형성되었다.

따라서 지진, 화산 폭발을 비롯한 다른 경이로운 자연 현상들은 여러 기독교 전통이 이해했던 것처럼 '타락'의 결과가 아니라, 하나님이 이 땅의 생태 변화와 생물 다양성을 이루기 위해 선택하신 방식이다. 자연에서 발생하는 재해에 인간의 '타락'이 더해질 때 우리는 더욱더 취약해진다. 위에서 언급한 예들처럼 막대한 인명 피해를 일으킨 사례들은 잘못된 우선순위를 포함해 인간의 죄악 탓에 발생한 인재이며, 대부분은 예방 가능한 경우가 많다. 또한 우리의 타락의 결과, 치명적인 바이러스에 대한 면역 기능이나 자연의 신호를 감지하는 능력과 같은 일부 능력을 상실했을 가능성도 있다(일부 동물들은 지진파나 접근하는 쓰나미를 감지하고 안전한 곳으로 도망칠 수 있다). 이런 가능성들에 대해 우리는 단지 추측만 할 뿐이다.

나는 다음과 같은 데이비드 퍼거슨의 평가에 동의한다. "이신론에도 최소한 인정해야 할 진리가 약간은 있다." 이신론자들은 마치 하나님이 특정한 목적을 위해 자연에서 행동하시는 것으로 매 사건을 보지 않는다. 그 대신, "사고, 불행, 비극으로 이어지는 경우라도 우주의 규칙성과 우연성을 통해 역사하는 섭리를 강조했다. 하나님의 의도와 발생한 특정 사안 사이의 맞물림을 느슨하게 만들어, 이신론은 창조 질서 안에서 더 큰 자유와 우발성을 제공했다. 이신론에 전적으로 동의하지 않더라도, 우리는 이를 인정해야 한다."[52]

또한 그리스도의 십자가가 우리에게 하나님의 지혜를 생각하는 방식에 대해 알려 준다면, 그 지혜는 세상의 깨어짐과 소외를 견뎌야 하는 곳에서 가장 두드러지게 드러난다. 바로 여기에서 성경 속 이야기의 하나님과 다른 신들이 구별된다. 하나님은 뜻하는 것은 무엇이든 행할 수 있다는 의미에서 전능한 분이시지만, 완전한 통제를 고집하는 것은 그분의 뜻에 부합하지 않는다. 우리는 하나님의 주권을 '통제'라는 모델로 설명하는 방식이 성경 전체의 그림을 온전히 드러내는 데 적절치 않다는 사실을 관찰해 왔다.

게다가 하나님은 참된 존재가 될 수 있는 힘을 피조물에게 부여하며, 창조의 시간성 안에 거하신다. 성경은 펼쳐지는 이야기, 즉 하나님의 행동과 반응의 역사를 통해 그분의 정체성을 드러낸다. 하나님은 창조된 인간이 반응하고 협력할 여지를 남기신다. 이것이 성경에서 하나님의 예언이 주로 미래에 대한 구체적이고 상세한 예측보다는 미래를 위한 **약속**이라는 주제로 나타나는 이유다. 이러한 관점을 비인간 세계에 대해서도 적용할 수 있을까?

우리는 지금 신학적으로 논란의 여지가 있는 주제들을 다루는 중이다. 하나님과 그분의 창조물 간의 관계는 '수이 게네리스'(*sui generis*, 독창적)이며, 하나님과 시간의 관계는 알 수 없다. 그러나 현대의 몇몇 기독교 신학자들과 철학자들의 견해처럼, 나는 이런 가설을 주장하고 싶다. 세상에서 일부 사건들이 실제로 일어나는 것을 하나님이 보고 "놀라신다"고 말해도 나름 말이 된다고 생각한다. 하나님이 여전히 존재론적으로는 이 모든 것들의 기반이고 근원(창조주)으로 남아

---

52 Fergusson, *Providence of God*, 131-132.

계신데도 말이다.[53]

　미래가 진정으로 아직 알려지지 않은 미래라면, 하나님이 미래를 알지 못하신다고 말하는 것이 결코 하나님의 불완전함을 뜻하지 않는다. 하나님은 과거를 **과거로** 완벽하게 알고, 미래를 **미래로** 완벽하게 아신다. 하나님은 자유로운 행동과 자유로운 과정에서 벌어지는 모든 가능한 결과를 아시지만 특정 결과가 실제로 이루어지기 전까지는 그것들을 가능성으로 아신다. 하나님은 확실성을 확실성으로, 우연성을 우연성으로 아신다. 마치 예술가가 자신의 작품에 의도를 담고 스케치부터 그것이 어떻게 그려질지 아는 것처럼(그리고 처음부터 끝까지 '미리 안다'는 의미로). 하지만 자신이 사용하는 붓의 느낌, 캔버스의 질감, 페인트의 밀도와 같은 재료가 실제 작품을 완성하는 데 기여하는 것과 같다. 창조된 시간적 세계와 더불어 자유롭게 선택한 동반자 관계 때문에 하나님도 진정한 미래를 갖게 되신다.

　마지막으로 지진이나 허리케인 같은 비극이 닥쳤을 때 가장 먼저 해야 할 일은 피해자들과 인간적 연대를 표현하는 것이다. 이후에는 필연적으로 존재론적 질문이 생길 수밖에 없고, 우리의 대답은 빈약하고 궁색할 것이다. 하지만 더 중요한 점은 "항상 '같은 일'이 일어나고, '같은 사람들이' 고통받는다는 것에 대한 **분노**"와 "언젠가 모든 것이 달라지기를 바라는 **갈망**"을 경험하는 것이다.[54]

　2004년 12월 26일 인도양에서 발생한 쓰나미에 대해 내가 썼던

53　하나님이 '놀라신다' 혹은 '실망하신다'라고 표현한 일부 성경의 사례에 대해서는 렘 3:6-7, 19-20; 사 5:1-5; 겔 22:26-27, 30-31을 보라.
54　Sobrino, *Where Is God?*, 11.

말들로 결론을 내리고자 한다.[55] 많은 사람이 "2004년 12월 26일 아침에 하나님은 어디에 계셨는가?"라고 질문했다. 이에 대해 이렇게 겸허하면서도 담대하게 대답할 수 있다. 희생자들의 고통과 공포 속에서, 생존자들의 슬픔 속에서, 다른 사람들을 구하기 위해 목숨을 걸었던 사람들의 영웅적 행동 속에서, 기술적으로 부유한 세계에서 드러난 가난한 사람들의 취약성에 분노하며 표현한 항의 속에서 그리고 남아시아 해안을 휩쓸었던 파도만큼 멈출 수 없었던 세계적인 인간애의 자발적인 물결 속에서, 자기희생적 사랑의 삼위일체 하나님이 계셨다고.

에필로그

1441년 피렌체 공의회에서 발표된 교황의 칙서 "칸타테 도미노"(Cantate Domino)는 자연의 선함을 확언했다. 이는 피조물인 자연이 하나님의 선하심에 뿌리를 두기 때문이다.

> 교회는 한 분이며 참되신 성부, 성자, 성령 참된 하나님이 보이는 것과 보이지 않는 모든 것을 창조하셨으며, 그분이 원하실 때 그분의 선하심을 따라 영적이고 육적인 모든 피조물을 창조하셨다고 강력히 믿고, 고백하며, 선언한다. 그것들은 지극히 선하신 분이 만드셨기에 선하지만, 무로부터 창조되었기에 변할 수 있다. 그러므로 본질적으로 자연은 악하

---

[55] https://atyourservice.arocha.org/en/tsunami-tragedy-where-was-god/.

지 않으며 모든 자연은 자연 그대로인 한 선하다.⁵⁶

20세기 초로 건너가 보면 인도의 도시 중산층과 초기 독립운동에 심대한 영향을 끼친 저명한 신지학자(theosophist) 애니 비산트(Annie Besant)는 이렇게 불평했다. "나는 하나님을 믿지 않는다. 내 지성은 합리적인 신앙을 세울 어떤 근거도 찾지 못한다. 내 마음은 감각 있는 존재들의 고통에 무관심한 유령 같은 전능한 존재에 대해 반발한다. 내 양심은 주변에 넘쳐 나는 불의, 잔인함, 불평등에 저항한다. 그러나 나는 인간을 믿는다. 인간의 구속하는 힘을 믿고, 인간의 재구성하는 에너지를 믿으며, 지식과 사랑 그리고 수고를 통해 성취하는 인간의 승리를 믿는다."⁵⁷

비산트가 한탄한 모든 불의와 잔혹함은 하나님이 아니라 인간의 행위인데도 그녀는 인간을 찬미했다. 얼마나 아이러니한가. 그녀가 이 말을 한 지 얼마 지나지 않아 유럽과 세계는 무의미하고 야만적인 전쟁에 휩싸였으며, 이는 진보라는 이름의 신화를 관짝에 넣어 버렸다. 만약 비산트가 20세기의 대부분을 경험하기까지 살았더라면 인간 학살과 동물 도살이라는 아마도 전례 없는 규모의 잔혹함을 목격했을 것이다. 그녀는 히틀러가 권력을 잡은 해에 사망했으며, 홀로코스트를 계획하고 실행한 사람들은 당시 가장 발전된 과학과 예술

---

56 "The Council of Florence (A.D. 1438-1445) from Cantate Domino-Papal Bull of Pope Eugene IV," Catholicism.org, 2005년 3월 16일.
57 Annie Besant, *Why I Do Not Believe in God* (1887), Alister McGrath, *The Twilight of Atheism: The Rise and Fall of Disbelief in the Modern World* (London: Rider, 2004), 183에서 인용됨.

을 자랑하던 나라 출신이었다. 알리스터 맥그래스(Alister McGrath)는 이를 이렇게 설명한다. "그들이야말로 루드비히 포이어바흐(Ludwig Feuerbach)가 현대의 '새로운 신들'이라 칭했던 사람들이다. 하나님이 금하신 것이나 제재하시는 것도 신경 쓰지 않았고, 미래에 이루어질 하나님의 심판에 대한 두려움도 없었다." 오늘날에도 많은 사람이 이전 시대의 비산트와 마찬가지로 하나님에 대한 믿음보다 인간에 대한 믿음을 선호한다고 주장한다. 그런데 바로 이 인간이야말로 "연속된 도덕적·사회적·정치적 재앙을 초래한 주범이다. 어떤 재앙은 하나님에 대한 신앙적 동기로 초래되었고, 어떤 재앙은 하나님을 모든 수단과 모든 방법으로 제거해야 한다는 믿음에 영감을 받았다. 여기서 공통분모는 신성이 아니라 인간성이다."[58]

따라서 부당한 고통과 분명히 하나님이 부재하신 것처럼 보이는 상황 가운데 우리는 성경적 관점을 따라 인간의 죄가 가장 큰 악이며, 그 결과 다른 모든 형태의 악과 고통이 비롯된다는 사실을 기억해야 한다. 결국 우리는 인간의 죄가 하나님의 선한 세상에 초래한 모든 소외와 혼란을 가슴에 품고도 승리로 나아가는 고통받는 사랑의 신비로 돌아온다. 필립 얀시(Philip Yancey)는 후두암에 걸린 스코틀랜드 여성 마거릿에 대한 이야기를 소개한다. 그녀는 병실을 방문한 수많은 사람이 위로의 말을 건넸지만 대답하기가 어려워 쪽지에 이렇게 적었다. "이것이 일어날 수 있는 최악의 일은 아닙니다! 암이 뭘 할 수 있겠습니까. 암은 사랑을 마비시키거나, 희망을 산산조각 내거나, 신

---

[58] McGrath, *Twilight of Atheism*, 183-184.

앙을 녹슬게 하거나, 평화를 갉아먹거나, 자신감을 파괴하거나, 우정을 죽이거나, 기억을 가로막거나, 용기를 침묵시키거나, 성령을 소멸시키거나, 예수님의 능력을 약화시킬 수는 없으니까요."[59]

---

59 Philip Yancey, *The Question That Never Goes Away* (Grand Rapids, MI: Zondervan, 2013), 104. 『하나님, 제게 왜 이러세요?』(규장).

5장

미래 시제

사라의 웃음은 믿음의 변함없는 동반자다.[1]

우리는 삼위일체적 사건인 십자가형을 통해 고난과 죽음을 끌어안으시는 하나님을 살펴보았다. 십자가는 역설적으로 하나님께 버림받은 현실 가운데서도 하나님의 임재를 드러낸다. 골고다에서 예수님은 폭력과 적대적이고 소외시키는 죽음의 권세에 맞서 하나님의 거룩한 사랑을 극한으로 끌어올렸다. 예수님이 죽음을 맞이하는 과정과 그 결과를 통해 삼위일체 하나님도 죽음의 과정과 결과를 경험하셨지만 죽지는 않으셨다. 우리의 화해를 원하는 하나님은 우리와 함께, 그리고 우리의 손에 죽음을 겪기로 선택함으로써 죽음을 극복하셨다. 이것이 바로 예수님이 죽음에서 부활하신 사건이 증언하는 승리다. 하나님은 여전히 모든 인간의 죽음에 함께하시지만, 골고다에서 그분이 경험하신 죽음을 통해 죽음의 "쏘는 것"은 결정적으로 제거되었다.[2] 하지만 이 복음의 중심 진리를 그리스도인들은 자주 왜곡했다.

---

[1] Ernst Käsemann, *Perspectives on Paul* (1971), David Fergusson, *The Providence of God*, 297에서 인용됨. 이 인용구는 사라가 자신의 나이에도 불구하고 아브라함이 아들을 낳게 될 것이라는 하나님의 약속을 엿듣고 믿기지 않아 지은 웃음을 가리킨다(창 18:12). 이삭이 태어났을 때, 그녀는 다시 웃었는데, 이번에는 기쁨의 웃음이었다. 더 나아가, 그녀는 이 기적적인 사건에 대해 듣는 모든 사람이 함께 웃을 것이라고 선언한다(창 21:6). 따라서 사라의 웃음은 두 가지 종류의 인간적인 불신을 나타낸다. 하나는 의심의 웃음이고, 다른 하나는 이해할 수 없는 기쁨의 웃음이다. Käsemann이 언급한 것은 첫 번째 웃음이다. 두 번째 웃음은 첫 번째 웃음과 정직하게 씨름한 후에야 비로소 나타날 수 있다는 것이 이 책의 논지다.

[2] 무신론적 자연주의에서는 죽음을 비존재, 즉 생물학적 해체로 정의한다. 그러나 종교심을 가진 대다수의 인간에게 죽음은 비존재가 아니라 또 다른 존재 방식으로의 전환이다. 어느 쪽이든, 죽음은 모든 관계가 궁극적으로 단절되는 상태로 '경험된다.' 성경적 사유로는, 3장에서 살펴보았듯이, 죽음에 소외감을 주는 '독침'은 바로 죄다. "죄의 삯은 사망이[다]"(롬 6:23).

그들은 예수님의 부활을 십자가 사건의 **반전**으로, 고난과 장애 그리고 모든 인간적 한계의 종지부를 찍는 마술적 '해결책'으로 제시하려고 했다. 그렇게 되면 부활은 단지 변증의 논거로 사용되거나 건강과 세속적 성공을 찬양하는 승리주의 이데올로기를 위한 도구로 전락하고 만다.

부활의 결말은 반전**이지만** 이는 인간의 가치관과 판단에 대한 반전이다. 부활은 **두 가지 확증**을 통해 더 잘 이해할 수 있다. 첫째, 이는 예수님이 자신에 대해 주장하신 바를 확증한다. 그분의 주장은 도덕과 종교를 수호하던 사람들을 격분시켰고, 결국 그분은 신성 모독자 및 반역자이자 메시아를 참칭한 자라는 혐의로 십자가에 못 박히셨다.

> 부활은 구유에서 시작해 십자가에서 생애를 마치고 지금 무덤에 누워 있는 우리 앞의 이분이 바로 성육신하신 하나님임을 우리에게 말해 준다.…부활절의 기쁜 소식은 예수님의 이야기를 놀랍게 확증한다. 너무도 인간답게 살았던 이분이 극도의 비인간성에 희생당하신 분이라는 사실을 통해, 우리는 하늘의 사랑이 육신으로 드러나고 실제로 구현된 모습을 목격한다.[3]

---

3   Alan E. Lewis, *Between Cross and Resurrection: A Theology of Holy Saturday* (Grand Rapids, MI: Eerdmans, 2001), 80-81. Lewis는 이에 대한 "소름 끼치는" 결론을 강조한다. "하나님이 거하셨고, 아버지의 뜻을 행하며 아버지의 얼굴을 드러냈던 분이 이제는 죽음의 자세로 고요히 누워 계시며, 버림받고 패배한 상태로 남아 있다는 것이다. 무덤 그 자체가 그분이 하나님의 아들이 **아님**을 증명한다고 여겨졌다. 그때 하나님의 부재와 차가운 무덤의 신 없는 상태는 너무나 두려웠다. 그렇다면 바로 그 무덤에 하나님의 아들이 계셨음을 부활의 영광이 확신시켜 주는 지금, 그 무덤의 차가움은 천 배나 더 소름 끼친다"(83).

둘째, 부활은 예수님이 걷기로 선택하신 길을 확증한다. 십자가는 두 길이 만나는 교차로로 이해할 수 있다. 첫 번째 길은 아담의 길, 즉 악한 세력에 지배받는 방황하고 소외된 인류의 길이다. 이는 이스라엘 종교 전통을 수호하는 자들이 예수님의 도발적이고 순응하지 않으려는 태도와 파격적인 주장을 보고 분노했던 모습에서 드러난다. 또한 민족주의 혁명가가 되리라는 메시아에 대한 군중의 기대를 거절한 예수님에게 격분한 대중의 모습, 다른 사람들 위에 군림하려 했던 제자들의 욕망, 무고한 사람들을 희생시켜 제국 내에서의 자율적 지위를 유지하려 했던 대제사장 가야바의 실용적이고 계산적인 태도 그리고 진리나 정의에는 무관심한 채 로마 황제와 유대 백성의 인기만을 추구했던 로마 제국의 총독 빌라도의 모습에서도 확인할 수 있다.

다른 길은 마지막 아담인 예수님이 걸으신 길이다. 이는 예수님이 자신의 소명으로 이해한 길에 충실히 헌신함으로써 이스라엘이라는 이름의 백성답게 사는 삶―야훼의 "언약 공동체"와 "열방의 빛"이 되는 것―이 무엇을 의미하는지 보여 주신 모습에서 드러난다. 또한 겸손히 사회의 '하층민'과 친구가 되며 종의 자세를 실천하신 모습, 인기와 명성을 경멸하신 모습, 가난하고 무력한 이들을 사랑하신 모습, 도덕적·종교적 위선을 직면하고 거룩한 도성을 위해 눈물 흘리신 모습, 악을 악으로 갚지 않고 오히려 자신과 그 민족의 원수에게까지 용서와 화해를 베푸신 모습, 자신을 위해 싸우려는 제자들의 싸움을 만류하고 자신을 지키려고 천사를 소환하지 않으신 모습, 아버지의 뜻에 순종하느라 겟세마네 동산에서 겪으신 고뇌, 마지막으로 로마 제국의 팍스 로마나라는 이름 아래 멸시받고 인간 이하로 취급당하며 죽음을 맞이하신 모습에서 나타난다.

이 두 길은 십자가에서 만난다. 이는 삶에 대한 극도로 다른 두 가지 태도이자, 창조주 하나님의 통치를 받으며 믿음으로 살아가는 것이 무엇을 의미하는지에 대한 두 가지 상반된 이해를 나타낸다. 오늘날 많은 사람은 예수님의 길이 약자들이 가는 길이라고 자신 있게 주장한다. 이런 식이다. 정말로 남들보다 앞서가고 싶다면 자기주장을 하고 실용적이고 계산적으로 사고해야 한다. 목적이 수단을 정당화한다. 그것이 개인의 삶이든, 비즈니스든, 정치든 마찬가지다. 자신의 안전과 복지를 먼저 생각하고 세상을 바로잡겠다는 이상적인 꿈 따위는 버려라. 그런 '도덕적 원칙'이나 '하나님께 대한 순종' 같은 유치한 이야기는 미숙한 겁쟁이들이나 가는 길이고, 실패로 가는 확실한 길이다.

예수님이 죽음을 맞으시고 그걸로 끝이었다면 그 회의론자들이 옳다고 인정할 수밖에 없다. 예수님께 순종하는 것은 무의미한 명분이다. 그러나 예수님의 부활은 예수의 길이야말로 진정으로 살아갈 유일한 길임을 증언한다. 부활은 희생적 사랑과 하나님께 대한 온전한 순종, 고난 가운데서의 인내가 궁극적으로 하나님의 정의와 평화의 나라를 가져올 것임을 증명한다. 부활은 예수님의 삶과 죽음의 방식이 궁극적으로 승리한다는 사실을 우리에게 보증한다.

그러나 그것이 전부는 아니다. 예수님은 부활을 통해 인간성을 버린 것이 아니라, 승천을 통해 이 인간성을 치유하고 변화시켜 영원히 하나님의 중심으로 가져가셨다.

3장에서 언급했던 칼 바르트의 혁신적 주장을 다시 떠올려 보자. 바르트는 그리스도의 고난, 죽음, 부활을 통해 하나님은 낮아지시고 인간은 높아진다고 주장했다. 그분의 죽음은 **신적** 사건이었고, 그분의 높아짐은 **인간적** 사건이었다. 게다가 인간의 몸은 단순히 생물학적 기계가 아니다. 몸은 우리의 고유한 개인적 정체성의 근본이며 우리가 사회적 관계를 맺고 유지하게 해 주는 매개체다. 몸을 통해 우리는 다른 사람들을 알고 다른 이들도 우리를 알게 된다. 그러므로 예수님의 육체적 부활을 죽은 자들의 부활의 "첫 열매"로 선포한다는 사실은 다가올 세상이 지금의 세상처럼 물질적인 것으로 이루어진다는 뜻일 뿐 아니라, (비록 우리가 지금은 이해할 수 없는 방식으로 변화된다 해도) 그 세상이 본질적으로 삼위일체 하나님의 생명에 참여하는 공동체적 성격을 지닌다는 뜻이다.

기독교 복음은 단순히 현재의 역사적 가능성과 잠재력의 발전으로 이루어지는 결과가 아닌, 삼위일체 하나님이 **놀랍도록 새로운** 무언가를 이루시는 이야기다. 이것이 바로 기독교적 소망이 단순한 세속적 미래학과 구별되는 지점이다. 세속적 미래학은 역사적·사회적 트렌드를 추적해 미래를 예측할 뿐이다. 기독교적 소망은 우리의 능력이나 현재 창조 세계의 잠재력에 기초하지 않는다. 오히려 예수 그리스도의 부활을 통해 죽음 가운데 생명을 불러내시는 창조주 하나님의 행위에 기초한다. 믿음으로 우리는 하나님이 하시는 일 속에서 모든 것을 궁극적으로 새롭게 하실 것에 대한 예고와 보증을 본다. 올리버 오도노반(Oliver O'Donovan)은 다음과 같이 말한다. "그리스도 사건은 이미 완성된 일이지만 여전히 미래를 위한 사건이다. 이를 믿는 우리의 믿음은 여전히 소망의 특징을 띠어야 한다. 이 소망은 단지 우리의 개인적 미래뿐 아니라 하나님의 통치 아래 있는 온 세상의 미래를 위한 소망이어야 한다."[4]

투쟁의 소망

랍비 조너선 색스는 "유대교는 미래 시제의 믿음이다"라고 말했다. 그는 미래 시제로 표현되는 하나님의 이름, 미래 지향적인 시간 개념, 항상 아직 미래에 닿지 못한 채 끝나는 문학적 이야기들 그리고 미래에 속한 황금시대라는 놀랍고 연관된 네 개념을 제시한다. 이는 위대한 영웅조차도 자신의 운명이나 숙명에서 도망칠 수 없는 그리스의 '비극적 인생관'과 대조된다. 역사만 있고 자유가 없는 곳에는 소망이 없다. 역사가 있고 자유도 있는 곳에는 소망이 있다. 그리고 소망이 있다면 재난은 있을지언정 궁극적인 비극은 없다. 색스는 이렇게 결론짓는다. "유대인들은 과거나 현재나 인류와 대화하면서 소망의 목소리가 되라는 부르심을 받았다."[5]

예언자적 전통은 많은 사회에서 흔히 보이는 과도한 낙관주의나 환멸의 반복에 제동을 건다. 이 전통은 낙심을 정당화할 증거가 있음을 인정하면서도 삶이 선한 것임을 주장한다. 미국 정치 신학자 라인

---

4 Oliver O'Donovan, *The Desire of the Nations: Rediscovering the Roots of Political Theology* (Cambridge: Cambridge University Press, 1996), 144.
5 Jonathan Sacks, *Future Tense: A Vision for Jews and Judaism in the Global Culture* (London: Hodder & Stoughton, 2009), 241, 252.

홀트 니부어(Reinhold Niebuhr, 1892-1971년)는 "히브리 영성은 세상이 절대적으로 선하고 신성하다고 여기는 낙관주의나, 역사적 실존이 무의미한 순환으로 전락했다고 여기는 비관주의에 오염되지 않았다"라고 주장했다.[6]

초기 교회의 구성원들은 빠르게 이방인으로 채워졌지만, 그들은 유대인의 성경을 받아들였고, 그 결과 유대교의 특징인 미래 시제도 물려받았다. 실제로 성경 이야기의 독특성은 소망에서 찾을 수 있다. 미래 지향적 삶을 살며, 과거의 호시절에 대한 향수에 빠지지도 않고 자유와 책임이 환상일 뿐이라고 믿지도 않는다. 신약의 히브리서 저자는 이스라엘 조상들과 예언자들의 믿음을 다음과 같이 요약한다. "이 사람들은 다 믿음을 따라 죽었으며 약속을 받지 못하였으되 그것들을 멀리서 보고 환영하며…그들이 나온 바 본향을 생각하였더라면 돌아갈 기회가 있었으려니와 그들이 이제는 더 나은 본향을 사모하니 곧 하늘에 있는 것이라 이러므로 하나님이 그들의 하나님이라 일컬음 받으심을 부끄러워하지 아니하시고 그들을 위하여 한 성을 예비하셨느니라"(히 11:13, 15-16).

요한계시록의 환상을 본 저자는 미래의 도시 이미지를 더욱 발전시킨다. 성경의 이야기는 한 부부가 정원을 경작하는 이야기로 시작해 하늘의 도성이 땅으로 내려와 이 땅을 채우는 이야기로 끝난다. 이 도성은 다문화 도시로 모든 언어와 문화권의 사람들이 함께 모인다.

---

6 Christopher Lasch, *The True and Only Heaven: Progress and Its Critics* (New York: W. W. Norton, 1991), 373.

도시의 문은 "만국의 영광과 존귀"(계 21:24, 26)를 받아들이려 열려 있다. 즉 인간 노동의 산물인 모든 문화적 자산을 받아들이려 한다. 구원은 모든 장소와 시대를 통틀어 참으로 인간적인 모든 행위가 하나님께 드리는 예배로 집결되는 것을 포함한다. 이는 하나님의 아름다움, 사랑, 정의, 진리를 드러내는 인간의 행위를 말한다.

그러나 물론 기독교가 유대교와 구분되는 지점이 있다. 그것은 바로 하나님의 약속된 미래가 메시아이신 예수님의 부활로 이미 시작되었다는 근본적 확신이다. 하나님의 선한 창조를 훼손한 악은 결정적으로 패배했다. 인간과 인간이 만든 제도가 여전히 이 땅과 모든 피조물에 말로 다 표현할 수 없는 악한 영향을 끊임없이 끼치고 있는 현실에 비춰 볼 때 그 사실은 믿기 어려워 보인다. 그럼에도 불구하고 그리스도인들은 여전히 단순한 희망적 사고나 순진함 때문이 아니라 하나님의 약속과 역사적 사건에 근거해 이 확신을 붙들고 있다. 실제로 스리랑카의 에큐메니컬 지도자 다니엘 탐비라자 나일스(Daniel Thambyrajah Niles, 1908-1970년)가 심오하게 표현했듯이, "우리의 기대가 무너지는 곳에서 소망은 시작된다."

인도 첸나이의 주교였던 20세기의 위대한 에큐메니컬 지도자 중 한 사람인 레슬리 뉴비긴(Lesslie Newbigin)은 "저항하는 믿음과 수용하는 믿음"에 대해 말한 적이 있다. 이 두 가지는 항상 서로 속해 있다고 그는 말했다. 예수님은 몸과 영혼에 고통을 안겨 주는 병, 가난과 장애로 경험하는 배제, 종교 지도자들의 위선 그리고 사회적 관행과 제도의 착취와 억압이라는 악의 세력에 끊임없이 맞서셨다.

그분은 제자들도 같은 일을 하라고 보내셨다. 그런데 이것은 예수님이 고난을 받으셔야 하듯, 제자들 또한 필연적으로 고난을 겪어야만 한다는 뜻이었다. 이 역설이 바로 복음의 핵심이다. "그는 다른 사람들을 구했으나, 자신은 구할 수 없었다." 이는 끝날까지 교회의 사명에 포함된다. 교회에 주어진 능력은 악의 권세에 맞서기 위해 예수님이 걸어가신 그 길을 따르는 능력, 곧 고난을 통과하고 새 생명과 새 세상을 선물로 주시는 아버지께 온전히 복종하며 나아가는 능력이다.[7]

갈릴리와 유대의 모든 병자가 치유받지 않았고 모든 죽은 자가 살아나지도 않았으며 모든 불의가 바로잡히지도 않았다. 예수님이 개시하신 하나님의 나라는 이미 있지만 아직 완성되지 않았고, 여기에 있으면서도 없다. 우리는 이 점을 꼭 기억해야 한다. 예수님과 그분의 사도들이 행한 치유 기적들은 때때로 병자와 장애인을 향해 오용되기 때문이다. 마치 그들의 믿음이 부족해 온전한 건강을 누리지 못한다는 식으로 말이다. 심지어 신약 성경에서도 바울은 알 수 없는 자신의 고통("육체에 가시", 고후 12:7-9)을 비롯해 여러 고난을 견뎌 내며 하나님의 "능력이 약한 데서 온전하여짐"을 배워야 했다.

신학자 낸시 아일랜드(Nancy Eiesland)는 십자가에 못 박히고 부활하신 예수님에게서 자신이 지닌 장애에 대한 '해결책'이라기보다는 완전히 새로운 관점을 발견했다.

---

[7] Lesslie Newbigin, *The Open Secret* (London: SPCK, 1978), 121. 『오픈 시크릿』(복있는사람).

부활한 예수님은 자신의 상처 난 손과 발을 당황하는 친구들에게 보여 주며 장애를 가진 하나님으로 나타나신다. 부활한 구세주 예수님은 상처 난 손과 발을 보여 주며 두려워하는 동료들에게 그 안에서 그들이 하나님과 연결되며 구원을 얻는다는 사실을 깨달으라고 요청하신다. 이를 통해 이 장애인 하나님은 새로운 인류를 계시하신다. 장애인 하나님은 단지 하늘에서 온 분일 뿐 아니라 진정한 인격을 계시하며, 장애의 경험이 온전한 인격과 완벽하게 공존할 수 있음을 강조하신다.[8]

예술가이자 미술 교사인 브루스 허먼(Bruce Herman)의 견해에 따르면, 부활한 그리스도가 제자들에게 보여 주신 이 땅의 상처들은 "깨어진 아름다움"이라는 새로운 미학의 기초가 된다. "고통을 지나 그 너머의 완전함으로 나아갈 때, 유명해지고 젊어지려 집착하는, 이상화되고 도달 불가능한 우리 사회의 기준에 참여할 필요가 없기 때문이다."[9] 그런 아름다움은 젊고 건강한 모습뿐 아니라 나이 들고 병든 이들 속에서도 발견할 수 있지만, 이를 발견하려면 오랜 기간의 헌신적 사랑이 필요하다. 허먼의 논지는 다음과 같이 요약된다. "오직 십자가를 끊임없이 바라보며 훈련된 눈, 즉 어린아이와 같은 순수하고 맑게 정화된 눈만이 진정한 아름다움과 선함을 볼 수 있다."[10] 반

---

8 Nancy Eiesland, *The Disabled God: Towards a Liberatory Theology of Disability* (Nashville: Abingdon Press, 1994), 100.
9 Bruce Herman, "Wounds and Beauty," in *The Beauty of God: Theology and the Arts*, ed. Daniel J. Treier, Mark Husbands and Roger Lundin (Downers Grove, IL: IVP Academic, 2007), 111.
10 Herman, "Wounds and Beauty," 119.

고흐는 렘브란트가 그린 평범한 사람들의 초상을 보며 하나님을 믿을 수밖에 없다고 말했다.[11]

내 아내 커린이 말기 암을 앓는 마지막 몇 달 동안, 우리는 자주 우리가 가장 좋아하는 두 성경 본문인 로마서 8장과 고린도후서 4장을 읽었다. 두 본문에 공통적으로 나타나는 주제는 '고난'과 '영광'이 서로 엮여 있다는 것이다. 로마서 8장에서 바울은 세 가지 '신음'에 대해 이야기한다. 첫째는 타락의 속박에서 해방되며, 창조 세계의 미래와 불가분의 관계에 있는 새로운 인류가 나타나기를 간절히 기다리는 창조 세계 전체의 신음(마치 해산의 고통을 겪듯이 신음하는 것)이다(22절, 새번역). 둘째는 "속으로 탄식하며" 완전한 구속을 기다리는 이미 새 창조에 속한 하나님의 양자들, 즉 자녀들의 신음이다(23절). 셋째는 우리와 하나님의 모든 창조물과 함께 연대하며 "말할 수 없는 탄식으로" 우리를 위해 간구하시는 성령의 탄식이다(26절). 신음하며 갈망하는 것은 분명 소망의 언어다. "보이는 소망이 소망이 아니니 보는 것을 누가 바라리요"(24절). 이는 결국 진정한 기도이며, 앨런 루이스(Alan Lewis)의 감동적인 표현에 따르면 "절박함이 낳은 대범함"이다. 부활 이후에 드리는 기도는 "풍요가 아니라 우리의 언어적·지적·영적 자원이 고갈되었다고 고백하는 것이다. 우리의 영혼이 파산했으며 우리가 더 이상 드릴 기도가 없다는 점을 인정하며 우리를 위해 간구하시는 분께 항복하는 것이다."[12]

---

11 Richard Harries, *Art and the Beauty of God* (London/New York: Continuum, 1993), 132.
12 Lewis, *Between Cross and Resurrection*, 64.

바울은 우리가 범접하기 어려운 집중력으로 소망을 품고 '이미'와 '아직 아닌' 사이의 긴장 가운데 갈등하며 사는 삶이 어떤 의미인지를 깊이 이해했다. 그는 갈라디아인들을 위해 사역하던 때를 묘사하며 출산의 비유를 다시 사용한다(갈 4:19). 처음 복음을 전할 때 자신이 병으로 어떻게 고생했는지 상기시키며(4:13), 지금은 그들을 위한 자신의 수고가 헛되이 돌아가지 않을까 염려했다(4:11). 로마서에서는 그의 동족 이스라엘 백성의 불신앙에 대해 '큰 근심과 마음에 그치지 않는 고통'을 느끼며, 자신이 "저주를 받아 그리스도에게서 끊어질지라도" 그들 대신 저주를 받기 바란다고 말한다(롬 9:1-3). 또한 그는 당시 문명 세계의 끝자락으로 여겨진 스페인까지 가고자 했던 선교에 대한 그의 열망이 좌절되었음을 우리에게 알려 준다. 바울이 개척한 교회 내부의 다툼과 자신의 동포들 때문에 결국 로마에서 갇힌 것이다.

바울의 모든 서신 중 가장 개인적이고 그의 마음이 가장 감동적으로 드러나는 서신은 고린도후서다. 그는 아시아에서 자신과 동역자들이 겪은 고난을 상기시키며 이렇게 말한다. "힘에 겹도록 심한 고난을 당하여 살 소망까지 끊어지고 우리는 우리 자신이 사형 선고를 받은 줄 알았으니"(고후 1:8-9). 그의 편지 마지막에는 개인적인 곤욕과 육체적 고통의 목록이 나열된다(11:23-29). 그는 거의 괄호 속에 넣은 삽입구처럼 "날마다 내 속에 눌리는 일이 있으니 곧 모든 교회를 위하여 염려하는 것이라"는 말을 남긴다(11:28).

그러나 소위 바울의 '종말론적 마음'이 가장 절절하게 표현된 본문은 선교에 대한 위대한 고백이 담긴 고린도후서 4장에서 찾아볼 수 있다.

우리는 이 보물을 질그릇에 간직하고 있습니다. 이 엄청난 능력은 하나님에게서 나는 것이지, 우리에게서 나는 것이 아닙니다. 우리는 사방으로 죄어들어도 움츠러들지 않으며, 답답한 일을 당해도 낙심하지 않으며, 박해를 당해도 버림받지 않으며, 거꾸러뜨림을 당해도 망하지 않습니다. 우리는 언제나 예수의 죽임당하심을 우리 몸에 짊어지고 다닙니다. 그것은 예수의 생명도 또한 우리 몸에 나타나게 하기 위함입니다. 우리는 살아 있으나, 예수로 말미암아 늘 몸을 죽음에 내어 맡깁니다. 그것은 예수의 생명도 또한 우리의 죽을 육신에 나타나게 하기 위함입니다. 그리하여 죽음은 우리에게서 작용하고, 생명은 여러분에게서 작용합니다. (고후 4:7-12)

초기 교회가 로마 제국의 권력 아래서 첫 번째로 큰 갈등을 겪은 이후로, 복음의 승리는 교회 운영 프로그램의 효율성, 신학의 정교함, 설교자의 명철로 얻은 것이 아니라, 순교자들의 피를 통해 이루어졌다. 단순하면서도 심오한 이 진리, 즉 개종, 사회봉사, 종교적 포교 활동이 아니라 고난의 흔적이야말로 기독교 선교의 정체성을 입증하는 표지라는 사실은 지난 200년 동안 신학의 본고장들에서 나온 선교학에서 그동안 상당히 간과되었다. 그런데 자신이 예수의 진정한 사도인지 의심받을 때마다 바울은 항상 그리스도의 고난에 동참한 사실을 설명했다는 점이 흥미롭다.[13]

교회가 대안 공동체로 살아가며 현상 유지의 배경이 되는 지배적

---

[13] 참조. 고전 4:8-13; 고후 4장; 5장; 12:1-10; 갈 6:14-17; 골 1:24; 엡 3:13.

가치와 이데올로기에 도전하면 고난이 따른다. 또한 자유방임 자본주의든 공산주의든 파시즘이나 인종 차별, 민족주의, 가부장제 등 지배적 가치와 이데올로기의 희생자로 살아가는 사회의 약자들과 취약한 구성원들과 공개적으로 연대할 때도 고난을 겪는다. 예수님이 말씀하신 선한 사마리아인의 비유에 나오는 제사장과 레위인처럼, 길 반대편으로 회피하듯 행동하는 교회는 그리스도의 몸이라고 할 수 없다. 홍콩의 레이먼드 펑(Raymond Fung)은 "고난이 교회를 진정성 있게 만든다"라고 말했다. "교회가 교회다워지려면 예수 그리스도의 흔적, 곧 매질, 못 자국, 가시관의 흔적과 같은 십자가의 표지를 지녀야 한다. 이러한 흔적으로 교회는 하나님 앞에서뿐 아니라 고통당하는 사람들, 곧 죄로 고통당하는 사람들 앞에서도 그 진정성을 인정받는다."[14]

오늘날 '복음주의'로 불리는 집단에서 선교적 '성공'과 교회 성장의 방법론을 설명할 때 이런 종류의 생각을 떠올리지 않는다. 기독교 선교는 세상이 말하는 방식의 성공담이 아니다. 최근에 활기차게 복음이 증거되는 눈에 띄는 사례들은 기독교가 번성하리라고 전혀 기대하지 않았던 곳들에서 나타났다. 예를 들어 중국에서는 문화대혁명과 간헐적인 박해의 공포를 겪으면서도 교회는 훨씬 새로워지고 견고해졌다. 동유럽에서는 복음을 근절하려는 강력한 정부의 시도에도 불구하고 용기 있고 거룩하게 살아가는 그리스도인들의 삶을 통

---

14 Raymond Fung, "Evangelism Today," in *Living Theology in Asia*, ed. John England (London: SCM, 1981), 80.

해 여전히 사람들이 복음에 이끌린다. 그리고 라틴 아메리카에서는 우익 독재 정부가 수많은 신자를 감옥에 가두고 고문하고 살해했음에도 불구하고 교회가 성장했다.

그러나 다수 세계의 신생 교회들이라고 해서 유럽의 기독교 왕국이나 미국의 중산층 교회들이 보이는 복음을 배신하는 현상에 면역이 있다고 생각해서는 안 된다. 재앙 수준의 교회 분열과 경쟁적 대립, 도처에서 나타나는 권위주의적 지도자들 그리고 무자비한 독재자들과 외국인 혐오 선동가들과 결탁한 기독교 정치인들과 목회자들은 어디에서든 발견된다. 최근 르완다와 부룬디에서 '거듭난' 개신교도와 로마 가톨릭 신자들이 자행한 인종적 폭력의 사례들을 기억하는 것만으로도 충분하다. 이는 1930년대 독일 루터 교회의 나치 지지자들이나 미국 '바이블 벨트'의 백인 우월주의자들과 크게 다를 바가 없다.

20세기 기독교를 다룬 방대한 저서 『20세기 기독교』(*Christianity in the Twentieth Century*)에서 역사학자 브라이언 스탠리(Brian Stanley)는 '인종 혐오'라는 용어가 20세기의 집단 학살을 설명하기에 적합하지 않을 수 있다고 인정한다. 그러면서도, 튀르키예(1915-1916년), 나치 독일, 르완다와 부룬디(1994년)에서 교회들이 종종 인종적 이데올로기를 받아들인 태도를 보인 것은 "부정할 수 없는" 사실이며, 이는 "기독교 신학에 불편한 질문"을 제기한다고 주장한다. 그는 기독교 신앙을 고백하거나 심지어 신학적 자격을 갖추었다는 사실이 "인종적 적대감의 바이러스에 대한 효과적인 방화벽을 제공하지 못했다"고 지적하며 다음과 같이 한탄한다.

전례 없는 규모와 비율로 전개된 이 인종 학살의 사례들을 통해 기독교 신앙이 인종 혐오의 파괴적 힘에 무기력했던 것은 두 배로 충격적이다. 나치 독일과 르완다에서 일어난 두 차례의 홀로코스트는…교회와 기독교 지도자들이 전부는 아닐지 몰라도 많은 이가 인종적 이데올로기의 은밀한 유혹에 굴복했음을 보여 주는 실망스러운 이야기다. 또한 드러난 잔학 행위에 대해 많은 그리스도인이 습관적으로 침묵하거나 적극적으로 행동하지 않았음을 보여 준다.[15]

마찬가지로 아파르트헤이트 시대의 남아프리카 공화국에서 루터교 주교 마나스 부텔레지(Manas Buthelezi)는 "교회의 신앙 고백이나 교육이라는 우산은 인종주의의 폭우를 막아 내기에 안타까울 정도로 무력했다"고 한탄했다.[16] 스탠리는 교회가 단순한 정의의 호소를 남용하지 않도록 경고하며, 그러한 수사가 언제든 민족적 또는 국가주의적 이익을 위해 쉽게 악용될 소지가 있다고 지적한다. 그는 보스니아 집단 학살(1993년)에 관해 언급하면서 아프리카 로마 가톨릭 교회의 역사학자인 고 에이드리언 헤이스팅스(Adrian Hastings)의 말을 인용한다. 헤이스팅스는 "죄의 권세와 세상의 악에 대해 분명한 관점이 없다면, 정치나 역사의 신학을 구성하거나 효과적인 예언자적 목소리를 낼 근거를 찾을 수 없다"고 말했다.[17] 인간의 일들이 얼마나 악한지

---

15 Brian Stanley, *Christianity in the Twentieth Century: A World History* (Princeton, NJ: Princeton University Press, 2018), 151, 153-154.
16 John Parratt, *Reinventing Christianity: African Theology Today* (Grand Rapids, MI: Eerdmans; Trenton, NJ: Africa World Press, 1995), 169에서 인용됨.
17 Stanley, *Christianity in the Twentieth Century*, 171.

깨닫는다면, 그리스도인들은 다른 사람을 비판하기에 앞서 계속해서 자기비판과 회개를 해야 한다.

소망과 약한 자들의 실천

바울이 세 번이나 질병에서 낫고자 기도했을 때 "내 능력이 약한 데서 온전하여[진다]"는 응답(고후 12:9)을 받았다. 우리는 역사 속에서 하나님이 어떻게 행동하시는지 분별하고, 우리 자신이 실천을 통해 어떻게 그 뜻을 이루어 가는지 더 상상력을 키워 나가야 한다. 흔히 능력은 타인의 의지를 꺾고 우리의 뜻에 따르게 하는 힘이나 공격적인 행동으로 여겨진다. 그러나 능력은 또한 사람들의 태도, 충성심, 지식의 지평을 변화시키는 데 영감을 주고, 영향을 미치고, 설득함으로써 행사되기도 한다. 이는 창의적 예술가와 사회적 비전가들의 방식이다. 이는 고난받는 하나님의 권능이 세상에서 역사하는 주요 방식이다. 비록 유일한 방식은 아니더라도 말이다.[18]

약함(vulnerability)의 힘은 어린아이들이나 중증 장애를 지닌 성인들과의 관계에서도 경험할 수 있다. 나는 손가락만 까딱해도 신생아를 죽일 만한 힘을 가진 거구의 사람들이 아기를 품에 안고 감격의 눈

---

[18] 나는 '주요 방식'이라 표현했지만, 배타적인 방식은 아니다. 하나님은 정치적 및 사법적 권위를 통해 강제적으로 일하시며, 또한 기적을 통해서도 일하신다. 기적은 하나님의 창조 세계의 섭리적 질서에서 예외적이기는 하지만 실제로 일어난다. 여기서 나는 과정 신학과 의견을 달리한다. 과정 신학은 하나님의 '유인'이나 '설득적 영향력'만을 인정할 여지가 있을 뿐이다. 또한 나에게 깊은 영향을 끼친(비록 강압적이지는 않지만!) Dietrich Bonhoeffer와 Paul Fiddes와도 의견이 다르다.

물을 흘리는 모습을 보았다. 이전 장에서 학습 장애가 있는 성인들과 자원봉사자들이 함께 생활하는 라르쉬 공동체에 대해 언급했다. 하버드 교수직을 내려놓고 라르쉬에서 살아가며 자원봉사자로 활동했던 헨리 나우웬(Henri Nouwen)은 자신이 책임지고 돌보던 아담을 만나 삶이 변화되었다. 그는 그 경험을 이렇게 회상한다.

> 한 달 동안 아담과 함께 일하면서 이전에 한 번도 없었던 일이 내게 일어나기 시작했다. 다른 많은 사람이 볼 때 그는 태어나지 말았어야 할 민망하고 왜곡된 인간성을 지닌 쓸모없는 존재로 여겨질 수 있지만, 이 심각한 중증 장애를 지닌 청년은 나의 가장 소중한 동반자가 되기 시작했다. 내 두려움이 점차 사라지면서 말랑하고 다정함으로 가득 찬 사랑이 내 안에서 싹트기 시작했다. 내가 맡은 다른 일들은 아담과 함께 보내는 시간과 비교하면 지루하고 피상적인 것으로 느껴졌다. 이 깨어진 몸과 마음에서 나오는 가장 아름다운 인간의 모습은 내가 그에게 줄 수 있는 그 무엇보다 훨씬 큰 선물을 내게 주었다. 이 경험을 설명할 적절한 단어를 찾기는 어렵지만 아담은 나에게 그가 누구인지, 내가 누구인지, 그리고 우리가 어떻게 서로를 사랑할 수 있는지 보여 주었다. 아담과 함께한 시간이 길어질수록 그는 내게 온유한 스승이 되어 책이나 학교, 교수들이 결코 가르쳐 줄 수 없었던 것을 내게 가르치고 있음을 점점 더 분명히 깨달았다.[19]

하나님은 약한 자의 힘이 자신에게 닥치도록 자유롭게 선택하셨다. 그럼으로써 하나님이 창조 세계에 영향을 받고 그 세계의 유한함을 하나님의 무한한 존재로 끌어들이셨다. 이는 권력에 대한 현대의 세속적 개념의 정반대다. 통제를 내려놓는 것, 우리의 선택권이 아닌, 주어진 한계에 순응하는 것은 우리의 가장 큰 두려움이다. 어떻게 여성, 환자, 노인, 가난한 자 그리고 소수 민족의 자율성이 역사를 통틀어 박탈당하고, 이 과정에서 그들뿐 아니라 이런 통제를 행사했던 자들까지 영구히 손상시켰는지를 인식할 때 비로소 이런 두려움을 이해할 수 있다. 그러나 자율성을 절대화하는 것 역시 마찬가지로 해롭게 작용할 수 있다. 인간으로서 우리의 연약함에 만족하지 못한 채, 우리는 생식에서 죽음에 이르기까지 모든 과정을 지배하려 한다. 우리는 노화와 그 때문에 생기는 의존성을 두려워하며, 이를 막기 위해 경제적 여유가 있는 사람들은 생명을 연장할 수 있는 모든 의학적 약속이나 가상현실 속 디지털 장수를 필사적으로 붙든다.

그러나 생명 윤리학자 길버트 메일랜더(Gilbert Meilaender)는 이렇게 말한다.

> 노화는 우리 마음이 원하는 모든 것을 같은 방식의 삶 속에서 더 많이 얻을 수 있다고 상상하는 것을 가로막는다. 그리고 우리는 늙고 쇠퇴해 가는 과정에서 우리를 따르는 이들에게 자리를 내주는 자기희생과 헌신의 능력을 기를 수 있다. 늙고 쇠하며 심지어 죽어 가는 것을 알고 이를 삶의 여정의 일부라고 인정하는 것은 짐승도 아니고 신도 아닌 인간으로서의 존엄성을 가진 피조물에게 합당하다.[20]

---

19 Henri Nouwen, "Adam's Story: The Peace That Is Not of This World," *Weavings*, 1988년 3-4월.
20 Gilbert Meilaender, *Neither Beast Nor God* (New York: Encounter Books, 2009), 73.

또한 그는 다른 글에서 이렇게 지적한다. "끝없이 연장된 삶을 살되 하나님을 영원히 보지 못하고, 늘 어딘가를 가는 도상에 있지만 그 여정에 의미를 부여하는 목표['텔로스'(telos)]가 없는 삶은 여러모로 즐거울 수는 있겠지만 마음속의 가장 깊은 갈망을 충족시킬 수는 없다."[21]

물론 기독교 신학은 죽음에 대해 상충되는 태도를 취한다. 죽음은 다른 세대가 우리 자리를 대신할 수 있도록 하나님이 생명에 부여한 자연스러운 한계다. 그러나 죽음은 인간에게 결코 진정으로 '자연스러운' 것이 될 수 없다. 왜냐하면 다른 동물들과 달리 인간은 죽음을 의식하고, 그 의식은 죽음을 부자연스러운 것으로 인지하기 때문이다. 죽음은 인간이 인간다워지기 위해서 꼭 필요한 관계와 의미를 파괴한다. 우리는 미래 시제에 의존해 살아가는 사회적 존재다. 우리는 자연의 한계에 가둘 수 없는 가능성의 지평을 즐긴다. 우리는 우리에게 주어진 시간의 한계를 훨씬 뛰어넘는 계획을 세우고 프로젝트를 시작하고 기대와 야망을 키운다. 그래서 죽음이 닥치면, 물론 나이 들어서 맞는 죽음도 그렇지만 특히 갑작스러운 죽음을 맞을 때는, 죽음이 미완성의 이야기를 방해하는 것으로 여긴다.

사랑하는 사람이 죽을 때 우리는 단순히 충격과 상실감 이상을 느낀다. 우리는 분노와 원망을 느끼며 부당한 일이 벌어졌다는 느낌을 받는다.…우리는 우리에게 주어진 삶을 살아 내며 그 안에서 내린 결정들을

---

[21] Gilbert Meilaender, *Should We Live Forever? The Ethical Ambiguities of Aging* (Grand Rapids, MI: Eerdmans, 2013), 51.

통해 자기 삶의 이야기를 갖는다.…다른 동물이 자연의 손길에 죽으면 자연은 단순히 빌려준 것을 되찾아 가는 셈이다. 그러나 우리가 자연의 손길에 죽을 때면 자연은 빌려준 것 이상의 것을 앗아 가는 고리대금업자가 된다. 그렇게 우리는 분노와 부당함을 느낀다.[22]

이것은 죽음을 대하는 기독교적 양면성에서 기인한다. 젊은 나이에 폭력이나 사고, 질병으로 사람이 죽을 때 분노하는 것은 옳다. 그러나 이는 역사에 기록된 대부분의 사건에서 일반적인 일이었고, 지금도 다수 세계의 많은 지역에서는 여전히 일반적이다. 몽테뉴는 자신이 살던 16세기 사회를 관찰하며 "노령으로 죽는 것은 드물고 독특하며 매우 특별한 죽음이며, 그래서 다른 죽음보다 훨씬 덜 자연스럽다. 그것은 마지막이자 가장 극단적인 종류의 죽음이다"라고 썼다.[23] 말기 암 투병 중 완성한 놀라운 저서 『십자가와 부활 사이에서』 (*Between Cross and Resurrection: A Theology of Holy Saturday*)에서 앨런 루이스는 이렇게 말했다. "건강하고 부유하며 안전을 누리는 사람들이 그들의 삶이 부당하게 단명하는 상황에 대해 항의하는 것은, 변함없는 현실이 된 악, 끝없는 가난과 기근, 전쟁, 억압과 학대의 끊임없는 악순환을 절망적으로 견뎌야 하는 이들의 울부짖음에 비교하면 얼마나 어리석고 공허한 소리인가. 이들에게는 삶이 단축되는 상황이 오히

---

[22] Herbert McCabe, "Life after Death," in *The McCabe Reader*, ed. Brian Davies and Paul Kucharski (London: Bloomsbury T&T Clark, 2016), 354-355.
[23] Atul Gawande, *Being Mortal: Illness, Medicine, and What Matters in the End* (London: Profile, 2014), 32에서 인용됨.

려 정말 기쁜 소식일 수 있다."²⁴

루이스는 계속 이렇게 상기시킨다.

우리의 눈물은 하나님이 흘리시는 눈물에 비교하면 겨우 한 방울에 불과하다. 하나님은 잔혹하게 끊긴 젊은이들의 삶과 설명이 불가능한 고통, 치욕, 무기력 속에서 의미 없이 연장된 노인의 삶 때문에 우신다. 그리스도가 버림받으신 금요일과 지옥으로 내려가신 토요일은 우리에게 궁극적 확신을 제공한다. 악의 폭정 속에서 우리가 버림받았다고 느낄 때 하나님은 우리와 함께 울부짖으시고, 모든 피조물과 모든 사람이 죽음의 포로 상태에서 해방되도록 하나님이 어떤 대가도 아끼지 않으실 것을 깨닫는다.²⁵

그리스도의 고통이 물론 독특하다는 점을 인정하지만, 우리는 겟세마네에서 죽음을 직면하는 가운데 탄식하고, 하나님께 부르짖고, 죽음을 피하게 해 달라고 간구하시는 그리스도의 모습을 보며 이렇게 해도 된다는 점을 배운다. 또한 그리스도를 통해 우리를 결국 죽음의 권세에서 구원하실 분을 신뢰하는 법을 배울 수 있다. 그 구원은 반드시 조기 사망이나 죽음에 대한 공포에서 벗어나는 것이 아니라, 결국 죽음의 권세에서 벗어나는 해방을 말한다. 사랑하는 사람을 잃을 때 마지막 적과 직면하고 이로 인해 슬퍼하고 애통해하는 것은

---

24 Lewis, *Between Cross and Resurrection*, 415.
25 Lewis, *Between Cross and Resurrection*, 426.

당연하다. 아무리 최후의 부활을 믿더라도 우리는 다른 것으로 대체할 수 없는 진정한 상실을 겪는다. 슬픔은 우리를 정화하는 역할을 수행해야 한다. "이디시(Yiddish, 중세 독일어와 히브리어, 슬라브어가 혼합된 언어-옮긴이) 속담에 눈물은 영혼의 비누라는 말이 있다. 말로 표현할 수 없는 감정을 꾹 담아 두지 않고 해소하는 것은 애도의 생채기에 계속해서 사용할 수 있는 소중한 응급 처치다."[26] 셰익스피어의 『맥베스』(Macbeth, 민음사)에서 사랑하는 가족을 잃은 맥더프는 이런 조언을 듣는다. "슬픔에 말을 거시오. 표현 못 한 슬픔은 / 미어지는 가슴이 터지도록 속삭인답니다."[27]

애도는 보편적인 인간 경험이다. 그러나 각각의 애도의 경험은 고유하다. 우리가 슬퍼하는 방식과 그 슬픔이 지속되는 시간, 우리가 떠나보낸 이와의 관계의 깊이, 죽음이 갑작스러웠는지 아니면 오랜 시간에 걸친 일이었는지, 후회나 죄책감을 품고 있는지, 감정을 다루도록 자라 온 방식 그리고 문화적 관습과 기대에 따라 달라진다. 또한 애도는 서두를 수 없다. 애도의 경험은 각자의 시간표가 있으며 그 속도는 존중되어야 한다. 함께 슬퍼하지 않는 사람들이 그 속도를 결정해서는 안 된다.

우리 중에서 훨씬 명료하게 표현하고 성찰할 수 있는 사람들이 기록한 슬픔에 대한 글을 읽으면 우리 자신의 감정을 인식하고 내면의 대화를 정리하는 데 도움을 얻을 수 있다. 미국의 철학자이자 신학

---

26 Leslie C. Allen, *A Liturgy of Grief: A Pastoral Commentary on Lamentations* (Grand Rapids, MI: Baker Academic, 2011), 2.
27 William Shakespeare, *Macbeth*, 4막 3장, 『맥베스』(민음사).

자인 윌리엄 에이브러햄(William Abraham)은 이십 대의 아들을 잃은 후 이렇게 썼다.

> 말로 표현할 수 없다. 우리는 너무 큰 충격에 말도 할 수가 없다. 그냥 앉아 있거나 걸어 다니거나 손으로 머리를 감싸 쥐고, 찌르는 고통, 눈물, 흐느낌, 침묵과 더불어 살아갈 뿐이다. 우리는 어떻게든 털고 일어나 살아갈 방법을 찾아야만 하고, 아무 말도 할 수 없는 상황에서 생존과 타협의 전략을 확보하려 애쓸 수밖에 없다.…이런 일이 벌어지면 정상적인 인지 능력은 무너진다. 우리가 겪는 지독한 고통을 이해할 때 필요한 이성을 밝혀 줄 빛을 어둠이 삼켜 버렸다.[28]

슬픔이 창조적일 수 있을까? 다시 한번 우리는 십자가에서 방향을 잡는다. 궁극적인 희생자이신 삼위일체 하나님은, 죄와 악의 권세 아래 묶여 있는 우리 같은 피조물에 새로운 현실을 창조하기 위해 죄와 악의 총공세를 감당하신다. 용서는 창조적 행위다. 피해자가 가해자에게 과거에 머물지 말고 새로운 여정을 시작하라고 요청하기 때문이다. 용서는 과거를 청산하고, 새로 시작할 기회를 준다. 그리고 용서의 궁극적 목표는 화해이기 때문에 가해자의 반응은 중요하다. 용서라는 인간적 행위에서조차, 우리가 겪은 고통을 받아들이고 보복할 '권리'를 주장하지 않을 때, 우리의 용서로 가해자의 마음

---

28 William J. Abraham, *Among the Ashes: On Death, Grief, and Hope* (Grand Rapids, MI: Eerdmans, 2017), 14–15.

이 움직여 자신의 잘못을 인정하고 값없이 주어진 것을 받아들일 때 관계는 회복된다. 이후에는 상황에 따라 필요한 보상이나 배상이 따를 수 있다. 하지만 배상이나 보상은 용서의 조건으로 먼저 요구되지는 않는다. 그럼에도 불구하고 용서는 할 때뿐 아니라 받아들여질 때에야 비로소 화해가 일어난다. 만약 용서가 거부된다면 관계는 여전히 회복되지 않는다. 이러한 용서는 악을 악이라 규정하되 악으로 갚지 않는 것으로, 개인적·정치적 맥락에서 모두 창조적 힘을 발휘한다.

슬픔은 또한 죽음이라는 주제에 관해 사람들과 대화할 기회를 열어 주기에 창조적일 수 있다. 죽음은 소위 발전된 많은 국가들에서 금기시되는 주제다. 제리 싯처(Jerry Sittser)는 교통사고로 아내와 자녀를 잃은 후 자신의 슬픔에 대해 이렇게 썼다. "사고가 일어나고 얼마 후 나는 또 다른 중요한 책임이 있다는 사실을 깨달았다. 그것은 바로 내 경험을 해석해 주는 공동체로서의 역할이다. 친구들은 내 이야기를 듣고 공감하기를 원했지만, 그들 또한 배우고 싶어 했으며, 고통의 보편적인 본질에 대해 성찰하고 자기 삶의 의미를 찾고 싶어 했다. 그렇게 우리는 성찰적 공동체가 되었다."[29]

하나님은 부당한 고난에 반대하신다. 여기에 동참할 때 우리는 자기 연민에 빠지지 않고 타인에 대한 원망을 품으려는 유혹을 이겨 내고 이 세상의 부당한 고통과 불필요한 죽음의 원인을 해결하는 행

---

29   Jerry Sittser, *A Grace Disguised* (Grand Rapids, MI: Zondervan, 2004), 182. 『하나님 앞에서 울다』(좋은씨앗).

동으로 나아간다. 우리는 또한 지역 공동체에서 대개는 간과되었던, 고통에 관해 다른 사람들이 자신의 이야기를 나눌 공간을 창출할 수도 있다. 예를 들어 #미투 운동(#MeToo movement)이나, 더 큰 정치적인 상황으로 내전을 치른 후 여러 나라에서 활동한 진실과 화해 위원회 같은 것이 있다.

그렇다. 슬픔은 많은 사람에게 쓴 뿌리를 남기고 주변 사람들에게 깊은 상처를 남긴다. C. S. 루이스는 아내 조이 데이비드먼을 암으로 잃은 후 "눈물로 흐려진 눈으로는 아무것도 제대로 볼 수 없다"고 썼다.[30] 사별의 애도 기간에는 중요한 결정을 내리지 말라는 현명한 충고가 있는 것도 그 때문이다. 그러나 동시에 애도를 통해 자신이 덜 자기중심적이 되었고 더 공감적이고 동정심이 많아졌다고 증언하는 사람들도 많다. 아들을 등반 사고로 잃은 지 얼마 지나지 않아 니콜라스 월터스토프는 현실적인 소망에 관해 이런 말을 남겼다. "나는 [항상] 눈물을 통해 세상을 보게 될 터이다. 아마도 이제 나는 건조한 눈으로는 볼 수 없었던 것을 보게 될 터이다." 월터스토프는 이어 고통과 씨름하는 본인과 다른 이들에게 감동적인 도전을 던졌다. "만약 우리의 고통이 세상의 상처에 대한 동정심을 키워 주지 못한다면, 만약 우리의 사랑이 확장되지 않는다면, 만약 선한 것에 대한 감사가 불타오르지 않는다면, 만약 통찰력이 깊어지지 않는다면, 만약 중요한 것에 대한 헌신이 강화되지 않는다면, 만약 새 날을 향한 갈망이 강해지지 않는다면, 만약 소망이 약해지고 믿음이 줄어든다면, 만약 죽음

---

30   C. S. Lewis, *A Grief Observed*, 37.

의 경험에서 어떤 선한 것도 나오지 않는다면, 그때는 죽음이 승리한 것이다. 그때가 되면 죽음이여 자랑하라."[31]

예언적 삶의 방식, 소망

기독교적 소망은 두 가지로 나뉜다. 현재 창조 질서 안에서 하나님 나라의 통치를 바라는 소망과 하나님이 새롭게 창조하실 질서를 바라는 소망이다. 전자는 가까운 소망(proximate hope), 후자는 궁극적 소망(ultimate hope)으로 불린다. 우리는 현 창조 질서 안에서 특히 불의로부터의 해방과 창조 질서가 훼손되지 않도록 하나님의 보호를 갈망한다. 동시에 예수님의 성육신과 부활의 생명을 통해 엿볼 수 있는, 현재와 연속적이면서도 근본적으로 단절된 새로운 존재 방식을 바란다. 가까운 소망은 하나님뿐 아니라 인간의 행동에도 달려 있다. 따라서 비록 실제적인 전진이 있을 때에도 실망을 초래할 가능성이 크다. 그러나 궁극적 소망은 전적으로 하나님의 약속에 의존하기 때문에 바울 사도가 말했듯 "부끄럽게 하지 않는 소망"(롬 5:5, NRSV)으로 불린다.

우리가 세상에서 행하는 일은 하나님 나라를 임하게 할 조건이 아니다. 오히려 하나님 나라는 우리의 행동을 가능하게 하는 조건이며, 우리가 하는 일을 의미 있는 일이 되도록 만들어 주는 근거가 된다.

하나님은 정원을 가꾸고, 기술을 개발하며, 시를 쓰고, 음악을 작

---

31 Nicholas Wolterstorff, *Lament for a Son*, 26, 92.

곡하며, 도시를 설계하고, 배고픈 자를 먹이는 우리의 행동을 받으셔서 그것들을 죄의 오염에서 정화시키고, 이 행위와 그 열매를 새 창조의 생명 안으로 다시 새겨 넣으신다. 시인이자 신학자인 존 던(John Donne, 1572-1631년)은 중병을 앓은 후 자신의 병상에서 하나님을 향한 믿음을 표현한 시 "병중에 하나님을 찬양하며"(Hymn to God, My God, in My Sickness)를 썼다. 그는 자신이 천국 문 앞에 서서 그 너머로 들려오는 성도들의 찬양 소리에 맞춰 악기를 조율하는 모습을 상상했다. 이는 한 아이가 오케스트라 리허설에 몰래 들어가 훗날 이들과 함께 연주할 소망을 품고 악기를 조율하는 모습을 연상시킨다.

> 내가 그 거룩한 방으로 갈 때,
>   영원히 주님의 성도들과 함께,
> 나는 주님의 음악이 되며 나아옵니다.
>   문 앞에서 악기를 조율하며,
>   그때 무엇을 해야 할지 미리 생각합니다.[32]

성경에서 주는 종말의 이미지는 우리의 호기심을 충족시키거나 헛된 추측을 하라는 목적이 아니라, 오히려 현재 우리의 삶을 변화시키려는 목적이 있다. 성령은 우리의 상상력을 사로잡는 방식으로 이 일을 이루신다. 예언은 본질적으로 지배적 권력이 규정한 현재를 초

---

[32] John Donne, "Hymn to God, My God, in My Sickness," in *John Donne: The Major Works, Including Songs and Sonnets and Sermons*, Jeremy Begbie, *Resounding Truth: Christian Wisdom in the World of Music* (London: SPCK, 2007), 308에서 인용됨.

월해 대안적 현실을 바라보게 하는 선물이다. 예수님의 삶과 사역의 체제 전복적 성격은 구스타보 구티에레스의 표현에 따르면, 예수님이 "역사를 움직이게 하는 유토피아"를 보셨다는 사실에 있다.[33] 그분은 현상 유지에 도전하며 다가올 것의 이름으로 현재에 맞섰다. 하나님 나라는 그분에게 값비싼 대가를 치르도록 요구하는 비전이었다. 우리가 어디에 살든지 억압적 정권, 정치적 무관심, 자연 서식지의 파괴, 부패한 금융 또는 순전한 무관심 등 뭔가와 싸울 때, 우리는 "현시대를 초월해 상대화하고 더욱 나은 것을 소망하게 하고, 문화적 최면 상태에서 우리를 깨우며, 우리가 보는 것 너머의 것을 소망하게 하고, 애타게 만들고 소위 현실이라는 것에 순응하지 못하게 만드는 강렬한 비전"이 필요하다.[34]

유토피아 개념에, 아니 실제로는 메시아적 언어에 집착하는 오늘날의 세속적 사회주의자들과 마르크스주의 지식인들의 글을 읽는 것은 흥미로운 일이다. 그들은 이를 통해 마르크스주의가 성서적(예언적) 사고방식에 깊이 빚지고 있음을 드러낸다.[35] 예를 들어 미국의 사회 비평가 러셀 저코비(Russell Jacoby)는 "유토피아의 종말"을 안타까워하며 테오도어 아도르노(Theodor Adorno)의 "만물이 구속을 통해 나타날 것을 염두에 두고 모든 것을 숙고하라"는 권고에 공감한다. 이는 세상이 "언젠가 메시아의 빛 가운데서 드러날 때"처럼 보라는 뜻

---

[33] Gustavo Gutiérrez, *The God of Life* (1991), Dale C. Allison, Jr., *Night Comes: Death, Imagination, and the Last Things* (Grand Rapids, MI: Eerdmans, 2016), 90에서 인용됨.
[34] Allison, *Night Comes*, 91.
[35] 내 책 *Gods That Fail: Modern Idolatry and Christian Mission* 4장에서 이 연관성을 다루었다.

이다.³⁶ 저코비는 "정치적 무관심과 피로의 시대에, 유토피아 정신은 이전보다 더욱 필요하다. 유토피아 정신에는 더 이상 감옥이나 정책이 필요하지 않다. 오히려 인간의 연대와 행복의 개념을 불러일으킨다"고 설명했다. 저코비에 따르면 세상은 기대를 빼앗겨 냉담하고 회색빛이 되었다. 무엇을 해야 할까? "아무것도 할 수 있는 게 없다. 그러나 그렇다고 아무것도 생각하거나 상상하거나 꿈꾸지 말라는 의미는 아니다. 오히려 그 반대. 여전히 인생과 사회에 관해 다른 가능성을 상상하려는 노력이 절실하며, 이는 무언가를 하기 위한 본질적인 전제 조건이다."³⁷

대서양 건너편에서 우리는 아일랜드의 문학 이론가 테리 이글턴(Terry Eagleton)을 만난다. 그는 공개적으로 새로운 무신론자들에 대항해 기독교를 방어하면서도 스스로를 무신론적 마르크스주의자라고 고백한다.

그렇다면 왜 우리 중 어떤 사람들은 이 (사회주의라는) 정치적 신념을 여전히 붙들고 있는 걸까? 많은 사람은 우리가 이성을 거스르고 명백한 증거를 무시한다고 여길 정도다. 단순히 사회주의가 그 자체의 숱한 실패에도 불구하고 쉽게 반박할 수 없을 만큼 너무나 뛰어난 사상이라는 이유만은 아니다. 또 다른 이유는 고통당하며 신음하는 이 세상이 겨우 이

---

36 Theodore Adorno, *Minima Moralia: Reflections from Damaged Life*, 247. 『미니마 모랄리아』(길), Russell Jacoby, *The End of Utopia: Politics and Culture in an Age of Apathy* (New York: Basic, 1999), 181에서 인용됨.
37 Jacoby, *The End of Utopia*, 181.

런 모습일 수밖에 없다는 현실을 경험적으로 받아들여야 할지라도, 그 사실을 도저히 수긍할 수 없기 때문이다. 이 비전을 포기하는 것은 인간 존재의 가장 귀중한 능력과 가능성을 배반하는 것이기 때문이다. 세상이 **이래서는 안 된다는 원초적인 확신**을 아무리 노력해도 떨쳐 낼 수 없기 때문이다. 발터 벤야민(Walter Benjamin)의 표현처럼, 세계를 심판의 날이라는 관점에서 보려는 이 비전은 금융업자들에게는 어리석음으로, 주식 중개인들에게는 걸림돌로 보일지라도 말이다. 이 비전에는 인간 존재의 깊은 곳을 강렬히 울리는 그 무엇이 있기 때문이며, 그것에 대한 열정적 동의를 불러일으키기 때문이다. 이런 느낌을 느끼지 못한다면 그것은 자기 자신일 수 없기 때문이다. 인간에 대한 이 비전을 너무나 사랑하기에 물러설 수도, 외면할 수도, 답을 포기할 수도 없기 때문이다.[38]

대부분의 마르크스주의 지식인들이 폭력을 회피하는 이유는 도덕적 근거가 있기 때문이 아니라, 폭력적 혁명이 늘 깊은 모호성을 남겨 왔기 때문이다. 사실, 우리가 당연하게 여기는 교육 개혁, 성별 관계 개선, 소수자들을 위한 헌법 수호 활동 중 다수는 어느 정도의 폭력이 없었다면 불가능했을 것이라는 주장도 충분히 설득력이 있다. 타락한 인간 세상에서 "중용의 목소리를 들려주기 위해서는 때로 폭력이 필요하다"는 말에도 일리가 있다.[39] 게다가 파울루 프레이리

---

38 Terry Eagleton, *Reason, Faith, and Revolution* (New Haven, CT/London: Yale University Press, 2009), 122-123 (원저자 강조). 『신을 옹호하다』(모멘토).
39 아일랜드의 전 정치인이자 철학자인 Conor Cruise O'Brien, Hannah Arendt, "Reflections on Violence," *The New York Review of Books*에서 인용됨. 2013년 7월 11일.

(Paulo Freire)는 그의 교육학 고전 『페다고지』(Pedagogy of the Oppressed, 그린비)에서 다음과 같이 말했다. "역사적으로 억압받는 사람들이 폭력을 먼저 쓴 적은 한 번도 없었다. 어떻게 그들이 폭력을 먼저 사용할 수 있겠는가? 그들 자신이 폭력의 결과물인데 말이다."[40] 프레이리는 또한 혁명적 엘리트들이 자신은 참여하지 않는 행위로 억압받는 자들을 해방시키려 한다면, 이것은 오히려 그들에 대한 또 다른 폭력 행위라고 주장했다. 그는 이것이 "그들을 포퓰리스트의 함정으로 유도해 조정받는 대중으로 전락시킬 위험이 있다"고 경고했다. 프레이리는 계속해서 주의를 준다. "사람들이 억압받아서 이미 비인간화되었을 때, 그들을 해방시키는 과정으로 비인간화의 방식을 사용해서는 안 된다."[41]

단기적인 것이 아닐 때, 우리가 하는 모든 행동은 결과를 완전히 알 수 없다는 불확실성을 수반한다. 이 때문에 교회는 일반적으로 침략이나 독재에 맞서는 폭력의 사용을 최후의 수단으로 간주하며, 그것도 엄격한 조건하에서만 허용해 왔다.[42] 폭력은 순식간에 눈덩이처럼 불어나 자주 목적을 압도하는 수단이 된다. 한나 아렌트(Hannah Arendt)는 이를 간명하게 요약했다. "폭력은 다른 모든 행위처럼 세상을 바꾸지만 가장 가능성 있는 변화는 더 폭력적인 세상이다."[43] 그러

---

[40] Paulo Freire, *Pedagogy of the Oppressed* (1970), 30th anniversary ed. (New York/London: Continuum, 2003), 55. 『페다고지』(그린비).
[41] Freire, *Pedagogy*, 65, 67.
[42] 이 전통에 대한 가장 좋은 현대적인 설명 중 하나는 이것이다. Oliver O'Donovan, *The Just War Revisited* (Cambridge: Cambridge University Press, 2003).
[43] Arendt, "Reflections on Violence."

나 잘못에 대한 비폭력적 저항과 평화주의를 혼동해서는 안 된다. 강제력 또한 항상 폭력을 의미하지는 않는다. "상대를 존중하며 비폭력적으로 행동하는 강제력(가령 불매 운동이나 평화 행진)은 비도덕적이거나 폭력적 행위가 아니다"라고 론 사이더(Ron Sider)는 말한다. "내가 말하는 비폭력이란 상대방이 비록 '원수'라 해도 그의 인격을 존중하는 것이다. 그 결과 억압을 끝내고 압제자와도 화해하는 능동적 방식의 악과의 대결이다."[44]

억압에 맞서는 투쟁은 종종 피해자와 그들의 대변자들에게 자기의를 부추기며 원한을 키우는 '흑백 논리'라는 범주화를 낳는다. 이는 1970년대 이후 인도와 한국에서 부각된 달릿(dalit)과 민중 신학에서 분명히 드러난다. '민중'은 전통적 한국 사회에서 억압받는 평범한 사람들을 가리키며, 민중 신학은 이들을 '하나님의 백성'으로 간주하고 그들의 종교적 경험에 인식론적 우선권을 부여한다. 그런데 "1970년대 후반에 억압받고 소외받는 한국의 민중 가운데 일부는 1980년대와 1990년대를 거치며 상류층이나 한국 집권 정당의 일원이 되었다. 1970년대에 민중이었던 이들은 조직력을 갖추고 사회정치적 권력을 얻으며 다른 이들에게 '압제자'라는 비난을 받았다."[45]

인도의 달릿 신학은 전통적으로 힌두 철학과 대화하며 계급 제도의 끔찍한 압제를 도외시했던 인도 교회의 "위로부터의 신학" 경향에

---

[44] Ron Sider, *Exploring the Limits of Non-Violence* (London: Hodder & Stoughton, 1988), 3.
[45] Koo Dong Yun, "Pentecostalism from Below: Minjung Liberation and Asian Pentecostal Theology," in *The Spirit in the World: Emerging Pentecostal Theologies in Global Contexts*, ed. Veli-Matti Kärkkäinen (Grand Rapids, MI: Eerdmans, 2009), 97.

정당하게 반대한다. 달릿은 이 카스트 체계에서 제외되어 인간 이하의 취급을 받는다. 달릿 신학에 대해 동조적이면서도 비판적인 연구자인 페니얼 라즈쿠마르(Peniel Rajkumar)는 "달릿 신학자들이 달릿의 정체성을 주로 카스트 체계의 '피해자'로만 집중해, 달릿 내부의 계급 체계라는 현실 속에서 그들이 '억압자'로도 존재한다는 점을 간과하는 경향이 있다"고 지적한다. 그는 인도의 카스트 체계가 매우 복잡해, 비록 서로 간에 심대한 차이가 있지만, 일부 종교 축제와 순례지 같은 것들은 카스트 공동체와 달릿 공동체 간에 상호 연관성이 있다고 설명한다. 라즈쿠마르는 달릿 신학이 이분법적 신학 모델에서 벗어나 "유동성과 혼합성이 달릿의 정체성과 종교 그리고 삶의 방식에서 본질적인 요소임을 인정해야 한다"고 주장한다. 이를 통해 달릿이 아닌 자들도 해방을 위한 동반자로 참여할 수 있다. "이러한 상호적 참여의 실천을 통해 달릿과 달릿이 아닌 자가 정의와 평등을 위한 투쟁에서 동반자가 될 길이 열릴 것"이라고 말한다.[46]

미국의 상황에서 라인홀트 니부어가 주장했듯, 우리가 사회적 갈등에서 발생하는 잔인함을 완전히 근절할 수는 없다고 해도 이를 완화하는 유일한 방법은 고통당하는 사람들이 자신들이 반대하는 사람들과 같은 도덕적 우월감을 받아들이지 않고 희생자라는 지위를 특권화하지 않는 것이다.[47] 니부어가 정치적 갈등에서 "원한을 거부하

---

46 Peniel Rajkumar, *Dalit Theology and Dalit Liberation: Problems, Paradigms and Possibilities* (Farnham: Ashgate, 2010), 170, 176.
47 "Spiritual Disciplines against Resentment"의 장을 보라. Lasch, *True and Only Heaven*, 특히 376-378를 보라.

는 영적 훈련"이라고 부른 것은 죄의식을 바탕으로 하며, 사회정치적 체계의 악과 그 안에 연루된 개인들의 악을 구별한다.

구약학자 월터 브루그만은 고대 이스라엘이 이집트, 아시리아, 바빌로니아 같은 제국들의 지배를 받는 세상에서 의도적이고 고유한 공동체로 살아가기 위해 실천했던 예전적 훈련과 윤리적 훈련이라는 두 가지 '저항의 훈련'을 설명했다.[48] 브루그만은 예전적 저항에 대해, 출애굽기 1-15장의 내용을 이스라엘 건국의 이야기로 삼고 그것을 정기적으로 재현했다고 해석한다. 이스라엘이 이 드라마에 참여함으로써 이스라엘은 파라오와 다른 유사 신적 존재들의 지배적 통제를 벗어난 사회적 세상을 상상하고 구성했다. 그는 "**예전으로 구성된 세상**이 '저 밖의 세상'보다 더 신뢰할 만하고 신빙성이 있다"고 주장한다.[49]

이 예전은 고통에 대한 **공개적인 고백**으로 시작된다. "이스라엘 자손은 고된 노동으로 말미암아 탄식하며 부르짖으니 그 고된 노동으로 말미암아 부르짖는 소리가 하나님께 상달된지라 하나님이 그들의 고통 소리를 들으시고 하나님이 아브라함과 이삭과 야곱에게 세운 그의 언약을 기억하사"(출 2:23-24). 이것은 우리가 앞서 살펴본 탄식의 전통이다. 고통을 공개적으로 고백하는 것은 제국이 피해자들의 목소리를 잠재우려는 시도를 거부하며, 동시에 노예로서의 지위와 그들의 고통을 순순히 받아들이기를 거부하는 행위다. 예전의

---

[48] Walter Brueggemann, *Texts That Linger, Words That Explode: Listening to Prophetic Voices* (Minneapolis, MN: Fortress, 2000), 75-78.
[49] Brueggemann, *Texts That Linger*, 76 (원저자 강조).

두 번째 요소는 **기성 권력에 대한 비판**이다. 브루그만은 재앙 이야기(출 7-11장)의 긴 서술이 파라오와 그의 권위를 야훼께서 "갖고 노시는" 이야기로 가득 차 있다고 주장한다. 강력한 왕들과 제국들을 조롱하는 것은 예언서(예를 들어, 사 14장; 겔 31장; 32장; 나훔서)의 문학적 장르였으며, 신약에서 가장 명확한 예는 로마에 대한 탄식을 장례 곡으로 엮은 요한계시록 18장에 등장한다.

이러한 예전적 저항과 함께 이스라엘은 대안적 공동체를 위한 **엄격한 훈련**(토라)**을 발전시켰다**. 십계명 이후 이스라엘의 대항 문화적 실천을 상징하는 핵심 명령은 안식일 준수와 '자유의 해'(출 21:1-11)였다. 이는 이웃의 빚을 탕감해 그들이 동등하고 완전한 파트너로 경제 활동에 재참여할 수 있게 하는 제도다.[50] 여기에 땅 소유권을 원래의 주인들에게 되돌리는 희년(레 25장)을 추가할 수 있다. 야훼는 이스라엘이 토지, 노동, 축제를 급진적인 대항 경제의 실천으로 이해하도록 부르셨다. 브루그만은 이렇게 결론짓는다. "고통으로 시작해 춤으로 끝나는 이 작은 공동체, 안식을 위해 생활을 멈추는 공동체, 이웃을 위해 빚을 탕감하는 공동체는 결국 살아갈 힘을 그 안에 품고 있으며 미래의 물결이 된다."[51]

---

50 Brueggemann은 "이 이웃을 위한 부채 탕감 행위는 모든 유대교와 기독교적 용서 개념의 뿌리다"(78)라고 말했다. 또한 희년이 속죄일에, 즉 50년마다 선포되었다는 점을 주목해야 한다. 자본의 회복은 죄와 죄책에서의 해방에 뒤따랐다.
51 Brueggemann, *Texts That Linger*, 78.

기다림의 소망

이 주제를 살피며 앞서 우리는 당대의 대표적인 유대인 지식인 조지 스타이너의 불타오르는 열정적 수사를 접했다. 여기서 다시 스타이너는 신학자들이나 목회자들에게서는 거의 찾아보기 힘든 솔직한 고백을 통해 다음과 같이 말한다.

> 보고서나 사진, 혹은 개인적인 소식으로 아이들이나 동물들에게 무분별하게 가해지는 고통을 마주할 때 절망적인 분노가 물밀듯 일어난다. 살아 있는 아이들의 눈을 도려내거나, 그 눈에 총을 쏘아 대거나, 동물의 눈을 때리는 이들이 있다. 이런 사실들을 접할 때 내 마음은 삭막한 혐오감에 휩싸인다. 이로 인해 내 안에 일어나는 증오와 절망은 어떤 정신적·신경적 자원으로도 견디기 어렵다.…매 맞고 강간당한 아이, 눈에 채찍질 당한 말이나 노새를 마주할 때, 나는 마치 한밤중에 더욱 또렷해지는 듯한 타락을 직관적으로 느낀다. 비록 항상 견디기 어려운 일이지만, 오직 이런 사건들만이 이 황폐한 지구 위에서 벌어지는 우리 역사의 현실들을 어느 정도 이해할 수 있게 해 준다. 우리는 잔인하고, 탐욕스럽고, 이기적이며, 거짓된 존재가 되도록 저주받은 것 같다. 그런데 그것은 원래 그래야만 했던 것은 **아니었다**. 뛰어난 사람들의 진실과 자기희생적인 연민을 통해 우리는 얼마나 다른 세상이 가능한지를 너무 명백하게 보기 때문이다. 나는 유치하게 환상을 품고 자문한다. 혹시 인간 역사가 잠든 신이 꾸는 악몽이 아닐까 하고 말이다. 언젠가는 신이 깨어나 아이의 비명과 매 맞는 동물의 질식하는 소리가 더는 들리지 않게 단박에 만들

날이 오지 않을까 하고 말이다.[52]

그러고 나서 스타이너는 이렇게 결론짓는다. "그러나 최악의 시간에도 인간 존재의 타당성을 부정할 수 없게 만드는 두 가지 경이가 있다. 사랑과 미래 시제의 발명이다. 만약 이 둘의 결합을 실현한다면, 이것이야말로 메시아적 사건이다."[53] 사랑과 미래 시제가 메시아적 전망에서 결합된다. 그것은 과연 "잠든 신"이 깨어나 세상을 바로잡을 것인지에 대한 의구심이 뒤섞인 뜨거운 열망이다.

야훼를 기다리는 것은 구약의 주요한 주제 중 하나다. "오직 나는 여호와를 우러러보며 나를 구원하시는 하나님을 바라보나니 나의 하나님이 나에게 귀를 기울이시리로다"(미 7:7). "나 곧 내 영혼은 여호와를 기다리며 나는 주의 말씀을 바라는도다"(시 130:5). "너는 여호와를 기다릴지어다 강하고 담대하며 여호와를 기다릴지어다"(시 27:14). "여호와여 주께서 심판하시는 길에서 우리가 주를 기다렸사오며 주의 이름을 위하여 또 주를 기억하려고 우리 영혼이 사모하나이다"(사 26:8).

기대하며 기다리는 행위는 단지 나태함이 아니라 모든 인간 행위에 내재되어 있다. 학생은 시험지를 작성할 때 최선을 다하고 결과를 기다린다. 연인은 자신의 마음을 담아 연인에게 편지를 쓰고, 그녀의 답장을 애타게 기다린다. 어머니는 아픈 딸의 MRI 검사 결과를 초조

---

52 George Steiner, *Errata: An Examined Life* (London: Weidenfeld & Nicolson, 1997), 168, 169.
53 Steiner, *Errata*, 170-171.

히 기다린다. 부패한 정부를 무너뜨리기 위해 쉼 없이 일한 사람들은 선거 결과를 기다린다. 피고와 피고의 변호인들은 배심원단의 판결을 기다린다. 기대하며 기다리는 것은 모든 일의 절정인 동시에 우리가 한시적인 존재로서 다른 이들에게 의존하고 있음을 인정하는 행위다. 3장에서 우리는 예수님이 고난이라는 수동적 인내를 통해 사명의 절정에 이르렀음을 살펴보았다. 예수님은 다른 사람들의 손에 자신을 맡겼으며 심지어 도움을 청하시기도 했다("내가 목마르다"). 이를 통해 현대 사회의 삼위일체적 가치인 자율성, 행동주의, 성취를 완전히 뒤집으셨다.

스마트폰, 인공 지능, 슈퍼컴퓨터가 있는 세상에서 기다림의 경험은 '짜증'나게 느껴질 수 있다. 시스템이 느리거나 작동하지 않을 때 누구나 쓰는 표현이 바로 짜증이다. 하지만 인내는 인간 존재의 본질적 측면이다. 육체적 존재인 우리는 무엇이든, 언제 어느 때든 우리가 원하는 것을 마음대로 할 수 없게 만드는 육체의 제한을 안고 산다. 사회적 존재로서 우리는 필요한 것을 채우기 위해 다른 사람들에게 의존한다. 시간적 존재로서 우리는 목표를 한 번에 달성할 수 없으며, 단계를 거쳐 목표를 이룬다. 데이비드 하네드(David Harned)에 따르면 "인내란 우리가 어떤 존재인지 받아들이는 것이다. 받아들이든, 받아들이지 않든, 우리는 환자다. 우리는 자신의 본질에서 도망칠 수 없다. 우리는 환자로 태어나 환자로 세상을 떠난다. 그리고 우리가 가장 건강한 시절에도 우리의 상태는 다르지 않다."[54] 이는 우리의 현재

---

54 David Baily Harned, *Patience: How We Wait upon the World* (Cambridge, MA: Cowley,

상황을 수동적으로 받아들이라는 의미는 아니다. 그러나 충족되지 않은 욕구와 답이 안 나오는 질문에 익숙해지는 것은 성숙의 표시다.

앞에서 고난당하는 삼위일체 하나님의 사랑을 살펴보면서 '능동적' 고난의 길, 즉 우리에게 닥친 일을 '우리의 것'으로 만드는 방식을 언급한 바 있다. 트라우마를 겪은 사람들은 트라우마 때문에 산산조각 나고 남은 생애 동안 불구로 살아가는 경우가 많다는 사실을 우리는 안다. 그러나 끔찍한 고난에도 불구하고 놀라운 회복력을 보이며 역경과 질병, 상실을 통해 성장하는 사람들도 있다. 마틴 루서 킹(Martin Luther King) 목사는 이런 부류에 속한다. 그는 위대한 18세기 작곡가 게오르크 프리드리히 헨델(George Frederick Handel)의 전기를 인용했다. "그의 건강과 재정 상태는 바닥을 쳤었다. 그의 오른쪽에는 마비가 왔고 그는 이제 한 푼도 없는 빈털터리였다. 채권자들은 그를 붙잡아 감옥에 보낸다고 협박했다. 한동안 그는 더 이상 싸울 수 없을 것 같은 자포자기의 심정이었지만, 다시 일어나 가장 위대한 영감인 '메시아'를 작곡했다."[55] 남아프리카공화국의 데즈먼드 투투 대주교는 넬슨 만델라(Nelson Mandela)의 변화를 이렇게 묘사했다.

사람들은 그가 재임 기간에 이룬 성과를 보며, 감옥에서의 27년이 아깝다고 말한다. 하지만 나는 그가 감옥에 갇혀 지낸 세월이 필요했다고 본다. 감옥에 갔을 때 그는 분노에 차 있었다. 그는 비교적 젊었고 정의가

1997), 182.
[55] Martin Luther King, *Strength to Love* (London: Fontana, 1969), 91.

좌초되는 것을 경험했으며, 용서할 준비가 된 정치가는 아니었다. 그는 무력을 사용할 준비가 된 당의 무장 조직 사령관이었다. 감옥 생활은 매우 중요한 과정이었다. 물론 고난은 어떤 사람들에게 원한을 품게 하지만 어떤 사람들을 고귀하게 만들기도 한다. 감옥은 불순물을 태워 버리는 도가니가 되었다. 사람들은 이제 그에게 결코 이렇게 말하지 못한다. "당신은 용서에 대해 쉽게 말하지만, 고통을 겪어 본 적이 없다. 당신이 무엇을 아는가?" 다 같이 용서합시다. 27년 세월은 그에게 이렇게 말할 권위를 부여했다.[56]

페르시아의 우화에는 젊음과 아름다움이라면 무엇이든 증오하는 냉소적인 사람이 사막을 여행하던 중 겪은 이야기가 있다. 그는 오아시스의 끝에서 아름답고 곧게 자란 싱싱한 야자수를 발견했다. 그는 나무를 망가뜨리고 아름다움을 망가뜨리기 위해 그 꼭대기에 무거운 돌을 묶었다. 나무는 돌을 떨쳐 내기 위해 필사적으로 노력했으나 실패했다. 그 과정에서 뿌리는 점점 더 깊이 내려가 결국 오아시스의 지하수에 닿았다. 그 결과 그 나무는 돌의 무게에도 불구하고 웅장하고 당당하게 자라났다. 그 여행자가 다시 그곳을 지났을 때 그는 자신이 망가뜨리려 했던 나무가 우뚝 서 있는 것을 보고 놀랐다. 멋진 자태를 가진 그 나무는 그를 향해 몸을 기울인 채 돌을 보여 주며 말했다. "당신 덕분입니다. 당신이 저를 강하게 만들었습니다."

---

56 Desmond Tutu, "Jail Embitters Some, But It Ennobled Him," *Guardian Weekly*, 2013년 12월 13-19일, 5.

물론 고통과 슬픔에 대한 질문은 결코 사라지지 않는다. 스타이너처럼 개인적인 고백을 하자면 나 역시 그리스도의 육체적 부활을 확신한다. 교회라고 불리는 이 놀라운 운동의 기원을 설명할 다른 타당한 설명을 찾을 수 없기 때문이다. 그리고 그리스도의 죽음이 인류에게 어떤 유익을 가져왔는지에 대한 다양한 '설명'들과 대조적으로, 처음부터 부활에 대한 교회의 주장은 보편적이고 일관적이었다. 바로 그 점이 신뢰성을 더한다. 하지만 동시에 나는 역사 속 수십억 명의 사람들이 예수의 부활로 시작된 새로운 창조 세계에서 부활할 것이라는 설명을 어떻게 이해해야 할지 고민한다. 더욱이 성경 저자들은 우리가 사랑하는 사람들뿐 아니라 우리보다 앞서간 모든 이들을 알아볼 것이라고 당연히 여긴다. 그러나 우리의 모든 신체 기관이 이 땅에서 생물학적 삶의 조건을 충족시키도록 진화했다는 점을 고려할 때, 이러한 인식은 어떻게 이루어질까? 베드로는 변화산에서 어떻게 모세와 엘리야를 알아볼 수 있었을까? 그리스도께서 우리의 어떤 신체적 요소를 영원히 하나님의 본질 안으로 가져가셨을까? 우리가 이생에서 다음 생으로 가져가는 것은 우리의 기억, 성격 그리고 관계뿐일까? 이러한 질문들에 사로잡혀 슬퍼하는 우리 모두에게 필요한 것은 아마도 우리가 현재 삶에서 소중히 여기는 모든 것보다 **더 나은** 모습이 우리를 기다릴 것이라는 확신이다. 나는 여기서 마르틴 루터의 말을 항상 떠올린다. "영원한 삶에 대해 우리가 아는 지식은 모태에 있는 아기가 자신이 태어날 세상에 대해 아는 지식이나 마찬가지다."[57]

---

57 Allison, *Night Comes*, 149에서 인용됨.

우리는 루터 자신도 어두운 우울의 시기와 자신의 설교에 대한 의심 속에서 힘겨운 싸움을 했다는 사실을 안다. 1943년 10월 31일, 종교개혁 기념일에 본회퍼는 한 편지에서 이렇게 질문했다.

어떻게 루터의 행동이 그의 의도와는 정반대의 결과를 가져왔으며, 그것이 그의 삶과 사역의 마지막 시기에 그림자를 드리워 그가 자신이 이룬 것의 가치를 의심하게 만들었을까? 그는 교회와 서구 기독교 세계를 위한 진정한 연합을 열망했지만 그 결과는 둘 다의 파멸이었다. 그는 '그리스도인의 자유'를 추구했지만 그 결과는 무관심과 야만이었다. 그는 성직의 특권에서 자유로운 진정한 사회 질서를 확립하기 바랐지만 그 결과는 농민 반란이었고, 그 후 사회의 모든 진정한 결속과 질서는 점진적으로 해체되었다.[58]

본회퍼는 이어서 이렇게 말했다. "100년 전 키르케고르는 만약 루터가 자신과 동시대에 살았다면, 그가 16세기에 했던 말과 정반대로 말했을 것이라고 말했다. 나는 키르케고르가 옳았다고 믿는다."[59]

어둠 속의 소망

믿음의 반대는 의심이 아니라 확실성에 대한 욕구라는 말이 있다. 옳

---

[58] Dietrich Bonhoeffer, *Letters and Papers from Prison*, 31.
[59] Bonhoeffer, *Letters and Papers*, 31-32.

은 말이다. 이사야 50:10에서 유배 생활로 절망에 빠진 공동체에 대한 이런 도전의 말씀을 접한다.

> 너희 가운데 누가 주님을 경외하며,
> > 누가 그의 종에게 순종하느냐?
> 어둠 속을 걷는,
> > 빛을 모르는 사람이라도,
> 주님의 이름을 신뢰하며,
> > 하나님께 의지하여라.

신약 성경에서 믿음의 영웅들에 관한 위대한 장은 "믿음은 바라는 것들의 실상이요, 보이지 않는 것들의 증거"라는 말로 시작하지만(히 11:1), 바로 이어 8절에서 아브라함에 대해 이렇게 말한다. 그는 "순종하여 장래의 유업으로 받을 땅에 나아갈 새 갈 바를 알지 못하고 나아갔[다]." 순종과 무지는 도입부의 선언과 서로 상충되는 것처럼 보이지만, 우리 중 많은 이들은 이 말에 공감할 수 있다! 믿음은 신실한 순종이며, 질문을 품고 확실성 없는 삶을 살아 내는 것이다.

    복음서에서 예수님의 얼굴을 묘사하는 본문은 찾을 수 없다.[60] 그분의 얼굴은 누가복음과 마태복음의 변화산 사건에서만 언급되는데, 마태는 예수님의 얼굴이 "해같이 빛[났다]"(마 17:2)고 기록한다. 이

---

60   간혹 예수님이 머리카락과 수염을 길렀다는 언급은 있었지만 성경 어디에도 그분의 얼굴에 대한 묘사는 없다. 이는 고대 히브리인들의 형상 금지 규율을 반영한 것일 수 있다.

는 분명히 그분의 미래 영광을 예고하는 본문이다. 바울은 아마도 이런 이해에 기초해 고린도 교인들에게 이렇게 말했을 것이다. "어두운 데에 빛이 비치라 말씀하셨던 그 하나님께서 예수 그리스도의 얼굴에 있는 하나님의 영광을 아는 빛을 우리 마음에 비추셨느니라"(고후 4:6). 창세기 1장에 나온 창조의 빛과 바울을 영적으로 일깨운 다마스쿠스 도상에서 경험한 빛은 그리스도의 영광으로 충만한 새 창조를 예고한다.

종교적 근본주의에 안주하지 않으려면 우리 또한 바울의 경고를 주의 깊게 들어야 한다. "우리는 부분적으로 알고 부분적으로 예언하니…우리가 지금은 거울로 보는 것같이 희미하나 그때에는 얼굴과 얼굴을 대비하여 볼 것이요 지금은 내가 부분적으로 아나 그때에는 주께서 나를 아신 것같이 내가 온전히 알리라"(고전 13:9, 12). 바울 당시의 거울은 투명한 유리가 아니라 청동으로 만들어졌다는 점을 유념하라. 얼굴은 단순히 귀, 코, 입술, 광대뼈 같은 개별 특징들의 합보다 큰 의미가 있다. 얼굴은 "물체(object)의 세계에서 자신을 드러내는 주체(subject)"다.[61] 다른 사람과 얼굴을 맞대고 마주할 때, 나는 눈이나 무릎을 진찰하는 의사처럼 단순히 그 사람의 신체 일부를 보게 되는 것이 아니다. 얼굴 너머에 숨어 있다가 얼굴을 통해 드러나는 독특한 자아의식을 가진 주체와 만나는 셈이다.

---

[61] Roger Scruton, *The Face of God: The Gifford Lectures 2010* (London: Bloomsbury, 2012), 80. Scruton은 Emmanuel Levinas가 얼굴을 "그 자체로 방문이자 초월"이라고 묘사한 부분을 인용하며, 이를 이렇게 요약한다. "얼굴은 그 너머에서 우리의 공유된 세계 **속으로** 들어오지만, 어떤 면에서는 여전히 그 너머에 **남아 있어** 항상 손에 닿지 않는 곳에 있다"(74, 원저자 강조).

어떤 중세 유대교의 믿음에 따르면, 모세와 고대 이스라엘 백성이 하나님의 얼굴을 보지 못한 이유는 죄가 인간의 시야를 가리기 때문일 뿐 아니라 하나님의 얼굴이 고통으로 가득 차 있어 그 모습을 보는 것을 견딜 수 없었기 때문이다. 이런 믿음이 실제로 존재했는지, 그 내용이 진실인지와 관계없이 이 이미지는 매우 강렬한 울림을 준다. 바르트, 본회퍼, 기타모리, 피데스, 몰트만 같은 학자들의 신학적 통찰을 함께 연구하면서 우리는 하나님이 고통과 죽음을 낯설어하지 않으신다는 사실을 보았다. (다른 존재에 의존하지 않는) 자존적 하나님은 스스로 자족하지 않기로 선택하셨다. 그분은 **우리를 위한 하나님**이 되기로 선택하셨다. 그것은 그 결과 하나님이 우리에게 영향을 받고 고통과 악이 자신에게 닥치도록 허락하신다는 사실을 의미한다. 그러나 하나님은 그것들에 압도당하지 않으신다. 이것은 또한 하나님의 존재가 그분의 창조 세계로부터 받는 응답으로 풍성해지는 진정한 미래를 갖는다는 뜻이다.

이제 다시 흥미로운 구절로 돌아가 보자. "내 능력이 약한 데서 **온전하여짐이라**"(고후 12:9, 저자 강조). 이 구절은 하나님의 능력이 지금은 완전하지 않지만, 인간의 약함을 통해 완전해질 미래가 있음을 암시한다. 이는 신비 중의 신비. 앞서 언급했듯이 진정한 창조는 하나님이 세상과 우리 삶을 완전히 통제하거나 미세 조정하지 않는다는 사실을 함축한다. 하나님은 이 세상을 감독하고 다스리시지만, 하나님의 섭리가 항상 모든 곳에서 구현되는 것은 아니며 위협, 좌절, 혼란이 존재한다. 따라서 예수님은 교회에 "하늘에서 이루어진 것같이 땅에서도 이루어지이다"라고 기도하라고 가르치셨다. 이는 하나님의 뜻이 지금 땅에서 이루어지고 있지 **않기** 때문이다. 그리고 그리스도의 궁극적 통치 아래에서 하나님의 종국적 통치가 이루어질 때, 하나님의 취약한 능력이 완전해질 것이다.

폴 피데스는 "하나님의 완전한 불완전성"에 대해 이야기한다.[62] 많은 아들딸들을 영광으로 이끌고자 하는 하나님(히 2:10)은 그 과정에서 스스로 영광을 받으신다. 전통적으로 이것은 창조주와 구속주로서 하나님의 영광이 드러나고 마침내 그분의 창조 세계마저 그분의 영광을 인정한다는 뜻으로 이해되었다. 그러나 피데스는 이것이 진리이지만, 하나님은 또한 그분의 완성된 창조 세계에서 영광을 **받으신다**고 대담하게 제안한다. 이는 창조 세계를 향한 하나님의 갈망이 성취될 때 생기는 영광이다. 그러나 하나님은 우리와 달리 끝내 모든 것이 자신과 하나되리라는 완전하고 확실한 희망을 갖고 계신다. 그렇지만 그 사건의 내용은 그분의 피조물의 응답에 달려 있다. 이는 하나님의 궁극적인 승리가 우리에게는 아니지만 하나님께는 어떤 상실의 요소를 포함할 가능성이 있음을 시사한다.

하나님은 결국 모든 것을 화해시키실 것이지만, 화해될 세상의 본질이

---

[62] "사실, 하나님은 하나님으로 남기 위해 변화를 통해 격하될 수 없으며, 오직 더 큰 영광으로 나아가실 뿐이다. 여기서 우리는 신적 완전성과 신적 완성을 구분할 수 있다. 하나님은 자신이 창조한 모든 것과의 관계에서 결코 덜 완전하신 적이 없지만, 주권적 자유로 창조 세계와 관계를 맺음으로써 스스로를 완성하기로 선택하실 수 있다. 하나님은 아메바 단계의 비도덕적 유기 생명체와의 관계에서 완전하시며, 용서받아야 할 사람들과의 관계에서 다른 방식으로 완전하실 것이다." Paul Fiddes, *Participating in God: A Pastoral Doctrine of the Trinity* (London: Darton, Longman & Todd, 2000), 210-211.

어떤 것일지에 대해서는 여전히 정해져 있지 않다. 창조된 존재들은 틀림없이 하나님을 보며 전혀 부족함을 느끼지 않을 것이고, 하나님 안에 더욱 깊이 거하며 그들이 도달할 목적지에서 마주할 그분의 영광에 만족할 것이다. 그러나 하나님은 세상이 하나님의 모든 목적을 온전히 이루지 못했거나, 최대한의 아름다움과 가치를 실현하는 방식으로 이루지 못한 사실에 대해 비극으로 느끼실 수도 있다. 이러한 가능성이 있다고 해도 하나님 안에 악이 영원히 남을 수는 없다. 왜냐하면 존재하게 될 실재는 전적으로 선할 것이며, 악으로 얼룩졌던 과거의 존재는 변화될 것이기 때문이다. 그럼에도 불구하고, 하나님은 완성되었어야 할 선이 결여된 상황에 대해 여전히 아픔을 느끼실 수 있다. 우리가 우주의 최종적인 화해를 누리며 무언가 부족하다는 점을 느끼지 못할지라도, 하나님은 겸손하게도 그 화해 안에 여전히 어떤 결핍이 존재할 수 있다는 사실을 받아들이실 준비가 되어 있다. 이는 제한된 위험일 뿐이지만, 실제로 존재하는 위험이다.[63]

우리는 복음서 이야기에 익숙해지고, 서사를 교리로 대체하려는 안타까운 신학적 경향이, 우리의 감수성을 무디게 하고 부활절 메시지의 선포를 너무 일찍 끝내 버리는 결과를 초래한다는 것을 보았다. 우리는 이야기의 '결말'을 알고 있기 때문에, 상상력을 최대한 동원해 예수의 첫 제자들이 느꼈을 감정을 체험하려는 노력을 기울이지 않는다. 그 감정에는 충격, 배신감, 환멸, 심지어는 난폭한 악에 직면해

---

[63] Fiddes, *Participating in God*, 141-142.

느꼈을 무력감이나 의도적으로 그들을 기만한 하나님에 대한 분노까지 있다. 바로 이 때문에 우리는 부활절 토요일, 곧 모든 희망이 산산조각 나고 하나님이 침묵하며 악이 승리한 것처럼 보이는 '중간의 날'에 **머물러야** 한다.[64] 그렇게 하지 않으면 우리는 부활절의 경이로움을 온전히 이해하지 못할 것이다. 마치 어두운 깊은 밤을 경험하지 않고 새벽을 온전히 느낄 수 없는 것처럼 말이다. 부활절 일요일은 성 금요일과 대립되는 사건으로 "이해될 수 없다." 마치 어느 날에는 하나님이 부재하시고, 다른 날에는 임재하신 것처럼 여겨서는 안 된다. 각각의 날은 서로를 비추며 그 의미를 드러낸다. 부활하신 그리스도는 여전히 고난받고, 십자가에 못 박히고, 무덤에 안치된 그리스도시다. 다른 누구도 아닌 바로 그분이 부활하셨다.

오늘날 인류는 부활절 토요일을 살아간다. 셀 수 없이 많은 이가 하나님의 부재 혹은 하나님께 버림받은 것 같은 삶을 산다. 그들에게 역사는 단지 헨리 포드(Henry Ford)의 말로 알려진 기억할 만한 표현처럼 "연이어 일어나는 끔찍한 일의 연속"으로 간주된다. 교회는 부활절 일요일의 새벽을 엿본 인류의 구성원으로서 여전히 부활절 토요일의 고통을 나머지 인류와 공유하며, 그 새벽을 세상 속에서 공동체적 삶과 실천을 통해 증언하려고 한다. 그리스도의 부활과 승천은 그분의 이야기가 이제 종결되었다는 뜻이 아니다. 오히려 부활은 우리

---

[64] 이것이 앞서 자주 언급된 작고한 Alan Lewis의 책의 핵심이다. 이 책은 니케아 신경의 다음 구절에 대한 심도 깊은 묵상으로 읽힐 수 있다. "그는 십자가에 못 박혀 죽으시고 **그리고 장사되셨다**"는 구절이 그분의 죽음의 최종성을 강조하며, 이어지는 "사흘 만에…"로 나아가기 전에 멈춰 선다.

를 포함하는 새로운 가능성과 새로운 지평을 열어 준다. 우리는 탄식하고, 능력을 주고, 거룩하게 하시는 성령을 통해 그리스도와 연합되어 있다. 이 이야기는 계속된다.

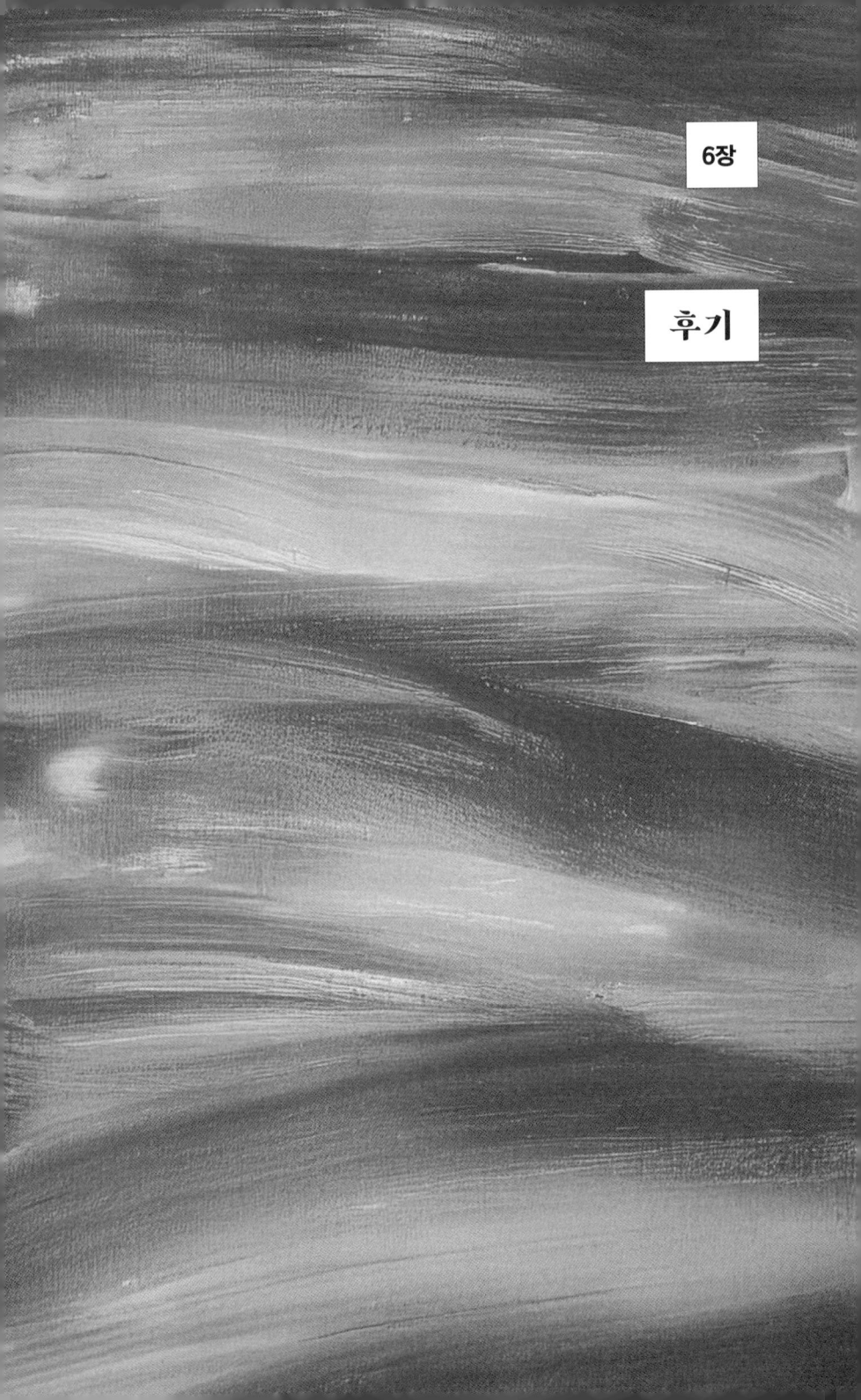

6장

후기

영국의 찬송가 작곡가 윌리엄 카우퍼(William Cowper, 1731-1800년)는 "맹목적 불신은 반드시 실수하게 마련"이라는 말을 했다. 그러나 맹목적 믿음 역시 실수이며, 그 실수는 이단을 고문하는 것부터 대규모 테러에 이르기까지 끔찍한 결과로 이어졌다. 종교적 전통주의자를 자처하는 이들은 종종 자신의 전통에 대해 무지하거나, 그 전통이 지닌 모호함, 뉘앙스, 아이러니, 역설, 심지어 모순이 담긴 부분을 무시하거나 취사선택한다. 교회에서 실행한 교리의 개혁과 도덕적 변혁은 그리스도인들이 옳은 일도 많이 했지만 잘못도 많이 저질렀음을 상기시킨다. 이러한 역사적 관점 덕분에 우리는 겸손해지며, 남들에게 배우려는 열망과 함께 시공간의 시험을 견뎌 낸 믿음을 다른 이들과 나누려는 마음을 갖는다.

몇 해 전 미국의 한 대학에서 강연을 하던 중, 나는 지구 온난화와 관련된 질문을 받았다. 나는 지구 온난화의 결과로 기후 변화가 이미 현실이 되었으며 되돌릴 수 없는 상황이고, 앞으로 심각한 기후 재앙이 닥칠 것이라고 말했다. 그러자 한 그리스도인 학생이 일어나 화난 듯이 반박하며 물었다. "어떻게 그런 걸 믿으십니까? 그게 당신이 말하는 기독교적 희망입니까?" 나는 새로운 창조 세계에서 하나님 나라의 종말론적 통치가 이루어질 것에 대한 희망에는 인류나 이 세상이 천재지변이나 인재로부터 벗어나게 되리라는 믿음이 포함되어야 할 근거가 성경 어디에도 없다고 답했다. 또한 부유한 세계에서 살아가는 그리스도인들은 이기적인 생활 방식, 잘못된 교육, 기업의 무자비한 탐욕에 대한 동조 혹은 단순한 무지 등으로 지구 온난화를 초래한 잘못을 공개적으로 회개하지 않고 '희망'을 선언할 권리가 없다고 말했다. 더구나 궁극적 희망에 가장 가까운 희망은 하나님의 행동만큼이나 우리의 행동에도 의존하며, 궁극적 희망은 우리 자신이 아니라 하나님의 약속에 기초한다고 덧붙였다.

나는 이 책의 고찰을 통해 애통함과 기쁨, 믿음과 의심, 명확성과 모호함이 그리스도인의 삶 속에 섞여 있다고 주장해 왔다. 사실 믿음은 모든 '옳은 교리'를 아는 것보다 신실하게 실천하는 것이다. 복음의 핵심에는 신비와 역설이 있으며, 이는 기독교 복음의 선포에서도 중심이 되어야 한다. 오직 그리스도께 순종하는 삶을 통해서 우리는 그분이 **바로** 그리스도라는 확신 속에서 자라 간다. 어두운 현실 속에서 살며 하나님의 본을 따라 다른 이들의 어둠 속에 참여하기로 선택할 때, 우리는 새 창조의 모습을 엿본다.

우리는 인간과 비인간 모두를 포함해 하나님의 창조 세계를 돌봐야 한다. 하나님을 사랑하면 하나님이 사랑하시는 모든 것을 사랑하는 것이 마땅하기 때문이다.[1] P. D. 제임스(James)의 소설 『사적인 환

---

[1] 나는 벧후 3:10과 같은 본문이 보통 지구의 최종적 파괴를 의미한다고 해석하는 것이 올바른 번역인가 논쟁하는 데 많은 노력을 기울이는 이들과 생각이 다르다. 물론 이 구절에서 '녹아 없어진다/파괴된다'보다는 '드러난다'는 번역이 더 적절하다는 데 동의하지만, 이것이 우리의 창조 보존 윤리에 얼마나 큰 차이를 가져오는지는 이해하기 어렵다. 결국 우리는 날마다 소멸해 간다는 사실을 알면서도 우리의 몸과 집 그리고 많은 다른 것들을 돌본다. 게다가 성경 저자들의 매우 제한적인 우주론을 공유하느라 거대한 가시적 우주나 다른 행성에 미래의 거처가 있을 수 있다는 가능성이나, 심지어 보이지 않는 영역을 상상하는 것조차 포기하는 게 맞을까?

자』(The Private Patient)의 마지막 부분에서, 어느 비그리스도인 등장인물이 삶에 대한 자신의 깊은 생각을 나누며 이렇게 말한다. "세상은 아름답기도 하고 끔찍하기도 한 곳이죠. 공포스러운 사건이 매 순간 벌어지고 우리가 사랑하는 사람들은 결국 죽게 되고요. 만약 이 땅의 모든 생명체가 한목소리로 고통스러운 비명을 지른다면, 그것은 틀림없이 별까지 뒤흔들 겁니다. 하지만 우리에겐 사랑이 있죠. 세상의 공포를 막기에는 연약한 방어 수단처럼 보이겠지만, 그래도 이걸 붙잡고 믿어야죠. 그게 우리가 가진 전부이니까요."[2]

아우슈비츠에서 살아남은 이탈리아의 화학자 프리모 레비(Primo Levi)는 여러 성찰적인 기록을 남겼다. 그의 책 『이것이 인간인가』(If This Is a Man, 돌베개)는 생존 불가능한 양의 급식으로 연명하며 노예로 살았던 자신의 삶을 비범하게 기록했다. 그는 로렌조라는 이탈리아 노동자 덕분에 죽음을 면했다. 그는 수용소의 유대인 노동력을 활용해 운영되던 독일의 산업 프로젝트에 종사한 민간인이었다. 레비는 로렌조가 자신에게 어떤 존재였는지 이렇게 이야기한다.

구체적으로 보면 별것 아닌 일이었다. 한 이탈리아 민간 노동자가 6개월 동안 매일 나에게 자신의 배급에서 빵 한 조각을 가져다주었고, 기워진 자신의 조끼 하나를 주었으며, 내 대신 이탈리아로 엽서를 보내고 답장을 받아 주었다. 그는 어떤 보상도 요구하거나 받지 않았다. 왜냐하면 그는 선하고 소박한 사람이었고 보상을 바라고 선을 베풀 생각이 없는 사

---

[2] P. D. James, *The Private Patient* (London: Penguin, 2009), 497-498.

람이었기 때문이다.…

내가 오늘 살아 있는 것은 진심으로 로렌조 덕분이라 믿는다. 그것은 그의 물질적인 도움 때문만은 아니었다. 오히려 그의 존재, 자연스럽고 소박한 방식으로 선을 베푼 그의 태도 때문이었다. 이를 통해 나는 내가 속한 세상 밖에 여전히 정의로운 세계가 존재한다는 사실을 끊임없이 상기할 수 있었다. 부패하거나 야만적이지 않고 증오와 공포로 물들지 않은, 순수하고 온전한 무언가가 있다는 것을 느끼게 해 주었다. 그것을 분명히 정의하기는 어렵지만, 아득한 가능성으로서의 선함이었다. 그러나 그것을 위해 살아남을 만한 가치가 있었다.[3]

나는 시리아, 가자 지구, 이라크 등지의 난민과 죄수들 곁에 그들의 참된 인간성을 여전히 간직한 로렌조 같은 남성과 여성이 있을 것이라 확신한다. 언젠가는 우리가 그들의 이야기를 읽을 날이 올 것이다. 하지만 그때까지 텔레비전 화면, 신문, 인터넷에 끝없이 쏟아지는 잔혹 행위를 보며 어찌 속이 뒤집어지지 않을 수 있겠는가. 또한, 감정을 마비시켜 무관심한 말투로 "자기들끼리 서로 죽이든지 말든지" 하는 냉담한 태도 역시 혐오스럽지 않은가? 자신의 목숨이 위험해질 것이 두려워서 무관심하려는 것은 이해할 만한 일이다. 그러나 무관심은 대개 폭력적인 갈등 이야기 이면에 무엇이 존재하는지 질문하기 시작하거나, 우리 각자의 국가들이 그 갈등에 연루되어 있다는 사

---

3   Primo Levi, *If This Is a Man* (1958; London: Everyman, 2000), 145. 『이것이 인간인가』(돌베개).

실을 인식하기 시작하면 자신의 관점을 바꿔야 될지도 모른다는 두려움에서 비롯된다.

이런 불편한 질문을 제기하고 낯선 이들에게 자비와 연민을 보이는 것은 기독교 신앙 유무를 떠나 그리스도를 본받아 우리 모두가 따라야 할 행동이다. 레비의 말처럼 "구체적으로 보면 별것 아닌 일"들이다. 그리스도인이나 열정적인 믿음을 가진 사람이 하는 모든 일은 결코 '평범'할 수 없다. 사무실에서 일하거나 한적한 마을에 살다 보면 우리가 하는 일이 단지 평범한 일상에 불과한 것으로 느껴진다. 우리가 인류 역사의 중요한 사건들에 영향을 미치는 일을 하는 건 아니라고 생각될 수 있다. 하지만 모든 위대한 운동은 '작은 출발'에서 비롯되었다. 1517년 독일 비텐베르크의 한 교회 문에 95개 조항을 못 박은 아우구스티노회의 수도사, 앨라배마주 몽고메리에서 인종 분리법에 저항하며 버스를 탄 흑인 재봉사 로자 파크스(Rosa Parks), 그리고 1961년 신문에 기고한 글에서 정치적·종교적 반체제 인사를 투옥한 것에 대한 분노를 함께 표현하자고 제안한 영국의 젊은 변호사 피터 베넨슨(Peter Benenson)을 떠올려 보라. 이 제안은 국제 앰네스티(Amnesty International)의 탄생으로 이어졌다. 내가 이 글을 쓰는 지금도 스웨덴의 십 대 소녀 그레타 툰베리(Greta Thunberg)는 정부가 탄소 배출량 감축에 대해 말만 하지 말고 구체적으로 행동할 것을 요구하는 전 세계적 학생 운동을 이끌고 있다.

우리 국가에서 권력을 휘두르는 이들이나 이념, 인종, 영토 문제로 다른 사람들과 대립하는 이들에게 그리스도인은 무슨 말을 할 수 있을까? 십자가에 못 박히고 부활한 그리스도는 타인의 희생을 담보로 존재하는 '국가 안보'라는 담론의 공허함을 폭로하신다. 공격성, 보복, 자기주장, 자기 보호는 새로운 악마를 불러올 뿐이다. 오히려 연약함, 신뢰, 집단적 회개를 통해 보호하고 세워 주는 힘이 있다는 사실을, 그리고 개인의 사례에서와 마찬가지로 국가도 초국가적 선을 위해 국가적 정체성을 내걸고 위험을 감수할 때 국가의 번영이 더욱더 잘 실현된다는 사실을 그리스도는 알려 주신다.

이 성찰의 글을 마무리하며 영국 신학자 티머시 고린지(Timothy Gorringe)가 그리스도인들에게 전한 권고의 말을 나누고 싶다.

> 복음의 이야기를 전하고, 하나님을 신뢰하며, 어둠 속에서 기도하고, 예언자들의 명을 따라 정의를 실천하며, 기쁜 마음으로 어떤 일이 일어날지 기다리라. 그렇게 펼쳐질 일은 근대성 혹은 탈근대성의 구원이 될 것이다. 이는 5세기 이후 일어난 일이 우리가 '암흑기'라고 부르는 시대의 구원이 된 것과 같은 방식이다. 이는 우리의 문화적 상상력, 창의성 그리고 우리가 아는 과거와 현재에서 최선을 찾으려는 노력에 달려 있다. 그러나 그것은 무엇보다도 죽은 자를 살리시는 하나님에 대한 희망에 달려 있다.[4]

---

4   Timothy J. Gorringe, *Furthering Humanity: A Theology of Culture* (Aldershot: Ashgate, 2004), 266.

참고 문헌

Abraham, William J. *Among the Ashes: On Death, Grief, and Hope*. Grand Rapids, MI: Eerdmans, 2017.

Alexander, Denis R. *Is There Purpose in Biology? The Cost of Existence and the God of Love*. Oxford: Lion Hudson, 2018.

―――. *Rebuilding the Matrix: Science and Faith in the 21st Century*. Oxford: Lion, 2001.

Allen, Leslie C. *A Liturgy of Grief: A Pastoral Commentary on Lamentations*. Grand Rapids, MI: Baker Academic, 2011.

Allison, Jr., Dale C. *Night Comes: Death, Imagination, and the Last Things*. Grand Rapids, MI: Eerdmans, 2016.

Anselm of Canterbury. Edited and translated by Jasper Hopkins and Herbert Richardson. 4 vols. New York: Edwin Mellen Press, 1976.

Arendt, Hannah. "Reflections on Violence." *The New York Review of Books*. 11 July 2013. http://www.nybooks.com/articles/archives/2013/jul/11/hannah-arendt-reflections-violence/.

Asad, Talal. "Thinking about Agency and Pain." In *Formations of the Secular: Christianity, Islam, Modernity*. Stanford, CA: Stanford University Press, 2003.

Atkinson, David. *The Message of Job*. Leicester: Inter-Varsity Press, 1991. 『욥기』 (IVP).

Barth, Karl. *Church Dogmatics*, IV/1. Translated and edited by G. W. Bromiley and T. F. Torrance. Edinburgh: T&T Clark, 1936-1977. 『교회 교의학』(대한기독교서회).

Bauckham, Richard. "The Incarnation and the Cosmic Christ." In *Incarnation: On the Scope and Depth of Christology*, edited by Niels Henrik Gregersen, 55-58. Minneapolis, MN: Fortress, 2015.

―――――. *The Theology of Jürgen Moltmann*. Edinburgh: T&T Clark, 1995.

Beckwith, Francis J. "Dignity Never Been Photographed: Scientific Materialism, Enlightenment Liberalism, and Steven Pinker." *Ethics & Medicine* 26, no. 2 (Summer 2010): 93-100.

Begbie, Jeremy. *Resounding Truth: Christian Wisdom in the World of Music*. London: SPCK, 2007.

Benenson, Peter. "The Forgotten Prisoners." *The Observer*, 28 May 1961.

Bimson, John J. "Reconsidering a 'Cosmic Fall.'" *Science and Christian Belief* 18, no. 1 (April 2006): 63-81.

Blocher, Henri. *Evil and the Cross*. Translated by David G. Preston. Downers Grove, IL: InterVarsity Press, 1994.

Bonhoeffer, Dietrich. *Letters and Papers from Prison*. English translation. London: SCM, 1953; London: Collins, 1959.『옥중서신』(복있는사람).

Brown, Peter. *Augustine of Hippo: A Biography*. Berkeley, CA: University of California Press, 1967.『아우구스티누스』(새물결).

―――――. *Poverty and Leadership in the Later Roman Empire: The Menahem Stern Jerusalem Lectures*. Hanover, NH: University Press of New England, 2002.『고대 후기 로마제국의 가난과 리더십』(태학사).

Brueggemann, Walter. *The Message of the Psalms*. Minneapolis, MN: Augsburg Press, 1984.『브루그만의 시편사색』(솔로몬).

―――――. *The Prophetic Imagination*. 2nd ed. Minneapolis, MN: Fortress, 2001.『예언자적 상상력』(복있는사람).

―――――. *Texts That Linger, Words That Explode: Listening to Prophetic Voices*. Minneapolis, MN: Fortress, 2000.

Burdett, Michael. "The Changing Face of Evolutionary Theory?" BioLogos. 2 March 2015. http://biologos.org/blogs/archive/the-changing-face-ofevolutionary-theory.

Calvin, John. *Institutes of the Christian Religion*. Edited by John T. McNeill. 2 vols. Philadelphia: Westminster, 1960. 『기독교 강요』(복있는사람).

Cardenal, Ernesto. *Marilyn Monroe and Other Poems*. Translated by Robert Pring-Mill. London: Search Press, 1975.

Centers for Disease Control and Prevention. "1918 Pandemic (H1N1 Virus)." https://www.cdc.gov/flu/pandemic-resources/1918-pandemic-h1n1.html.

Charry, Ellen T. "The Uniqueness of Christ in Relation to Jewish People: The Eternal Crusade." In *Christ the One and Only*, edited by Sung Wook Chung, 136-161. Milton Keynes: Paternoster; Grand Rapids, MI: Baker, 2005.

Chomsky, Noam. *Imperial Ambitions: Conversations on the Post-9/11 World*. New York: Metropolitan Books, 2005.

Ciano, Rachel. "Lament Psalms in the Church." In *Finding Lost Words: The Church's Right to Lament*, edited by G. Geoffrey Harper and Kit Barker, 9-23. Eugene, OR: Wipf & Stock, 2017.

"The Council of Florence (A.D. 1438-1445) from Cantate Domino – Papal Bull of Pope Eugene IV." Catholicism.org. 16 March 2005. https://catholicism.org/cantate-domino.html.

Dawkins, Richard. *The Blind Watchmaker*. New York: W. W. Norton, 1986. 『눈먼 시계공』(사이언스북스).

_____. *River Out of Eden: A Darwinian View*. New York: Basic, 1995. 『에덴의 강』(사이언스북스).

de Botton, Alain. *Status Anxiety*. First published 2004. Harmondsworth: Penguin, 2005. 『불안』(은행나무).

de Unamuno, Miguel. "The Tragic Sense of Life." In *Men and Nations*. Translated by A. Kerrigan. London: Routledge and Kegan Paul, 1972.

de Waal, Esther. *Lost in Wonder: Rediscovering the Spiritual Art of Attentiveness*. Toronto: Novalis, 2003.

Dembski, William. *The End of Christianity: Finding a Good God in an Evil World*.

Nashville: B&H, 2009.

Eagleton, Terry. *Reason, Faith, and Revolution*. New Haven, CT: Yale University Press, 2009. 『신을 옹호하다』(모멘토).

Edwards, Denis. "The Redemption of Animals in an Incarnational Theology." In *Creaturely Theology: On God, Humans, and Other Animals*, edited by Celia Deane-Drummond and David Clough, 81–99. London: SCM, 2009.

Eiesland, Nancy. *The Disabled God: Towards a Liberatory Theology of Disability*. Nashville: Abingdon Press, 1994.

Eliot, T. S. *Murder in the Cathedral*. New York: Harcourt Brace Jovanovich, 1935.

Ellington, Scott A. *Risking Truth: Reshaping the World through Prayers of Lament*. Eugene, OR: Pickwick, 2008.

Falk, Darrel R. "Theological Challenges Faced by Darwin." In *Darwin, Creation and the Fall: Theological Challenges*, edited by R. J. Berry and T. A. Noble, 75–85. Nottingham: Apollos, 2009.

Fergusson, David. *The Providence of God: A Polyphonic Approach*. Cambridge: Cambridge University Press, 2018.

Fern, Richard L. *Nature, God and Humanity: Envisioning an Ethics of Nature*. Cambridge: Cambridge University Press, 2002.

Fiddes, Paul. *The Creative Suffering of God*. Oxford: Clarendon Press, 1988.

_____. *Participating in God: A Pastoral Doctrine of the Trinity*. London: Darton, Longman & Todd, 2000.

Flannery, Tim. "The Amazing Inner Lives of Animals." *New York Review of Books*. 8 October 2015, 20.

Fraser, Giles. *Redeeming Nietzsche: On the Piety of Unbelief*. London; New York: Routledge, 2002.

Freire, Paulo. *Pedagogy of the Oppressed*. 30th anniversary ed. New York; London: Continuum, 2003. 『페다고지』(그린비).

Fretheim, Terence E. *The Suffering of God: An Old Testament Perspective*. Philadelphia: Fortress, 1984. 『구약에 나타난 하나님의 고통』(시들지않는소망).

Fung, Raymond. "Evangelism Today." In *Living Theology in Asia*, edited by John England. London: SCM, 1981.

Garvey, Jon. *God's Good Earth: The Case for an Unfallen Creation*. Eugene, OR: Cascade, 2019.

Gawande, Atul. *Being Mortal: Illness, Medicine, and What Matters in the End*. London: Profile, 2014.

Gill, Malcolm J. "Praying Lament." In *Finding Lost Words: The Church's Right to Lament*, edited by G. Geoffrey Harper and Kit Barker, 223-236. Eugene, OR: Wipf & Stock, 2017.

Gorringe, Timothy J. *Furthering Humanity: A Theology of Culture*. Aldershot: Ashgate, 2004.

Gregersen, Niels Henrik. "Deep Incarnation: Why Evolutionary Continuity Matters in Christology." *Toronto Journal of Theology* 26, no. 2 (2010): 173-188.

_____. "The Extended Body of Christ: Three Dimensions of Deep Incarnation." In *Incarnation: On the Scope and Depth of Christology*, edited by Niels Henrik Gregersen, 225-254. Minneapolis, MN: Fortress, 2015.

Gutiérrez, Gustavo. *On Job: God-Talk and the Suffering of the Innocent*. English translation. Maryknoll, NY: Orbis, 1987.『욥기』(나눔사).

Harned, David Baily. *Patience: How We Wait upon the World*. Cambridge, MA: Cowley, 1997.

Harries, Richard. *Art and the Beauty of God*. New York; London: Continuum, 1993.

Hays, Richard B. *The Moral Vision of the New Testament: A Contemporary Introduction to New Testament Ethics*. New York: HarperCollins, 1996.『신약의 윤리적 비전』(IVP).

Hengel, Martin. *The Cross of the Son of God*. London: SCM, 1986.『십자가 처형』(감은사).

Herman, Bruce. "Wounds and Beauty." In *The Beauty of God: Theology and the Arts*, edited by Daniel J. Treier, Mark Husbands and Roger Lundin, 110-120. Downers Grove, IL: IVP Academic, 2007.

Jacoby, Russell. *The End of Utopia: Politics and Culture in an Age of Apathy*. New York: Basic, 1999.

James, P. D. *The Private Patient*. London: Penguin, 2009.

Jüngel, Eberhard. *God As the Mystery of the World*. Translated by D. L. Guder. Edinburgh: T&T Clark, 1983.

Kagan, Jerome. *Three Seductive Ideas*. Cambridge, MA: Harvard University Press, 1998.

Katongole, Emmanuel. *Born from Lament: The Theology and Politics of Hope in Africa*. Grand Rapids, MI: Eerdmans, 2017.

Kelly, J. N. D. *Early Christian Doctrines*. 5th ed. London: A&C Black, 1977. First published 1958.

Khilnani, Sunil. "Nehru's Faith." 34th Jawaharlal Nehru Memorial Lecture, Delhi. 13 November 2002.

Kierkegaard, Søren. *Journals of Soren Kierkegaard: A Selection*. Edited and translated by A. Dru. London: Fontana, 1958.

King, Martin Luther. *Strength to Love*. London: Fontana, 1969.

Kingsley, Charles. "The Natural Theology of the Future." 1871. The Literature Network. http://www.online-literature.com/charles-kingsley/scientific/7/.

Kitamori, Kazoh. *Theology of the Pain of God*. Translated by M. E. Bratcher. London: SCM, 1966.『하나님의 아픔의 신학』(새물결플러스).

Lasch, Christopher. *The True and Only Heaven: Progress and Its Critics*. New York: W. W. Norton, 1991.

Lee, Nancy C. *Lyrics of Lament: From Tragedy to Transformation*. Minneapolis, MN: Fortress, 2010.

Levi, Primo. *If This Is a Man*. First published 1958. London: Everyman, 2000.『이것이 인간인가』(돌베개).

Lewis, Alan E. *Between Cross and Resurrection: A Theology of Holy Saturday*. Grand Rapids, MI: Eerdmans, 2001.

Lewis, C. S. *A Grief Observed*. London: Faber & Faber, 1961.『헤아려 본 슬픔』(홍

성사).

_____. *The Problem of Pain*. First published 1940. London: Collins, 1957. 『고통의 문제』(홍성사).

Lewontin, Richard. "It's Even Less in Your Genes." *New York Review of Books*. 26 May 2011, 23.

Louth, Andrew. *Denys the Areopagite*. London: Geoffrey Chapman, 1989.

McCabe, Herbert. "Life after Death." In *The McCabe Reader*, edited by Brian Davies and Paul Kucharski, 353-358. London: Bloomsbury T&T Clark, 2016.

McConville, J. Gordon, and Stephen N. Williams. *Joshua*. Grand Rapids, MI: Eerdmans, 2010.

McGrath, Alister. *The Twilight of Atheism: The Rise and Fall of Disbelief in the Modern World*. London: Rider, 2004.

Meilaender, Gilbert. *Neither Beast nor God*. New York: Encounter Books, 2009.

_____. *Should We Live Forever? The Ethical Ambiguities of Aging*. Grand Rapids, MI: Eerdmans, 2013.

Michaels, J. Ramsay. "Redemption of the Body: The Riddle of Romans 8:19-22." In *Romans and the People of God*, edited by Sven K. Soderlund and N. T. Wright, 92-115. Grand Rapids, MI: Eerdmans, 2000.

Moltmann, Jürgen. *The Coming of God: Christian Eschatology*. Minneapolis, MN: Fortress, 1996. 『오시는 하나님』(대한기독교서회).

_____. *The Crucified God*. London: SCM, 1974. 『십자가에 달리신 하나님』(대한기독교서회).

_____. *God in Creation*. Minneapolis, MN: Fortress, 1993. 『창조 안에 계신 하나님』(대한기독교서회).

_____. *The Way of Jesus Christ: Christology in Messianic Dimension*. San Francisco: Harper, 1990. 『예수 그리스도의 길』(대한기독교서회).

Mooney, Bel. *Devout Sceptics: Conversations on Faith and Doubt*. London: Hodder & Stoughton, 2004.

Mugambi, Jesse. *From Liberation to Reconstruction: African Christian Theology after *the Cold War*. Nairobi: East African Educational Publishers, 1995.

Newbigin, Lesslie. *The Open Secret*. London: SPCK, 1978. 『오픈 시크릿』(복있는사람).

Nouwen, Henri. "Adam's Story: The Peace That Is Not of This World." *Weavings*, Mar-Apr 1988.

Nowak, Martin A. "Five Rules for the Evolution of Cooperation." In *Evolution, Games and God: The Principle of Cooperation*, edited by Martin A. Nowak and Sarah Coakley, 99-114. Cambridge, MA: Harvard University Press, 2013.

O'Donovan, Oliver. *The Desire of the Nations: Rediscovering the Roots of Political Theology*. Cambridge: Cambridge University Press, 1996.

_____. *The Just War Revisited*. Cambridge: Cambridge University Press, 2003.

Osborn, Ronald E. *Death before the Fall: Biblical Literalism and the Problem of Animal Suffering*. Downers Grove, IL: InterVarsity Press, 2014.

Parratt, John. *Reinventing Christianity: African Theology Today*. Grand Rapids, MI: Eerdmans; Trenton, NJ: Africa World Press, 1995.

Penchansky, David. *The Betrayal of God: Ideological Conflict in Job*. Louisville, KY: Westminster John Knox Press, 1990.

Plantinga, Theodore. *Learning to Live with Evil*. Grand Rapids, MI: Eerdmans, 1982.

Polkinghorne, John. *The Faith of a Physicist: Reflections of a Bottom-Up Thinker, The Gifford Lectures, 1993-1994*. Minneapolis, MN: Fortress, 1996.

_____. *Science and Providence*. London: SPCK, 1989.

Ponting, Clive. *Churchill*. London: Sinclair-Stevenson, 1994.

Pope Benedict XVI. *Great Christian Thinkers: From the Early Church through the Middle Ages*. London: SPCK, 2011.

Pope Francis. *Evangelii Gaudium*. London: Catholic Truth Society, 2013. 『복음의 기쁨』(한국천주교중앙협의회).

Rahner, Karl. *Encounters with Silence*. Westminster, MD: Newman Press, 1965.

Rajkumar, Peniel. *Dalit Theology and Dalit Liberation: Problems, Paradigms and Possibilities*. Farnham: Ashgate, 2010.

Ramachandra, Vinoth. *Gods That Fail: Modern Idolatry and Christian Mission*. 2nd ed. Eugene, OR: Wipf&Stock, 2016. First published 1996.

_____. *Subverting Global Myths: Theology and the Public Issues Shaping Our World*. London: SPCK; Downers Grove, IL: IVP Academic, 2008.

Rolston III, Holmes. *Science and Religion: A Critical Survey*. First published 1987. Reprinted. Philadelphia; London: Templeton Foundation, 2006.

Rupp, Gordon. *The Righteousness of God*. London: Hodder & Stoughton, 1953.

Russell, Richard J. *Cosmology from Alpha to Omega*. Minneapolis, MN: Fortress, 2008.

Sacks, Jonathan. *The Dignity of Difference*. London; New York: Continuum, 2002.

_____. *Future Tense: A Vision for Jews and Judaism in the Global Culture*. London: Hodder & Stoughton, 2009.

Scruton, Roger. *The Face of God: The Gifford Lectures 2010*. London: Bloomsbury, 2012.

Sider, Ron. *Exploring the Limits of Non-Violence*. London: Hodder & Stoughton, 1988.

Sittser, Jerry. *A Grace Disguised*. Grand Rapids, MI: Zondervan, 2004. 『하나님 앞에서 울다』(좋은씨앗).

Smith, David. *Stumbling towards Zion*. Carlisle: Langham Global Library, 2019.

Sobrino, Jon. *Where Is God? Earthquake, Terrorism, Barbarity, and Hope*. Translated by Margaret Wilde. Maryknoll, NY: Orbis, 2004.

Soskice, Janet Martin. *Metaphor and Religious Language*. First published 1985. Oxford: Clarendon, 1987.

Southgate, Christopher. *The Groaning of Creation: God, Evolution, and the Problem of Evil*. Louisville, KY: Westminster John Knox Press, 2008.

Spufford, Margaret. *Celebration*. Glasgow: Collins, 1989.

St Athanasius. *On the Incarnation*. Edited and translated by Robert W. Thomson. Oxford: Clarendon Press, 1971. 『말씀의 성육신에 관하여』(죠이북스).

Stanley, Brian. *Christianity in the Twentieth Century: A World History*. Princeton, NJ: Princeton University Press, 2018.

Steiner, George. *Errata: An Examined Life*. London: Weidenfeld & Nicolson, 1997.

Taylor, John V. *The Christlike God*. London: SCM, 1992.

Tutu, Desmond. "Jail Embitters Some, but It Ennobled Him." *Guardian Weekly*. 13-19 December 2013, 5.

United Nations Human Development Report 2005. New York: UNDP, 2005.

Vanstone, W. H. *The Stature of Waiting*. First published 1982. London: Darton, Longman & Todd, 2004.

Wallace, Alfred Russel. *Darwinism*. First published 1889. 2nd ed. London: Macmillan and Co., 1897. https://people.wku.edu/charles.smith/wallace/arwbooks/xx_Wallace_Darwinism1897.pdf.

Weems, Ann. *Psalms of Lament*. Louisville, KY: Westminster John Knox Press, 1995. 『슬픔의 노래』(바람이불어오는곳).

Westermann, Claus. "The Role of the Lament in the Theology of the Old Testament." *Interpretation* 28 (Jan 1974): 20-38.

_____. "The Two Faces of Job." In *Job and the Silence of God*, edited by Christian Duquoc and Casiano Floristan, 15-22. Concilium 169. New York: Seabury, 1983.

Williams, Clifford. *Existential Reasons for Belief in God: A Defense of Desires and Emotions for Faith*. Downers Grove, IL: IVP Academic, 2011.

Williams, Rowan. *Being Human: Bodies, Minds, Persons*. London: SPCK, 2018. 『인간이 된다는 것』(복있는사람).

Wolterstorff, Nicholas. "Calvin and the Wounds of God." *Reformed Journal* 37, no. 6 (June 1987): 14-22.

_____. "If God Is Good and Sovereign, Why Lament?" In Nicholas Wolterstorff, *Hearing the Call: Liturgy, Justice, Church and World*. Edited by Mark R. Gornik and Gregory Thompson. Grand Rapids, MI: Eerdmans, 2011.

_____. *Lament for a Son*. Grand Rapids, MI: Eerdmans, 1987. 『나는 사랑하는 사람을 잃었습니다』(좋은씨앗).

Wong, Gordon. *God, Why?: Habakkuk's Struggle with Faith in a World out of*

Control. Singapore: Armour, 2007.

Wright, N. T. *Jesus and the Victory of God*. London: SPCK, 1996.『예수와 하나님의 승리』(CH북스).

Yancey, Philip. *The Question That Never Goes Away*. Grand Rapids, MI: Zondervan, 2013.『하나님, 제게 왜 이러세요?』(규장).

Young, Frances. "Wisdom in Weakness." *Theology* 114, no. 3 (May/June 2011): 181-188.

Yun, Koo Dong. "Pentecostalism from Below: *Minjung* Liberation and Asian Pentecostal Theology." In *The Spirit in the World: Emerging Pentecostal Theologies in Global Contexts*, edited by Veli-Matti Kärkkäinen, 89-114. Grand Rapids, MI: Eerdmans, 2009.

옮긴이 김종호는 한국기독학생회(IVF) 간사로 일했고, 현재는 동북아 평화와 화해를 도모하는 NARI(Northeast Asia Reconciliation Initiative)의 대표직을 맡고 있다. 아울러 환대와 우정의 집[HOF(Hospitality and Friendship) House]을 통해 사람들과 추억을 쌓는 일도 즐겁게 병행하고 있다. 역서로는 『축구와 하나님 나라』, 『의존 관계의 위험과 극복』(이상 IVP), 『마틴 로이드 존스 능력』(복있는사람) 등이 있다.

오직 고통당하는 하나님만이

초판 발행 2025년 4월 7일
초판 3쇄 2025년 12월 15일

지은이 비노스 라마찬드라
옮긴이 김종호
펴낸이 정모세

편집 이성민 이혜영 심혜인 설요한 박예찬
디자인 한현아 서린나 │ 마케팅 오인표 │ 영업·제작 정성운 이은주 조수영
경영지원 이혜선 이은희 │ 물류 박세율 정용탁 김대훈

펴낸곳 한국기독학생회출판부 │ 등록번호 제2001-000198호(1978.6.1)
주소 04031 서울시 마포구 동교로 156-10
대표 전화 (02) 337-2257 │ 팩스 (02) 337-2258
영업 전화 (02) 338-2282 │ 팩스 080-915-1515
홈페이지 http://www.ivp.co.kr │ 이메일 ivp@ivp.co.kr
ISBN 978-89-328-2344-7

ⓒ 한국기독학생회출판부 2025

책값은 뒤표지에 있습니다.
무단 전재와 복제를 금합니다.